公共安全与应急教育

主　编　徐　阳　何　淼　黄　辉
副主编　甘黎嘉　李元兵　郭正超
主　审　武万军　黄　敏
参　编　梁冰瑞　龙道崎　游成旭　冉　磊　魏　红

重庆大学出版社

内容简介

本书由重庆安全技术职业学院应急救援团队教师和国家级救援力量——安能重庆建设发展有限公司救援专家悉心打造。全书共分为六个学习项目，主要内容包括树立科学安全价值观、现场急救技术、生活意外事件应急避险与处置、自然灾害应急避险、公共卫生事件预防与处置、职业健康与安全防护。为发挥教材的实用性及可操作性，围绕"互联网+"立体教材的建设思路，编写团队开设了高质量的在线开放课程并在重庆高等教育智慧教育平台上线使用，同时配套开发了教案、电子课件、试题库等教学资源，拓宽了学习者的学习渠道，延伸了学习阵地。本书既可作为各类院校安全教育的教材，也适合广大城乡居民、企业员工等群体阅读，是各企事业单位、城乡社区、学校等社会机构进行公民安全培训、防灾减灾科普教育的读本。

图书在版编目（CIP）数据

公共安全与应急教育 / 徐阳, 何淼, 黄辉主编. --

重庆：重庆大学出版社，2023.2（2023.9重印）

ISBN 978-7-5689-3740-5

Ⅰ.①公… Ⅱ.①徐…②何…③黄… Ⅲ.①公共安

全—安全管理—研究 Ⅳ.①① D035.29

中国国家版本馆 CIP 数据核字（2023）第 011452 号

公共安全与应急教育

主 编：徐 阳 何 淼 黄 辉

副主编：甘黎嘉 李元兵 郭正超

策划编辑：杨粮菊

责任编辑：陈 力　　版式设计：杨粮菊

责任校对：王 倩　　责任印制：张 策

*

重庆大学出版社出版发行

出版人：陈晓阳

社址：重庆市沙坪坝区大学城西路21号

邮编：401331

电话：（023）88617190　88617185（中小学）

传真：（023）88617186　88617166

网址：http://www.cqup.com.cn

邮箱：fxk@cqup.com.cn（营销中心）

全国新华书店经销

重庆愚人科技有限公司印刷

*

开本：889mm×1194mm　1/16　印张：15.75　字数：423千

2023年2月第1版　　2023年9月第2次印刷

印数：3 001—6 000

ISBN 978-7-5689-3740-5　定价：59.00元

前言

20世纪90年代以来，在全球化的新时空中，各种全球性风险越来越多地影响到人类的生产和生活。根据世界卫生组织最新实时统计数据，截至2022年6月20日，全球新冠肺炎确诊病例超过5.3659亿例。

暴雨、洪涝、台风、地震、火灾、爆炸、高坠、触电等各类自然灾害或突发事件好比一把"刺刀"，深深地扎入人类生活的环境，影响着人类的生活，甚至威胁着人类的生命安全。面对这些灾害或突发事件，你知道如何防范和处置吗？面临险境，你知道如何自救和逃生吗？

《公共安全与应急教育》将引领你树立科学的安全观，培养你面对风险的理性认知及判断能力，提高你面对事故时的自救互救能力。

本书内容坚持"源于生活、服务安全"的原则，面向广大民众，从家庭应急物资储备，科学报警及预警，院前医疗急救技术，心肺复苏术及AED使用，燃气泄漏、火灾、溺水等生活意外事件应急避险与处置，自然灾害应急避险，职业健康与安全防护等方面进行理论知识和技能传授，图文并茂，简练易学，实用性强。

本书由重庆安全技术职业学院应急救援团队教师和国家级救援力量——安能重庆建设发展有限公司救援专家悉心打造。重庆安全技术职业学院徐阳、何淼、黄辉老师担任主编，甘黎嘉、李元兵老师以及重庆三峡学院郭正超老师担任副主编；重庆安全技术职业学院教师梁冰瑞、龙道崎、游成旭，安能重庆建设发展有限公司（重庆市工程抢险救援队）冉磊，晋能控股煤业集团马脊梁矿魏红参与编写。安全监督管理系武万军、黄敏老师担任本书的主审。全书共分为六个学习项目，主要内容包括树立科学安全价值观、现场急救技术、生活意外事件应急避险与处置、自然灾害应急避险、公共卫生事件预防与处置、职业健康与安全防护。

为发挥教材的实用性及可操作性，围绕"互联网+"立体教材的建设思路，编写团队开设了高质量的在线开放课程，并在重庆高等教育智慧教育平台上线使用，同时配套开发了教案、电子课件、试题库等教学资源，拓宽了学习者的学习渠道，延伸了学习阵地。

本书既可作为各类院校安全教育的教材，也适合广大城乡居民、企业员工等群体阅读，是各企事业单位、城乡社区、学校等社会机构进行公民安全培训、防灾减灾科普教育的读本。期望本书的出版能使读者在学习过程中记牢"人民至上、生命至上"的理念，提高风险识别和防范能力，掌握防灾、减灾、救灾技能，共同服务平安中国建设。

另外，本书出版得到了重庆市高等职业教育教学改革研究项目"安全技术与管理专业群共享实训基地建设研究"及重庆安全技术职业学院2021年提质培优项目的支持，在此特别表示感谢。由于编者水平有限，在编写过程中可能存在一些疏漏和错误，敬请广大读者批评指正。

编　者

2023 年 1 月

本书视频资源清单

序号	名称	二维码	序号	名称	二维码
1	安全的内涵与价值		13	家庭火灾事故应急处置 ——火灾预防	
2	生活应急须知——科学报警		14	家庭火灾事故应急处置 ——扑灭初起火灾	
3	生活安全须知 ——安全标志及家庭应急物资储备		15	家庭火灾事故应急处置 ——火场逃生与自救	
4	心肺复苏		16	家庭火灾事故应急处置 ——消防结绳与缓降逃生	
5	AED 的正确使用		17	触电事故应急处置	
6	伤口止血技术——止血带止血法		18	中暑事故应急处置	
7	伤口止血技术——指压止血法		19	淹溺事故应急处置	
8	伤口包扎技术——绷带包扎		20	异物卡喉应急处置	
9	伤口包扎技术——三角巾包扎（1）		21	道路交通事故防范与应急处置	
10	伤口包扎技术——三角巾包扎（2）		22	燃气泄漏事故防范与应急处置	
11	骨折固定技术（1）		23	电梯事故防范与应急处置	
12	骨折固定技术（2）		24	地震灾害应急避险	

序号	名称	二维码	序号	名称	二维码
25	洪涝灾害应急避险		31	粉尘危害及防护 ——粉尘的防护措施	
26	雷雨天气应急避险		32	工业毒物危害及防护 ——认识工业毒物	
27	泥石流灾害应急避险		33	工业毒物危害及防护 ——中毒的急救	
28	典型传染病的预防		34	伤员搬运技术	
29	粉尘危害及防护——粉尘		35	办公室职业健康管理	
30	粉尘危害及防护——尘肺病				

目 录
MULU

项目一
树立科学安全价值观

📖 学习导读

我国是世界上突发事件发生种类多、频次高和损失最严重的国家之一。地震、泥石流、洪水等自然灾害多发，火灾、爆炸、泄漏等事故也经常威胁公众生命健康和财产安全。然而现实中公众的应急素养不尽如人意，主要表现为安全意识不强、应急观念淡薄、敏锐度不强、应急处置能力低，往往因较小的突发事件导致较严重的后果。公民应急素养是现代社会公民素养的重要组成部分，提高公民应急素养有助于提高公众应对突发事件的应急意识及应对能力，从而在面对各类应急性事件中激发较强的自救互救能力，更好地保障自身和公众的生命财产安全。

应急管理、卫生防疫等职能部门在突发公共事件应对、突发事件紧急医学救援中发挥主导作用，公众的积极参与和有效配合也是不可缺少的重要力量。提高公民应急素养，也是完善应急机制、提升政府应急管理水平和有效应对能力的必然要求。

本项目主要学习安全的产生与发展、安全的内涵和价值意义、应急报警及预警、家庭应急物资储备等内容，旨在提高学员的安全意识，树立正确的安全价值观，提高学员在面对突发事件时迅速获取、理解和应用信息、知识、规律的技能。

◎ 学习目标

知识目标

1. 了解安全的产生及发展历程。
2. 熟悉中国传统文化中的安全哲学思想。
3. 熟悉生活中常见的预警信息及安全标志。
4. 掌握科学报警方法。

技能目标

1. 具备主动学习安全知识和技能的能力。
2. 具备面对突发事件时的正确报警能力。
3. 具备根据实际科学储备家庭应急物资的能力。

素养目标

1. 树立"安全第一、生命至上"的价值观。
2. 坚定中华优秀传统文化的文化自觉和文化自信。

任务一　安全内涵与价值

◎ 任务导入

　　从古至今，安全都是人类追求的目标，安全在生活中无处不在，遍布生产、生活的每一个角落。安全是现代人类一切社会活动的前提和基础；安全是国家和社会稳定的基石；安全是经济和社会发展的重要条件；安全是人民安居乐业的基本保障；安全是建设和谐社会必须解决的重大战略问题。

　　人们都希望生命光辉灿烂、健康长寿、幸福美满。但如果这一切没有安全作保障，顷刻之间就可能化为乌有！因此安全的重要性是每一个人都必须牢记的主题。

◎ 任务基础

一、安全的产生与发展

　　从安全的发展历程来看，大体可分为古代安全、近代安全和现代安全，也可分为农业时期安全、手工业时期安全、机械化时期安全和自动化时期安全。

　　远古时期，受人类文明发展限制，人们为了生存，与野兽和自然灾害作斗争，其斗争方式虽与现在有所不同，但归根结底是为了保障人身安全，保证自己能够生存下去。到了手工业时期，人们开始用一些简单的器材进行劳作，交换生活用品。该阶段出现了新的安全问题，人们不仅要考虑生存下去，还要注意在劳作过程中不被器械所伤。约公元前 5000 年，烧制陶器的柴窑已经开始使用烟囱排烟，说明当时人们已经认识到烟气的危害并想办法减轻烟气伤害来保护自己。11世纪，宋朝孔仲平提出"石末伤肺"，说明在当时已经意识到采石人所患肺部疾患与职业有关。明朝宋应星所著的《天工开物》记载了煤矿开采时用大竹筒排除矿内毒气的情况，说明人们对安全的认识已经从生存逐渐上升到对人体各个部位的保护。工业发展加快的同时，也进一步推动了人们对安全的新认识。

人类要生存发展，必须认识自然、适应自然，甚至改造自然，并通过生产活动和科学研究掌握自然变化规律。科学技术的不断进步，使人类生活越来越丰富，但也随之产生了威胁人类安全与健康的问题。

20世纪初，现代工业兴起并快速发展，重特大生产安全事故和环境污染事件相继发生，造成了巨大的人员伤亡和财产损失，给社会带来了极大的负面影响，人们开始在一些企业设置专职安全人员，对工人进行安全教育。20世纪30年代，很多国家设立了安全生产管理机构，制订并颁布安全生产领域相关法律法规，逐步建立了较完善的安全技术与管理体系，形成了现代安全生产管理的雏形。

20世纪50年代以来，经济的快速增长使人们的生产生活水平显著提高，创造就业机会、改善工作条件、国内生产总值公平分配等问题引起了越来越多经济学家、管理学家、安全工程专家和政治家的关注。工人在需要工作机会的同时，还要有安全与健康的工作环境。一些工业化国家加强了安全生产法律法规体系与安全生产管理标准的建设，在安全生产方面投入大量的资金进行科学研究，产生了一些安全生产管理原理、事故致因和事故预防等风险管理理论，以系统安全理论为核心的现代安全管理思想、理论、方法和模式基本形成。

20世纪70年代以后，生产向着高度机械化、电气化和自动化前进，高科技、新技术应用中的潜在危险时常引发安全事故，造成巨大损失。因此，保障安全、预防事故从孤立的、低层次的研究逐步发展到系统的、综合的、较高层次的理论研究，最终带来了安全科学的问世。

到20世纪末，人们对职业安全问题的认识发生了很大变化，安全生产成本、环境成本等成为产品成本的重要组成部分，职业安全问题成为非官方贸易壁垒的利器。在这种背景下，"持续改进""以人为本"的安全健康管理理念逐渐被企业管理者所接受，以职业安全健康管理体系为代表的企业安全生产风险管理思想开始形成，现代安全生产管理的内容更为丰富，现代安全生产管理理论、方法、模式及相应的标准、规范更加成熟。

二、安全的内涵与价值

（一）安全内涵

安全通常被理解为"没有受到威胁，没有危险、危害、损失。人类的整体与生存环境资源的和谐相处，互相不伤害，不存在危险、危害的隐患，是免除了不可接受损害风险的状态"。安全是在人类生产过程中，将系统运行状态对人类生命、财产、环境可能产生的损害控制在人类能接受水平以下的状态。

在我国，《周易·易传》中的"无危则安，无损则全"被认为是先贤对安全最早、最经典的概括与阐释。《新华字典》对"安全"的解释是：没有危险、不受威胁与不出事故。在我国古代，安全首要是指家庭及家庭成员的祥和平顺，其次是指家庭财产的富足稳定。

从安全生产的角度理解，安全是指没有引起死亡、伤害、职业病，或财产、设备的损坏损失或环境危害；是指不因人、机、媒介的相互作用而导致系统损失、人员伤害、任务受影响或时间受损失。

目前，基于大安全视角，可把安全问题划分为自然灾害、事故灾难、公共卫生事件与社会安全事件四个方面。从这个层面上说，安全不仅仅是一种状态，还包括获取安全的手段。随着时代的变迁，安全概念的内涵与外延也随之发生变化。如今，安全已渗透到社会生活的方方面面，从传统意义上的生命财产安全，上升到安业、安居、安康、安心等各个方面，涵盖国家政治安全、经济安全、文化安全、社会安全、生态安全等各领域，内涵与外延不断拓展，标准要求更新更高。

（二）现代安全理念

（1）安全第一，预防为主。安全第一是处理安全与其他事物关系的准则；预防为主是实现安全的最好举措，是安全第一的基本做法。

（2）安全是每一个人的事。安全涉及千家万户，联系你、我、他，安全必须从我做起。在很多情况下安全工作都是互惠的行为，人只要想活着，就会与安全扯上关系，即"人人讲安全，安全为人人；人人讲安全，处处才平安；人人需要安全，安全需要人人；人人重视安全，事事才能安全"。

（3）安全文化是第一文化。文化是人们以往共同生活经验的积累，是人们通过比较和选择认为合理并被普遍接受的东西。一个人一生需要学习很多文化，而安全文化是首要的，是不可或缺的。

（4）安全教育应从孩子抓起。把安全意识烙在孩子心头，孩子有了较高的安全素养，就能遇险不慌，化险为夷。上海松江一名4岁男孩外出时与奶奶走散，就在他急得大哭时，一辆警车迎面驶来，男童急中生智，招手拦下警务人员，后被安全送回家中。新疆昌吉一名6岁女孩家中失火，当时爸妈都不在家，女孩虽被吓哭，但依然冷静地拨打了火警电话，清楚说出了家庭地址，还依照电话指令将3岁的妹妹带至安全地带。不难想象，如果平时没有受到良好的安全教育，这两名孩子不可能具有基本的安全素养，更不可能有此反应。安全教育就得从孩子抓起，只有安全意识在孩子心中生根发芽，孩子才能健康成长。

（5）安全教育是终身教育。社会在发展，科学技术在推陈出新，人的衣食住行和工作生活环境也在不断变化，伴随着新的安全问题，人们也要不断学习新的安全知识（包括手机安全、互联网安全、信息安全等）。安全教育不只是学校的事，家长也有责任发挥作用；安全教育也不只是教育部门的事，交通部门、卫生健康部门等也有责任参与其中，履行好应有的职责。安全教育具有丰富的内涵，绝不只是体现在与生命危险有关的教育，还应包括塑造敬畏生命的意识。现实中，一些孩子缺乏抗挫能力，受到批评就寻死觅活，这也是缺乏安全教育的体现。

（6）安全是一项系统工程。这个公理本身就是安全的属性，不管系统多大多小，从微观到宏观，单一因素入手是解决不了所有安全问题的。建立科学、高效的现代化社会安全体制，切实保障人类社会经济系统、文化系统、政治系统的安全运行，有效维护社会成员的人身安全以及经济利益、文化利益、政治利益，是人类社会系统所面临的重大整体性问题，是任何国家/地区政府所肩负的重大责任和艰巨的历史使命。在全球化时代，为了完成这一使命，从根本上扭转日益复杂的安全局势，我们必须与时俱进，进行大规模创新，以实现解决人类安全问题的整体突破。

（7）风险恒存且是动态的。可以说风险是绝对存在的，只是风险的大小不同，有时小到可以暂时忽略，有时需要我们必须采取管控措施以保证安全状态。如果风险是静态的，那就不会发生什么事故，事故的发生本身就是一个动态过程。发生变化，而且向坏处变化，就可能发生事故。

（8）安全知识和意识是感知危险的基础与前提。隐患的一大特性就是其隐蔽性。没有安全知识，人们很难预测和发现危险；同样有些人虽然有安全知识，知道其行为可能导致何种事故，但没有安全意识，冒险蛮干仍然会出事。所以，我们要主动学习安全知识，积极提高安全意识，提高风险感知能力，规范安全行为。

（9）事故总在系统薄弱处引发。不管是硬件、软件，还是人自身，在一个系统中，哪里有漏洞，哪里就可能发生事故。由多块木板构成的水桶，其价值在于其盛水量的多少，但决定水桶盛水量多少的关键因素不是最长的木板，而是最短的木板。千里之堤溃于蚁穴，哪里有薄弱环节，哪里就会成为事故突破口。

（10）发生伤亡总有前因后果。事故的发生是动态的，客观上就存在时间因素和时间序列，也带出了一系列相关的事件，有各种直接和间接原因，即所谓的事件线链和事件网链等。许多事故往往在人们的意料之外，具有偶然性和突发性的特征，但纵观各类事故可知，人的不安全行为、物的不安全状态、环境不良以及管理体系缺陷的系统性问题，是导致事故发生的必然性因素。正如墨菲定律描述的，"如果事情有可能变坏，不管这种可能性多么小，它迟早都会发生"。

（三）安全价值

据统计，近年来全球每年发生事故约 2.5 亿次，伤亡事故每天约 69 万起，每小时约 2.9 万起，每分钟约 480 起。全球每天因意外事故死亡的人数约 1 万人；全球意外伤亡事故中，40% 左右的受害者是老人和儿童，而且大多数发生在人口众多的发展中国家。

"安全不是全部，但失去了安全，就失去了全部"。这提醒我们，安全的重要性不可忽视。假如我们不把安全放在心中，可能存在的隐患就无从防范。这就有可能影响我们的工作，甚至摧毁我们的生活。安全来自警惕，事故出于麻痹。假如每个人多一点安全意识、少一点烦躁，多一分谨慎、少一点马虎，那么所维护的不仅仅是自身的安全，更是企业的发展和千千万万个家庭的幸福。安全责任重于泰山。

安全是生命。我们要以人为本，关爱生命，因为它能让人领略到幸福和温情。与安全同行，小到你、我、他，大到企业、社会乃至国家，如果社会没有了安全，那么公民的生命安全就失去了保障。我们每一个人必须将安全当作人生最珍贵的财富，精心地呵护、珍藏。

安全是责任。严格遵守和执行各项安全规章制度，既要做到对自己负责，更要对他人负责。当前，绝不缺少各类安全管理制度，缺少的是对各类安全管理制度不折不扣地执行。让我们从自身做起，认真执行各项安全规章制度。

安全是效益。效益是企业的发展、企业的盈利，效益是职工的工资、奖金和福利。如果一个企业在生产过程中一念之差，违章作业，酿成事故，就必然会影响员工队伍的稳定和正常的生产，同时也会影响企业的信誉及企业的形象，所造成的直接损失和间接影响更难以估量。

总之，安全是生命之本、幸福之源。搞好安全工作是法律、法规的要求，也是每个人应尽的职责。每个人在不同的环境中有着不同的身份，肩负着不同领域不可推卸的安全责任。只要我们坚持安全第一，牢记安全是我们每个人的一切，那么，安全就是生命与快乐的保障，我们的明天一定会更加美好。生命因健康而美丽，生命因安全而保障。

三、国家对安全的重视

经过改革开放 40 年的努力，我国社会大局稳定、人民安居乐业、国家兴旺发达，既创造了经济发展的奇迹，也创造了社会稳定的奇迹。中国的社会治理现代化与平安中国建设给亿万中国人民带来了安定生活和良好发展环境，也为世界和平发展与全球治理做出了中国贡献。

2013 年，习近平总书记就做好新形势下政法工作做出重要指示；提出进一步增强人民群众安全感和满意度，强调全国政法机关顺应人民群众对公共安全、司法公正、权益保障的新期待，全力推进平安中国、法治中国、过硬队伍建设，深化司法体制机制改革，坚持从严治警，坚决反对执法不公、司法腐败，进一步提高执法能力。党的十九大报告进一步强调保障和改善民生要抓住人民最关心最直接最现实的利益问题，使人民获得感、幸福感、安全感更加充实、更有保障、更可持续。获得感、幸福感、安全感的提出和反复强调，标志着以人民为中心的社会治理增加了主观评判标准，意味着各项社会治理事业不仅要追求社会治理客观治态，还要追求人民群众的主观治感。这对社会治理的有效性、成果的外显性都提出了更高要求，体现出对人民美好生活需要更高层次的满足。

中华优秀传统文化是社会治理的重要资源。兼收并蓄、和而不同等优秀传统文化，凝结在当代中国人的价值观念中，影响着人们的交往方式和行为准则，是社会治理不可忽视的重要因素。以社会主义核心价值观引领高尚道德，有效引导人们做出适当行为，为社会治理开辟更广阔的空间。

2020 年 11 月，习近平总书记对平安中国建设做出重要指示，要求"全面提升平安中国建设科学化、社会化、法治化、智能化水平，不断增强人民群众获得感、幸福感、安全感"。以习近平同志为核心的党中央精准把握时代和形势的新变化，谋划推进更高水平的平安中国建设。

学习小结

本任务主要学习了安全的产生和发展过程、安全的内涵和价值意义、国家对安全的重视等内容。学生通过本节内容的学习，能够树立正确的安全价值观，提高安全意识。

思考拓展

1. 结合工作和生活，谈一谈该如何正确理解"安全"一词？
2. 国家安全包含哪些方面？

励心笃行

天地之性人为贵

《孝经·圣治》："天地之性，人为贵。人之行，莫大于孝。孝莫大于严父。""天地之性，人为贵"，即世上以人为最宝贵。

我国自古以来就重视人的生命健康安全。2017 年 10 月 18 日，习近平总书记在中国共产党第十九次全国代表大会上指出：树立安全发展理念，弘扬生命至上、安全第一的思想，健全公共安全体系，完善安全生产责任制，坚决遏制重特大安全事故，提升防灾减灾救灾能力。习近平总书记的讲话，饱含着对人民高度负责的情怀与担当，指引我们提升防灾减灾救灾能力，不惜一切代价保护人民生命安全和身体健康。

生命至上、安全第一是人民利益至上的具体表现，是建设平安中国的思想引领，是满足人民群众日益增长的美好生活需求的基石，体现出我们社会的价值取向，体现出我们党在任何时候都把群众利益放在第一位的使命担当。

图片来源：学习强国（修身育秀真师表　治国传方苦圣贤）

🔧 技能强化

古代安全文化整理

1. 训练目标

（1）学习古代安全文化典例，体会安全文化悠久历史。

（2）树立中华优秀传统文化的文化自信心。

2. 训练准备

（1）利用手机、电脑，发挥互联网优势，从网络获取相关内容。

（2）学习《安全文化学》《安全心理学》等专业教材，从教材中整理相关内容。

（3）留意身边安全标语、安全警示语，从身边案例中发现、体会安全文化。

3. 成果展示

（1）居安思危

出自《左传·襄公十一年》："居安思危，思则有备，有备无患。"同《礼记·中庸》"凡事预则立，不预则废"含义相似，都体现了预防的重要性，是安全行动的原则和方针。

（2）长治久安

出自《汉书·贾谊传》："建久安之势，成长治之业。"只有发达长治之业，才能实现久安之势。这不仅针对国家安定，生活与生产的安全也需要这一重要的安全策略，体现了安全的长效机制问题。

（3）防微杜渐

出自《元史·张桢传》："有不尽者，亦宜防微杜渐而禁于未然。"从微小之事抓起，重视事物之苗头，从风险和事故隐患入手，为损失控制之战术。

（4）曲突徙薪

出自《汉书·霍光传》："臣闻客有过主人者，见其灶直突，傍有积薪。客谓主人：'更为曲突，远徙其薪；不者，且有火患。'主人嘿然不应。俄而家果失火，邻里共救之，幸而得息。""曲突徙薪"的原义是把烟囱改建成弯的，把灶旁的柴草搬走，比喻事先采取措施，才能防止灾祸。这是"预防为主"之体现，是防范事故的必遵之道。

（5）上医治未病，中医治欲病，下医治已病

《黄帝内经》曰："上医治未病，中医治欲病，下医治已病。"后来，孙思邈在此基础上提出"上工治未病之病，中工治欲病之病，下工治已病之病"，意指最高明的医生往往能够在疾病未发之时及早干预，中等水平的医生治疗将要发生的病，而普通的医生治疗已经发生的病。在中医看来，在没有发病的时候，提前发现端倪，做好预防措施，就能够让人不生病，从而避免陷入"渴而穿井，斗而铸锥"的困境。这和目前的风险分级管控、隐患排查治理、事故应急管理息息相通。

🏅 任务评价

技能要点	标准参考	分值/分	自我评价（20%）	小组互评（30%）	教师评价（50%）
安全的产生与发展	熟悉安全的发展历程，了解古代安全文化	10			

续表

技能要点	标准参考	分值／分	自我评价（20%）	小组互评（30%）	教师评价（50%）
安全的内涵	理解安全的内涵，对安全有更加科学的认识	20			
	熟悉现代十大安全理念	20			
	认可安全的价值，自身安全意识得到有效提升	20			
国家对安全的重视	熟悉"平安中国"建设工作，自觉捍卫国家安全	30			
总得分		100			

任务二　生活应急需知

任务导入

在日常生活中，我们难免会遇到一些紧急情况，比如火灾、溺水、突发疾病、交通事故等。当遇到危险时，及时正确地报警是首要环节。一旦报警失误，不仅会使救援失去最佳时机，甚至可能导致受害者面临更大的损失。因此，学会报警应是每个市民的必修课。求助时提高报警效率、准确无误传达信息、将言辞表达清晰，以便获得救助、及时脱险。

同样，在生活中我们会经常见到各种警告、提示、指令标志，例如街道社区里常见的应急避难场所标志、重点风险场所常见的危险警告标志、恶劣天气的预警信息标志等，这些标志对危险识别甚至应急逃生非常关键，如不清楚，可能导致不必要的损失。

本任务将帮助大家掌握常见的报警方式及科学报警注意事项，熟悉生活中常见的安全标志及预警信号，指导大家如何科学储备家庭应急物资，提高风险防范能力。

任务基础

一、科学报警

（一）报警注意事项

（1）熟记并正确使用各种求助与报警电话号码。

（2）拨打电话求助或报警时，要根据所报警种要求，讲清楚所求助或报警的内容。

（3）报警时，要报出自己的姓名、住址或所在学校及所使用的电话号码。

（4）使用普通电话、投币电话、磁卡电话拨打110、119、120、122（均为免费服务号码）报警时，直接拿起话筒即可拨通。使用手机报警时，也可直接拨打相应的号码。

（5）空气中含有大量可燃性气体或粉尘时，禁止使用电话报警，防止引发爆炸或爆燃。

（二）常见报警电话及要求

1. 110 报警

（1）遇到紧急情况，需要公安机关帮助时，可拨打 110。

（2）遇到盗窃、抢劫，自身安全受到威胁时，可拨打 110。

（3）正在发生或发现治安案件、刑事案件时，可拨打 110。

（4）报警时说明自己的具体位置、作案人特征及逃逸方向等。

2. 119 报警

（1）任何公民发现火灾，均有及时拨打 119 电话报警的义务。

（2）讲清起火的具体地点、位置和单位名称，着火物质，火势大小，有无人员被困，报警人的姓名和电话。

（3）注意倾听并准确回答对方的询问。

（4）报警后，到附近路口迎候、引导消防车；消防车到来前，火势发生重要变化时，应再次拨打报警电话说明火情变化及现状。

（5）火势危及自己的生命时，要先逃离火场，再报警。

3. 120 报警

（1）自己、家人或他人发生疾病及各类伤害事故需要医疗救助时，可拨打 120。

（2）拨打 120 时，要讲清病人的姓名、性别、年龄、所在地点及目前所处危急状况（如骨折、严重外伤、大量出血、呼吸困难等）。

（3）介绍伤病情况可以套用两个公式：外伤 = 什么时候 + 什么原因 + 哪个部位 + 出现什么情况；非外伤 = 哪个部位 + 怎么不舒服 + 多久了。

（4）讲清现场需要急救的人数，因为救护车一般是一车一床。

（5）联系一定要保持畅通，如有条件，要派人去路口引导救护车，提前疏导搬运通道。

4. 122 报警

（1）发生道路交通事故时，可拨打 122。

（2）拨打 122 时，报警人要保持沉着、冷静，尽量讲普通话，让接警人员听得清楚，避免耽误时间。

（3）说明事故的发生地点、时间、车型、车牌号码、事故起因、有无发生火灾或爆炸、有无人员伤亡、是否已造成交通堵塞等。

（4）根据提示，说出报警人的姓名、性别、年龄、住址、联系电话等，待对方挂断电话后再挂机。

（5）如果因交通事故已引起人员受伤、火灾，报警时应先拨打火警 120、119，再拨打 122。

5. 12350 安全生产举报投诉

（1）12350 安全生产举报投诉电话受理包括生产安全事故、重大安全隐患、非法违法生产建设经营等。

（2）举报情况一定要属实。如果属实，呈批报送后，开始调查；如果虚假举报，举报人会承担法律责任。

（3）举报时一定要向应急管理部门说明发生案件的具体时间、公司名称、公司详细地址、什么事情、有无伤亡人员、目前发展程度如何、个人有哪些要求或者利益诉求。

（4）留下姓名、联系方式等信息，越具体越好，不用担心个人信息泄露，应急部门有保密规定。

6.12395 水上求救

（1）在海上或内河，船舶一旦发生碰撞、触礁、搁浅、漂流、失火等海难事故或遇人员落水、突发疾病需要救助，就可拨打 12395 向海上搜救中心报警。

（2）拨打海上遇险报警电话时，要沉着冷静，避免打错电话。

（3）要准确报出遇险的地理位置和遇险船船名，以便救援人员及时迅速地赶到现场。

（4）尽可能说清楚遇险的性质、范围和遇险程度。

（5）简要说明需要何种救助，以利于救援人员做好必要的应急准备。

二、安全预警及安全标志

（一）安全预警信号

气象灾害预警信号是我国根据实际情况制定的一类预警信号，比如常见的台风预警信号、暴雨预警信号、高温预警信号等。其中，又以不同颜色来区分这些预警信号的等级大小。

按照突发事件发生的紧急程度、发展势态和可能造成的危害程度，安全预警等级一般分为Ⅰ级（特别严重）、Ⅱ级（严重）、Ⅲ级（较重）、Ⅳ级（一般），分别用红色、橙色、黄色、蓝色表示，Ⅰ级为最高级别。预警信号由名称、图标、标准和防御指南组成，分为台风、暴雨、暴雪、寒潮、大风、沙尘暴、高温、干旱、雷电、冰雹、霜冻、大雾、霾、道路结冰等。常见气象预警信号及防御指南如下。

1. 台风预警信号

台风预警信号标准及防御指南见表 1-1。

表 1-1　台风预警信号标准及防御指南

含义	防御指南
 24 小时内可能或者已经受热带气旋影响，沿海或者陆地平均风力达 6 级以上，或者阵风 8 级以上并可能持续。	1. 政府及相关部门按照职责做好防台风准备工作。 2. 停止露天集体活动和高空等户外危险作业。 3. 相关水域水上作业和过往船舶采取积极的应对措施，如回港避风或者绕道航行等。 4. 加固门窗、围板、棚架、广告牌等易被风吹动的搭建物，切断危险的室外电源。
 24 小时内可能或者已经受热带气旋影响，沿海或者陆地平均风力达 8 级以上，或者阵风 10 级以上并可能持续。	1. 政府及相关部门按照职责做好防台风应急准备工作。 2. 停止室内外大型集会和高空等户外危险作业。 3. 相关水域水上作业和过往船舶采取积极的应对措施，加固港口设施，防止船舶走锚、搁浅和碰撞。 4. 加固或者拆除易被风吹动的搭建物，人员切勿随意外出，确保老人小孩留在家中最安全的地方，危房人员及时转移。

续表

含义	防御指南
  12小时内可能或者已经受热带气旋影响,沿海或者陆地平均风力达10级以上,或者阵风12级以上并可能持续。	1. 政府及相关部门按照职责做好防台风抢险应急工作。 2. 停止室内外大型集会、停课、停业(除特殊行业外)。 3. 相关应急处置部门和抢险单位加强值班,密切监视灾情,落实应对措施。 4. 相关水域水上作业和过往船舶应当回港避风,加固港口设施,防止船舶走锚、搁浅和碰撞。 5. 加固或者拆除易被风吹动的搭建物,人员应当尽可能待在防风安全的地方,当台风中心经过时风力会减小或者静止一段时间,切记强风将会突然吹袭,应当继续留在安全处避风,危房人员及时转移。 6. 相关地区应当注意防范强降水可能引发的山洪、地质灾害。
  6小时内可能或者已经受热带气旋影响,沿海或者陆地平均风力达12级以上,或者阵风达14级以上并可能持续。	1. 政府及相关部门按照职责做好防台风应急和抢险工作。 2. 停止集会、停课、停业(除特殊行业外)。 3. 回港避风的船舶要视情况采取积极措施,妥善安排人员留守或者转移到安全地带。 4. 加固或者拆除易被风吹动的搭建物,人员应当待在防风安全的地方,当台风中心经过时风力会减小或者静止一段时间,切记强风将会突然吹袭,应当继续留在安全处避风,危房人员及时转移。 5. 相关地区应当注意防范强降水可能引发的山洪、地质灾害。

图片来源:中华人民共和国应急管理部官网。

2. 暴雨预警信号

暴雨预警信号标准及防御指南见表1-2。

表1-2　暴雨预警信号标准及防御指南

含义	防御指南
  12小时内降雨量将达50mm以上,或者已达50mm以上且降雨可能持续。	1. 政府及相关部门按照职责做好防暴雨准备工作。 2. 学校、幼儿园采取适当措施,保证学生和幼儿安全。 3. 驾驶人员应当注意道路积水和交通阻塞,确保安全。 4. 检查城市、农田、鱼塘排水系统,做好排涝准备。

续表

含义	防御指南
暴雨 黄 RAIN STORM 6 小时内降雨量将达 50mm 以上，或者已达 50mm 以上且降雨可能持续。	1. 政府及相关部门按照职责做好防暴雨工作。 2. 交通管理部门应当根据路况在强降雨路段采取交通管制措施，在积水路段实行交通引导。 3. 切断低洼地带有危险的室外电源，暂停在空旷地方的户外作业，转移危险地带人员和危房居民到安全场所避雨。 4. 检查城市、农田、鱼塘排水系统，采取必要的排涝措施。
暴雨 橙 RAIN STORM 3 小时内降雨量将达 50mm 以上，或者已达 50mm 以上且降雨可能持续。	1. 政府及相关部门按照职责做好防暴雨应急工作。 2. 切断有危险的室外电源，暂停户外作业。 3. 处于危险地带的单位应当停课、停业，采取专门措施保护已到校学生、幼儿和其他上班人员的安全。 4. 做好城市、农田的排涝，注意防范可能引发的山洪、滑坡、泥石流等灾害。
暴雨 红 RAIN STORM 3 小时内降雨量将达 100mm 以上，或者已达 100mm 以上且降雨可能持续。	1. 政府及相关部门按照职责做好防暴雨应急和抢险工作。 2. 停止集会、停课、停业（除特殊行业外）。 3. 做好山洪、滑坡、泥石流等灾害的防御和抢险工作。

图片来源：中华人民共和国应急管理部官网。

3. 暴雪预警信号

暴雪预警信号及防御指南见表 1-3。

表 1-3　暴雪预警信号标准及防御指南

含义	防御指南
暴雪 蓝 SNOW STORM 12 小时内降雪量将达 4mm 以上，或者已达 4mm 以上且降雪持续，可能对交通或者农牧业有影响。	1. 政府及有关部门按照职责做好防雪灾和防冻害准备工作。 2. 交通、铁路、电力、通信等部门应当进行道路、铁路、线路巡查维护，做好道路清扫和积雪融化工作。 3. 行人注意防寒防滑，驾驶人员小心驾驶，车辆应当采取防滑措施。 4. 农牧区和种养殖业要储备饲料，做好防雪灾和防冻害准备。 5. 加固棚架等易被雪压的临时搭建物。

续表

含义	防御指南
12 小时内降雪量将达 6mm 以上，或者已达 6mm 以上且降雪持续，可能对交通或者农牧业有影响。	1. 政府及相关部门按照职责落实防雪灾和防冻害措施。 2. 交通、铁路、电力、通信等部门应当加强道路、铁路、线路巡查维护，做好道路清扫和积雪融化工作。 3. 行人注意防寒防滑，驾驶人员小心驾驶，车辆应当采取防滑措施。 4. 农牧区和种养殖业要备足饲料，做好防雪灾和防冻害准备。 5. 加固棚架等易被雪压的临时搭建物。
6 小时内降雪量将达 10mm 以上，或者已达 10mm 以上且降雪持续，可能或者已经对交通或者农牧业有较大影响。	1. 政府及相关部门按照职责做好防雪灾和防冻害的应急工作。 2. 交通、铁路、电力、通信等部门应当加强道路、铁路、线路巡查维护，做好道路清扫和积雪融化工作。 3. 减少不必要的户外活动。 4. 加固棚架等易被雪压的临时搭建物，将户外牲畜赶入棚圈喂养。
6 小时内降雪量将达 15mm 以上，或者已达 15mm 以上且降雪持续，可能或者已经对交通或者农牧业有较大影响。	1. 政府及相关部门按照职责做好防雪灾和防冻害的应急和抢险工作。 2. 必要时停课、停业（除特殊行业外）。 3. 必要时飞机暂停起降，火车暂停运行，高速公路暂时封闭。 4. 做好牧区等救灾救济工作。

图片来源：中华人民共和国应急管理部官网。

4. 寒潮预警信号

寒潮预警信号标准及防御指南见表1-4。

表1-4　寒潮预警信号标准及防御指南

含义	防御指南
 48小时内最低气温将要下降8℃以上,最低气温小于等于4℃,陆地平均风力可达5级以上;或者已经下降8℃以上,最低气温小于等于4℃,平均风力达5级以上,并可能持续。	1.政府及有关部门按照职责做好防寒潮准备工作。 2.注意添衣保暖。 3.对热带作物、水产品采取一定的防护措施。 4.做好防风准备工作。
 24小时内最低气温将要下降10℃以上,最低气温小于等于4℃,陆地平均风力可达6级以上;或者已经下降10℃以上,最低气温小于等于4℃,平均风力达6级以上,并可能持续。	1.政府及有关部门按照职责做好防寒潮工作。 2.注意添衣保暖,照顾好老、弱、病人。 3.对牲畜、家禽和热带、亚热带水果及有关水产品、农作物等采取防寒措施。 4.做好防风工作。
 24小时内最低气温将要下降12℃以上,最低气温小于等于0℃,陆地平均风力可达6级以上;或者已经下降12℃以上,最低气温小于等于0℃,平均风力达6级以上,并可能持续。	1.政府及有关部门按照职责做好防寒潮应急工作。 2.注意防寒保暖。 3.农业、水产业、畜牧业等要积极采取防霜冻、冰冻等防寒措施,尽量减少损失。 4.做好防风工作。
 24小时内最低气温将要下降16℃以上,最低气温小于等于0℃,陆地平均风力可达6级以上;或者已经下降16℃以上,最低气温小于等于0℃,平均风力达6级以上,并可能持续。	1.政府及相关部门按照职责做好防寒潮的应急和抢险工作。 2.注意防寒保暖。 3.农业、水产业、畜牧业等要积极采取防霜冻、冰冻等防寒措施,尽量减少损失。

图片来源:中华人民共和国应急管理部官网。

5. 大风预警信号

大风预警信号标准及防御指南见表 1-5。

表 1-5 大风预警信号标准及防御指南

含义	防御指南
24 小时内可能受大风影响，平均风力可达 6 级以上，或者阵风 7 级以上；或者已经受大风影响，平均风力为 6~7 级，或者阵风 7~8 级并可能持续。	1. 政府及相关部门按照职责做好防大风工作。 2. 关好门窗，加固围板、棚架、广告牌等易被风吹动的搭建物，妥善安置易受大风影响的室外物品，遮盖建筑物资。 3. 相关水域水上作业和过往船舶采取积极的应对措施，如回港避风或者绕道航行等。 4. 行人注意尽量少骑自行车，刮风时不要在广告牌、临时搭建物等下面逗留。 5. 有关部门和单位注意森林、草原等防火。
12 小时内可能受大风影响，平均风力可达 8 级以上，或者阵风 9 级以上；或者已经受大风影响，平均风力为 8~9 级，或者阵风 9~10 级并可能持续。	1. 政府及相关部门按照职责做好防大风工作。 2. 停止露天活动和高空等户外危险作业，危险地带人员和危房居民尽量转到避风场所避风。 3. 相关水域水上作业和过往船舶采取积极的应对措施，加固港口设施，防止船舶走锚、搁浅和碰撞。 4. 切断户外危险电源，妥善安置易受大风影响的室外物品，遮盖建筑物资。 5. 机场、高速公路等单位应当采取保障交通安全的措施，有关部门和单位注意森林、草原等防火。
6 小时内可能受大风影响，平均风力可达 10 级以上，或者阵风 11 级以上；或者已经受大风影响，平均风力为 10~11 级，或者阵风 11~12 级并可能持续。	1. 政府及相关部门按照职责做好防大风应急工作。 2. 房屋抗风能力较弱的中小学校和单位应当停课、停业，人员减少外出。 3. 相关水域水上作业和过往船舶应当回港避风，加固港口设施，防止船舶走锚、搁浅和碰撞。 4. 切断危险电源，妥善安置易受大风影响的室外物品，遮盖建筑物资。 5. 机场、铁路、高速公路、水上交通等单位应当采取保障交通安全的措施，有关部门和单位注意森林、草原等防火。
6 小时内可能受大风影响，平均风力可达 12 级以上，或者阵风 13 级以上；或者已经受大风影响，平均风力为 12 级以上，或者阵风 13 级以上并可能持续。	1. 政府及相关部门按照职责做好防大风应急和抢险工作。 2. 人员应当尽可能停留在防风安全的地方，不要随意外出。 3. 回港避风的船舶要视情况采取积极措施，妥善安排人员留守或者转移到安全地带。 4. 切断危险电源，妥善安置易受大风影响的室外物品，遮盖建筑物资。 5. 机场、铁路、高速公路、水上交通等单位应当采取保障交通安全的措施，有关部门和单位注意森林、草原等防火。

图片来源：中华人民共和国应急管理部官网。

6. 沙尘暴预警信号

沙尘暴预警信号标准及防御指南见表1-6。

表1-6　沙尘暴预警信号标准及防御指南

含义	防御指南
 12小时内可能出现沙尘暴天气（能见度小于1000m），或者已经出现沙尘暴天气并可能持续。	1. 政府及相关部门按照职责做好防沙尘暴工作。 2. 关好门窗，加固围板、棚架、广告牌等易被风吹动的搭建物，妥善安置易受大风影响的室外物品，遮盖建筑物资，做好精密仪器的密封工作。 3. 注意携带口罩、纱巾等防尘用品，以免沙尘对眼睛和呼吸道造成损伤。 4. 呼吸道疾病患者、对风沙较敏感人员不要到室外活动。
 6小时内可能出现强沙尘暴天气（能见度小于500m），或者已经出现强沙尘暴天气并可能持续。	1. 政府及相关部门按照职责做好防沙尘暴应急工作。 2. 停止露天活动和高空、水上等户外危险作业。 3. 机场、铁路、高速公路等单位做好交通安全的防护措施，驾驶人员注意沙尘暴变化，小心驾驶。 4. 行人注意尽量少骑自行车，户外人员应当戴好口罩、纱巾等防尘用品，注意交通安全。
 6小时内可能出现特强沙尘暴天气（能见度小于50m），或者已经出现特强沙尘暴天气并可能持续。	1. 政府及相关部门按照职责做好防沙尘暴应急抢险工作。 2. 人员应当留在防风、防尘的地方，不要在户外活动。 3. 学校、幼儿园推迟上学或者放学，直至特强沙尘暴结束。 4. 飞机暂停起降，火车暂停运行，高速公路暂时封闭。

图片来源：中华人民共和国应急管理部官网。

7. 高温预警信号

高温预警信号标准及防御指南见表1-7。

表1-7 高温预警信号标准及防御指南

含义	防御指南
  连续3天日最高气温将在35℃以上。	1. 有关部门和单位按照职责做好防暑降温准备工作。 2. 午后尽量减少户外活动。 3. 对老、弱、病、幼人群提供防暑降温指导。 4. 高温条件下作业和白天需要长时间进行户外露天作业的人员应当采取必要的防护措施。
  24小时内最高气温将升至37℃以上。	1. 有关部门和单位按照职责落实防暑降温保障措施。 2. 尽量避免在高温时段进行户外活动，高温条件下作业的人员应当缩短连续工作时间。 3. 对老、弱、病、幼人群提供防暑降温指导，并采取必要的防护措施。 4. 有关部门和单位应当注意防范因用电量过高，以及电线、变压器等电力负载过大而引发的火灾。
  24小时内最高气温将升至40℃以上。	1. 有关部门和单位按照职责采取防暑降温应急措施。 2. 停止户外露天作业（除特殊行业外）。 3. 对老、弱、病、幼人群采取保护措施。 4. 有关部门和单位要特别注意防火。

图片来源：中华人民共和国应急管理部官网。

8. 干旱预警信号

干旱预警信号标准及防御指南见表1-8。

表1-8 干旱预警信号标准及防御指南

含义	防御指南
  预计未来一周综合气象干旱指数达到重旱（气象干旱为25～50年一遇），或者某一县（区）有40%以上的农作物受旱。	1. 有关部门和单位按照职责做好防御干旱的应急工作。 2. 有关部门启用应急备用水源，调度辖区内一切可用水源，优先保障城乡居民生活用水和牲畜饮水。 3. 压减城镇供水指标，优先经济作物灌溉用水，限制大量农业灌溉用水。 4. 限制非生产性高耗水及服务业用水，限制排放工业污水。 5. 气象部门适时进行人工增雨作业。

续表

含义	防御指南
预计未来一周综合气象干旱指数达到特旱（气象干旱为50年以上一遇），或者某一县（区）有60%以上的农作物受旱。	1.有关部门和单位按照职责做好防御干旱的应急和救灾工作。 2.各级政府和有关部门启动远距离调水等应急供水方案，采取提外水、打深井、车载送水等多种手段，确保城乡居民生活和牲畜饮水。 3.限时或者限量供应城镇居民生活用水，缩小或者阶段性停止农业灌溉供水。 4.严禁非生产性高耗水及服务业用水，暂停排放工业污水。 5.气象部门适时加大人工增雨作业力度。

图片来源：中华人民共和国应急管理部官网。

9.雷电预警信号

雷电预警信号标准及防御指南见表1-9。

表1-9 雷电预警信号标准及防御指南

含义	防御指南
6小时内可能发生雷电活动，可能会造成雷电灾害事故。	1.政府及相关部门按照职责做好防雷工作。 2.密切关注天气，尽量避免户外活动。
2小时内发生雷电活动的可能性很大，或者已经受雷电活动影响，且可能持续，出现雷电灾害事故的可能性比较大。	1.政府及相关部门按照职责落实防雷应急措施。 2.人员应当留在室内，并关好门窗。 3.户外人员应当躲入有防雷设施的建筑物或者汽车内。 4.切断危险电源，不要在树下、电杆下、塔吊下避雨。 5.在空旷场地不要打伞，不要把农具、羽毛球拍、高尔夫球杆等扛在肩上。

含义	防御指南
2小时内发生雷电活动的可能性非常大，或者已经有强烈的雷电活动发生，且可能持续，出现雷电灾害事故的可能性非常大。	1. 政府及相关部门按照职责做好防雷应急抢险工作。 　2. 人员应当尽量躲入有防雷设施的建筑物或者汽车内，并关好门窗。 　3. 切勿接触天线、水管、铁丝网、金属门窗、建筑物外墙，远离电线等带电设备和其他类似金属装置。 　4. 尽量不要使用无防雷装置或者防雷装置不完备的电视、电话等电器。 　5. 密切注意雷电预警信息的发布。

图片来源：中华人民共和国应急管理部官网。

10. 冰雹预警信号

冰雹预警信号标准及防御指南见表 1-10。

表 1-10　冰雹预警信号标准及防御指南

含义	防御指南
6小时内可能出现冰雹天气，并可能造成雹灾。	1. 政府及相关部门按照职责做好防冰雹的应急工作。 　2. 气象部门做好人工防雹作业准备并择机进行作业。 　3. 户外行人立即到安全的地方暂避。 　4. 驱赶家禽、牲畜进入有顶篷的场所，妥善保护易受冰雹袭击的汽车等室外物品或设备。 　5. 注意防御冰雹天气伴随的雷电灾害。
2小时内出现冰雹可能性极大，并可能造成重雹灾。	1. 政府及相关部门按照职责做好防冰雹的应急和抢险工作。 　2. 气象部门适时开展人工防雹作业。 　3. 户外行人立即到安全的地方暂避。 　4. 驱赶家禽、牲畜进入有顶篷的场所，妥善保护易受冰雹袭击的汽车等室外物品或设备。 　5. 注意防御冰雹天气伴随的雷电灾害。

图片来源：中华人民共和国应急管理部官网。

11. 霜冻预警信号

霜冻预警信号标准及防御指南见表 1-11。

表 1-11　霜冻预警信号标准及防御指南

含义	防御指南
48 小时内地面最低温度将要下降到 0℃以下，对农业将产生影响，或者已经降到 0℃以下，对农业已经产生影响，并可能持续。	1. 政府及农林主管部门按照职责做好防霜冻准备工作。 2. 对农作物、蔬菜、花卉、瓜果、林业育种要采取一定的防护措施。 3. 农村基层组织和农户要关注当地霜冻预警信息，以便采取措施加强防护。
24 小时内地面最低温度将要下降到 −3℃以下，对农业将产生严重影响，或者已经降到 −3℃以下，对农业已经产生严重影响，并可能持续。	1. 政府及农林主管部门按照职责做好防霜冻应急工作。 2. 农村基层组织要广泛发动群众，防灾抗灾。 3. 对农作物、林业育种要积极采取田间灌溉等防霜冻、冰冻措施，尽量减少损失。 4. 对蔬菜、花卉、瓜果要采取覆盖、喷洒防冻液等措施，减轻冻害。
24 小时内地面最低温度将要下降到 −5℃以下，对农业将产生严重影响，或者已经降到 −5℃以下，对农业已经产生严重影响，并将持续。	1. 政府及农林主管部门按照职责做好防霜冻应急工作。 2. 农村基层组织要广泛发动群众，防灾抗灾。 3. 对农作物、蔬菜、花卉、瓜果、林业育种要采取积极的应对措施，尽量减少损失。

图片来源：中华人民共和国应急管理部官网。

12. 大雾预警信号

大雾预警信号标准及防御指南见表 1-12。

表 1-12 大雾预警信号标准及防御指南

含义	防御指南
12小时内可能出现能见度小于500m的雾，或者已经出现能见度小于500m、大于等于200m的雾并将持续。	1. 有关部门和单位按照职责做好防雾准备工作。 2. 机场、高速公路、轮渡码头等单位加强交通管理，保障安全。 3. 驾驶人员注意雾的变化，小心驾驶。 4. 户外活动注意安全。
6小时内可能出现能见度小于200m的雾，或者已经出现能见度小于200m、大于等于50m的雾并将持续。	1. 有关部门和单位按照职责做好防雾工作。 2. 机场、高速公路、轮渡码头等单位加强调度指挥。 3. 驾驶人员必须严格控制车、船的行进速度。 4. 减少户外活动。
2小时内可能出现能见度小于50m的雾，或者已经出现能见度小于50m的雾并将持续。	1. 有关部门和单位按照职责做好防雾应急工作。 2. 有关单位按照行业规定适时采取交通安全管制措施，如机场暂停飞机起降，高速公路暂时封闭，轮渡暂时停航等。 3. 驾驶人员根据雾天行驶规定，采取雾天预防措施，根据环境条件采取合理行驶方式，并尽快寻找安全停放区域停靠。 4. 不要进行户外活动。

图片来源：中华人民共和国应急管理部官网。

13. 霾预警信号

霾预警信号标准及防御指南见表1-13。

表 1-13 霾预警信号标准及防御指南

含义	防御指南
12小时内可能出现能见度小于3000m的霾，或者已经出现能见度小于3000m的霾且可能持续。	1. 驾驶人员小心驾驶。 2. 因空气质量明显降低，人员需适当防护。 3. 呼吸道疾病患者尽量减少外出，外出时可戴上口罩。

续表

含义	防御指南
  6小时内可能出现能见度小于2000m的霾，或者已经出现能见度小于2000m的霾且可能持续。	1. 机场、高速公路、轮渡码头等单位加强交通管理，保障安全。 2. 驾驶人员谨慎驾驶。 3. 空气质量差，人员需适当防护。 4. 人员减少户外活动，呼吸道疾病患者尽量避免外出，外出时可戴上口罩。

图片来源：中华人民共和国应急管理部官网。

14. 道路结冰预警信号

道路结冰预警信号标准及防御指南见表1-14。

表1-14　道路结冰预警信号标准及防御指南

含义	防御指南
  当路表温度低于0℃，出现降水，12小时内可能出现对交通有影响的道路结冰。	1. 交通、公安等部门要按照职责做好道路结冰应对准备工作。 2. 驾驶人员应当注意路况，安全行驶。 3. 行人外出尽量少骑自行车，注意防滑。
  当路表温度低于0℃，出现降水，6小时内可能出现对交通有较大影响的道路结冰。	1. 交通、公安等部门要按照职责做好道路结冰应急工作。 2. 驾驶人员必须采取防滑措施，听从指挥，慢速行使。 3. 行人出门注意防滑。
  当路表温度低于0℃，出现降水，2小时内可能出现或者已经出现对交通有很大影响的道路结冰。	1. 交通、公安等部门做好道路结冰应急和抢险工作。 2. 交通、公安等部门注意指挥和疏导行驶车辆，必要时关闭结冰道路交通。 3. 人员尽量减少外出。

图片来源：中华人民共和国应急管理部官网。

（二）安全色和安全标志

安全色和安全标志广泛应用于生产经营单位和日常生活中有关场所，是从业者和广大市民应掌握的最基础的安全知识之一。学好安全色和安全标志相关知识，当危险发生时人们就能尽快逃离或者采取正确、有效、得力的措施对危害加以遏制。

安全色是表示安全信息的颜色，常作为加强安全和预防事故而设置的标志的背景色。安全色要求醒目，容易识别。2020 年 3 月 31 日，国家标准化管理委员会公布了新标准《图形符号 安全色和安全标志 第 5 部分：安全标志使用原则与要求》（GB/T 2893.5—2020），并于 2020 年 10 月 1 日正式实施。标准规定红、黄、蓝、绿四种颜色为安全色，其中红色"传递禁止、危险、停止等信息"，代表"不可以"；黄色"传递注意、小心、警惕等信息"，代表"小心点"；蓝色"传递必须遵守规定的指令性信息"，代表"要听话，按规矩办事"；绿色"传递安全性提示信息"，代表"看提示，跟我走吧"，具体含义如图 1-1 所示。

图 1-1 安全色及对应含义
（图片来源：中华人民共和国应急管理部官网）

安全标志是指用来表达特定安全信息的标志，由图形符号、安全色、几何形状（边框）或文字构成。安全标志是向工作人员警示工作场所或周围环境的危险状况，指导人们采取合理行为的标志。安全标志能够提醒工作人员预防危险，从而避免事故发生。当危险发生时，能够指示人们尽快逃离，或者指示人们采取正确、有效、得力的措施对危害加以遏制。

安全标志主要分为禁止标志、警告标志、指令标志、提示标志四类。还有一种补充标志，主要作用是对上述四种标志进行补充说明，以防误解。

1. 禁止标志

禁止标志的几何图形是带斜杠的圆环，其中圆环与斜杠相连，用红色；图形符号用黑色，背景用白色。禁止标志表示不准或制止人们的某种行为。常见禁止标志如图1-2所示。

禁止吸烟	禁止烟火	禁止带火种	禁止用水灭火	禁止倚靠	禁止坐卧	禁止蹬踏	禁止触摸
禁止放置易燃物	禁止堆放	禁止启动	禁止合闸	禁止伸入	禁止饮用	禁止抛物	禁止戴手套
禁止转动	禁止叉车和厂内机动车辆通行	禁止乘人	禁止靠近	禁止穿化纤服装	禁止穿带钉鞋	禁止开启无线移动通信设备	禁止携带金属物或手表
禁止入内	禁止推动	禁止停留	禁止通行	禁止佩戴心脏起搏器者靠近	禁止植入金属材料者靠近	禁止游泳	禁止滑冰
禁止跨越	禁止攀登	禁止跳下	禁止伸出窗外	禁止携带武器及仿真武器	禁止携带托运易燃及易爆物品	禁止携带托运有毒物品及有害液体	禁止携带托运放射性及磁性物品

图1-2　常见禁止标志
（图片来源：中华人民共和国应急管理部官网）

2. 警告标志

警告标志的几何图形是黑色的正三角形、黑色符号和黄色背景。警告标志告知人们注意可能发生的危险。常见警告标志如图1-3所示。

3. 指令标志

指令标志的几何图形是圆形，蓝色背景，白色图形符号。指令标志的含义是必须遵守。常见指令标志如图1-4所示。

4. 提示标志

提示标志的几何图形是方形，绿色背景，白色图形符号。提示标志的含义是示意目标的方向。常见提示标志如图1-5所示。

注意安全	当心火灾	当心爆炸	当心腐蚀	当心挤压	当心烫伤	当心伤手	当心夹手
当心中毒	当心感染	当心触电	当心电缆	当心扎脚	当心有犬	当心弧光	当心高温表面
当心自动启动	当心机械伤人	当心塌方	当心冒顶	当心低温	当心磁场	当心电离辐射	当心裂变物质
当心坑洞	当心落物	当心吊物	当心碰头	当心激光	当心微波	当心叉车	当心车辆

图 1-3　常见警告标志
（图片来源：中华人民共和国应急管理部官网）

必须戴防护眼镜	必须佩戴遮光护目镜	必须戴防尘口罩	必须戴防毒面具
必须戴护耳器	必须戴安全帽	必须戴防护帽	必须系安全带
必须穿救生衣	必须穿防护服	必须戴防护手套	必须穿防护鞋
必须洗手	必须加锁	必须接地	必须拔出插头

图 1-4　常见指令标志
（图片来源：中华人民共和国应急管理部官网）

紧急出口	紧急出口	避险处	应急避难场所	可动火区	击碎板面
急救点	应急电话	紧急医疗站	饮用水	冲淋洗眼装置	急救担架

图 1-5　常见提示标志
（图片来源：中华人民共和国应急管理部官网）

此外，《消防安全标志第 1 部分：标志》（GB 13495.1—2015）由国家质检总局、国家标准委批准发布，于 2015 年 8 月 1 日起实施。

消防安全标志由几何形状、安全色、表示特定消防安全信息的图形符号构成，向公众指示安全出口的位置与方向、安全疏散逃生的途径、消防设施设备的位置和火灾或爆炸危险区域等特定的消防安全信息。

消防安全标志分为火灾报警装置标志、紧急疏散逃生标志、灭火设备标志、禁止和警告标志、方向辅助标志、文字辅助标志等 6 类，共有 25 个常见标志和 2 个方向辅助标志。常见消防安全标志如图 1-6 所示。

图 1-6 常见消防安全标志
（图片来源：中华人民共和国应急管理部官网）

三、家庭应急物资储备

应急管理部发布过全国基础版家庭应急物资储备建议清单，商务部也曾发文"鼓励家庭根据需要储存一定数量的生活必需品"。全国多个省市的应急物资储备建议清单陆续出炉，其内容基本一致，一般分为基础版和扩展版。

基础版家庭应急物资储备建议清单分为应急物品、应急工具、应急药品等，其中，应急物品包括具备收音功能的手摇充电筒、救生哨、毛巾、纸巾等；应急工具包括呼吸面罩、多功能组合剪刀、应急逃生绳、灭火器 / 防火毯等；应急药品包括抗感染、抗感冒、抗腹泻类非处方药，创可贴、纱布绷带等医用材料。

扩展版家庭应急物资储备建议清单则增加了水和食品、个人用品、逃生自救求助工具、医疗急救用品、重要文件资料等内容。重要文件资料包括身份证、户口本、机动车驾驶证、出生证、结婚证、适量现金、银行卡、存折、房屋使用权证书、股票、债券等。具体见表 1-15 和表 1-16。

表 1-15 家庭应急物资储备建议清单（基础版）

分类	序号	物品名称	备注
应急物品	1	具备收音功能的手摇充电筒	可对手机充电、FM 自动搜台、按键可发报警声音
	2	救生哨	建议选择无核设计，可吹出高频求救信号
	3	毛巾、纸巾	用于个人卫生清洁

续表

分类	序号	物品名称	备注
应急工具	4	呼吸面罩	消防过滤式自救呼吸器，用于火灾逃生使用
	5	多功能组合剪刀	有剪刀、刀锯、螺丝刀、钢钳等组合功能
	6	应急逃生绳	用于居住楼层较高时逃生使用
	7	灭火器/防火毯	可用于扑灭油锅火等，起隔离热源及火焰作用或披覆在身上逃生
应急药品	8	常用医药品	抗感染、抗感冒、抗腹泻类非处方药（少量）
	9	医用材料	创可贴、纱布绷带等用于外伤包扎的医用材料
	10	碘伏棉棒	处理伤口，消毒、杀菌

表1-16 家庭应急物资储备建议清单（扩展版）

物品大类	物品小类	物品名称	适用灾害类型
水和食品	饮用水	矿泉水	所有灾种
	食品	饼干或压缩饼干、干脆面、巧克力等	
		罐头等	
		维生素补充剂	
	特殊人群用品	婴儿奶粉、儿童特殊食品	
		老年人特殊食品	
		其他：高血压、高血糖患者食品等	
个人用品	洗漱用品	毛巾、牙膏、牙刷、洗发水、香皂、沐浴露	所有灾种
		手动剃须刀等	
	衣物	备用内衣裤、轻便贴身衣物	
		防水鞋	
		帽子、手套	台风、洪水
	女性用品	孕妇用品、卫生巾等	所有灾种
	其他个人用品	隐形眼镜眼药水	
		驱蚊剂	地震、洪水
		消毒液、漂白液等	台风、洪水
		儿童图书、玩具等	所有灾种
逃生自救求助工具	逃生工具	应急逃生绳	所有灾种
		救生衣	洪水
	求救联络工具	求救哨子	所有灾种
		便携式收音机（带备用电池）	
		手摇收音机	
		反光衣	洪水

续表

物品大类	物品小类	物品名称	适用灾害类型
逃生自救 求助工具	生存救助工具	手摇手电/便携式手电（带备用电池）	所有灾种
		多功能雨衣	洪水、台风
		防风防水火柴	
		长明蜡烛	
		应急毛毯	
		多功能小刀	所有灾种
		呼吸面罩	地震、火灾
		灭火器/防火毯	
医疗急救用品	消炎用品	碘伏棉棒/酒精棉棒	所有灾种
		创可贴	
		抗菌软膏	
	包扎用品	医用纱布块/纱布卷	
		医用弹性绷带	
		三角绷带	
		止血带/压脉带	
	辅助工具	剪刀/镊子	
		医用橡胶手套	
		宽胶带	
		棉花球	
		体温计	
重要文件资料	家庭成员 信息资料	身份证	所有灾种
		户口本	
		机动车驾驶证	
		出生证	
		结婚证	
	重要财务资料	适量现金	
		银行卡、存折	
		房屋使用权证书	
		股票、债券等	
	其他重要资料	家庭紧急联络单（电话联系表）	
		保险单	
		家庭应急卡片（建议正面附家庭成员照片、血型、常见疾病及情况，反面附家庭住址、家属联系方式、应急部门联系电话和紧急联络人联系方式）	

以家庭为单位储备的应急物资是应急救灾物资储备体系的重要组成部分,是重大自然灾害发生时,在外部救援物资送抵前,家庭成员及时逃生避险和开展自救互救的必要物资保障。所以建议大家及时储备应急物资,做好自救互救保障。

家庭应急物资储备建议清单中的物品大部分都是日常用品,大家可以在商场、超市、专业市场或网上自行购买、储备。

🛡 学习小结

本次任务主要为大家介绍了常见的报警联系方式及如何科学有效地报警求援;安全预警信号、安全色、安全标志、家庭应急物资储备建议等内容。希望大家通过本次任务的学习,能够熟知不同类型突发事件的正确报警电话,掌握科学的报警方法和要求,对生活中的预警信息和安全标志有清楚的认识,提高对家庭应急物资储备的重视,合理储备家庭应急物资,做到"思则有备、有备无患"。

🔍 思考拓展

1. 在我国,安全生产举报投诉电话是多少?

2. 在我国,根据危险等级一般将预警信号分为四个等级,分别用何种颜色表示?

3. 家庭应急物资储备建议清单(基础版)主要包含哪几类应急物资?如何配备?

🏃 励心笃行

火警 119 的来历

11 月 9 日是全国消防日,你知道 119 的来历吗?火警电话 119 是火灾报警专用电话,报警后消防部门会及时出警保护人民的生命财产安全。

我国的火警 119,不仅是一部电话,还是一套先进的通信系统。它可以同我国国土上任何一个地方互通重大灾害情报,还可以通过卫星调集防灾救援力量。119 通信系统实际上是一个防灾指挥中心。在我国各大城市,凡是需要消防帮忙的事,可以随时打 119 电话报警救援。

火警电话来历:

(1)国际标准化管理的需要。20 世纪 70 年代国际电报电话咨询委员会根据国际标准化管理的要求,建议世界各国火警电话采用 119 号码。

(2)火灾具有突发特点,为保证通信畅通无阻,应将其并入"11"号开头的特别服务中去。

(3)119 号码便于记忆,发生火灾时,"1"在古代时候念作"幺",它跟"要"字同音。119 就是"要要救",寓意拨打 119 寻求紧急时刻的帮助。

(4)11 月 9 日的月日数恰好与火警电话号码 119 相同,并且在这一天前后,我国大部分地区进

图片来源:学习强国
("战地记者"田辉世:记录重庆消防精彩瞬间)

入冬季，正值风干物燥、火灾多发之际，全国各地都在紧锣密鼓地开展冬季防火工作。

谎报火警需承担的责任：

谎报火警是指故意编造虚假的火灾信息，并向有关单位报告，制造混乱或者妨碍消防机构正常工作的行为。谎报警情严重违反《中华人民共和国消防法》规定，属于违法行为。根据《中华人民共和国治安管理处罚法》对此项违法行为做出以下处罚：散布谣言，谎报险情、警情或者以其他方法故意扰乱公共秩序的，处五日以上十日以下拘留，可以并处500元以下罚款。

技能强化

家庭应急物资储备

1. 训练目标

（1）认识基础家庭应急物资。

（2）结合实际，列出自己所在家庭的典型应急物资。

2. 训练准备

（1）利用手机、电脑，发挥互联网优势，从网络中认识各类家庭应急物资。

（2）留意公共场所配备的应急物资，自学其使用方法。

（3）列出符合自己家庭需要的应急物资储备清单。

3. 成果展示

（1）常见家庭应急物资

常见家庭应急物资，如图1-7所示。

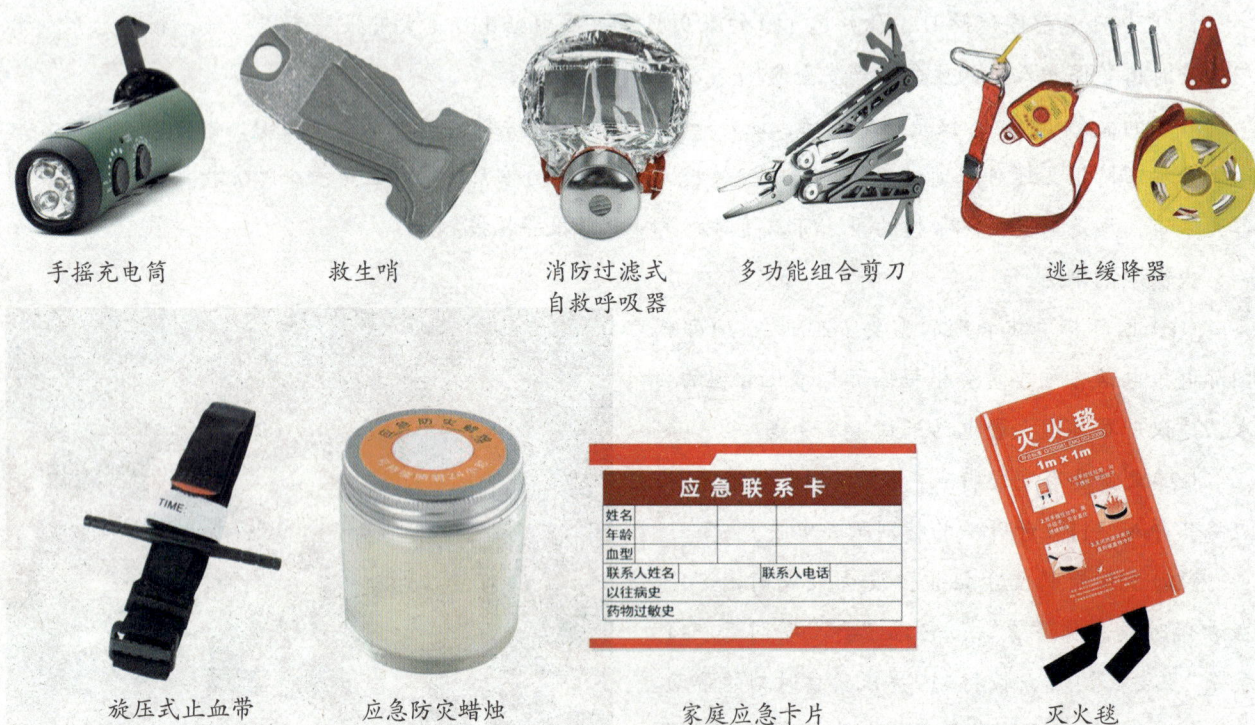

手摇充电筒　　　救生哨　　　消防过滤式　　多功能组合剪刀　　逃生缓降器
　　　　　　　　　　　　　　自救呼吸器

旋压式止血带　　　应急防灾蜡烛　　　家庭应急卡片　　　灭火毯

图1-7　常见家庭应急物资

（2）家庭应急物资储备清单

家庭应急物资储备清单见表 1-17。

表 1-17　家庭应急物资储备清单（重庆版）

分类	序号	物品名称	备注
自救逃生工具	1	气溶胶灭火器	可扑救电线、电器、油锅着火
	2	灭火毯	隔离热源及火焰或披覆身上逃生
	3	呼吸面罩	消防过滤式自救呼吸器，用于火灾逃生使用
	4	逃生缓降器	较高楼层逃生
	5	多功能组合剪刀	有剪刀、刀锯、螺丝刀、钢钳等组合功能
	6	破窗器	用于室内和车内破碎玻璃窗
	7	救生衣	用于水上救援
	8	雨衣	用于防风防雨
预警求救工具	9	烟雾报警器	遇到浓烟可以发出火灾警报声音
	10	收音机	可接收广播，了解最新灾情
	11	多功能强光手电	具有强光、爆闪、语音报警、防水功能
	12	救生哨	可吹出高频求救信号（建议选择无核设计）
生活用品	13	矿泉水、方便食品	基本生活保障
	14	防风防水火柴、长明蜡烛	用于生火、照明
	15	充电宝	用于手机、电筒等充电
	16	干湿纸巾	个人卫生
	17	毛毯 / 睡袋	用于休息、保暖
	18	驱蚊剂、消毒液	用于驱蚊、消毒
医疗药品	19	常用医药品	抗感染、抗感冒、抗腹泻类非处方药，另外根据家庭成员实际情况储备其他药品
	20	医用材料 / 工具	口罩、创可贴、纱布绷带、止血带、剪刀、镊子等用于外伤包扎的医用材料
	21	酒精、碘伏棉棒	处理伤口，消毒、杀菌

✿ 任务评价

技能要点	标准参考	分值 / 分	自我评价（20%）	小组互评（30%）	教师评价（50%）
科学报警	熟悉报警时的一般注意事项	10			
	掌握生活中常见报警电话，明白报警的不同要求	10			

续表

技能要点	标准参考	分值／分	自我评价（20%）	小组互评（30%）	教师评价（50%）
安全预警及安全标志	明白安全预警的分级及区别	10			
	掌握安全色的具体内涵	20			
	掌握生活中常见安全标志传递的信息	20			
家庭应急物资储备	熟悉家庭应急物资储备的常见分类，能根据家庭实际风险储备应急物资	30			
总得分		100			

项目二
现场急救技术

学习导读

现场急救技术（也称院前急救技术）是指在意外灾害或突发疾病现场，为了防止伤情恶化，减少痛苦和预防休克等对受伤人员采取的一系列必要而及时的初步抢救措施。

在意外事故现场往往伴随人员受伤，如果伤员没有得到妥善处理，现场急救技术不及时、不到位，可能会给患者造成不可挽回的损伤。相反，如果通过心肺复苏、止血包扎、骨折固定等现场急救技术不仅能减少患者的痛苦，也能为患者争取更大的生存希望，因此学好现场急救技术对保障生命安全有重大意义。

目前，我国公民对现场急救存在普及程度不高、操作不够规范等问题。为解决这一问题，本项目依据《急救与复苏指南》《院前医疗急救工作相关标准及规范》等，介绍止血、包扎、骨折固定、伤员搬运、心肺复苏等急救方法和操作技巧，培养学生在事故应急过程中如何使用现场急救技术进行自救和互救的能力。

学习目标

知识目标

1. 了解现场急救技术常用的装备和耗材。
2. 熟悉现场急救技术的原则和流程。
3. 掌握心肺复苏、AED 使用、止血、包扎、固定、搬运等现场急救技术方法的原理和操作技巧。

技能目标

1. 具备主动学习安全知识和技能的能力。
2. 具备根据伤情判断并正确选择现场急救方法的能力。
3. 具备意外伤害急救的能力。

素养目标

1. 养成精益求精、勤学苦练的精神。
2. 具有良好的团队协作能力和沟通能力。
3. 具备耐心、专注、坚持的工作心态。

任务一　心肺复苏技术及 AED 使用

任务导入

根据 2021 年发布的《中国心血管病健康和疾病报告 2020》等资料，我国每 5 例死亡中就有 2 例与心血管疾病直接相关；每年心源性猝死发病人数超过 54 万人，相当于每天约 1500 人因心源性猝死离世，并且伴有低龄化趋势。以心脏骤停为例，80% 以上的心脏骤停发生在医院以外。心脏骤停意外发生时，能抢救回来的时间窗口只有 4 分钟，即"黄金四分钟"，而我国院外心脏骤停的抢救成功率不足 1%。作为最佳急救手段和设备的心肺复苏术及自动体外除颤器，公众知晓率、使用率和掌握率却面临"三低"窘境。在发达国家，心肺复苏术的普及率通常能达到 60%，而我国不足 1%。因此，加强社会急救体系和应急响应机制建设，唤醒并强化国民急救意识，普及急救技能，提高我国心肺复苏急救技术普及率，可以最大限度地挽救更多生命和避免身边悲剧发生。

任务基础

一、心肺复苏基础知识

心肺复苏（Cardio Pulmonary Resuscitation，CPR）是对心脏骤停患者合并使用胸外按压、人工呼吸进行急救的救命技术，目的是恢复患者心跳和呼吸。

心脏骤停发生后，全身重要器官将发生缺血缺氧。特别是脑血流突然中断，患者在10s左右即可出现意识丧失，4~6min时脑循环持续缺氧引起脑组织损伤，超过10min将发生不可逆的脑损伤。

CPR成功率与开始抢救的时间密切相关。从理论上来说，对于心源性猝死者，每分钟大约10%的正相关性：心脏骤停1min内实施CPR的成功率大于90%；心脏骤停4min内实施CPR的成功率约为60%；心脏骤停6min内实施CPR的成功率约为40%；心脏骤停8min内实施CPR的成功率约为20%，且侥幸存活者可能已"脑死亡"；心脏骤停超过10min实施CPR的成功率几乎为0。

二、心肺复苏技术

（一）心肺复苏实施要领

1. 现场评估

在现场救助伤员，首要问题是评估现场是否有潜在危险。如有危险，应尽可能解除。例如，在交通事故现场设置路障，在火灾现场需防止房屋倒塌砸伤。还要注意意外事故的成因，防止继发意外事故。

2. 检查伤情，判断有无意识、呼吸和心跳

判断伤员有无意识，一般采取"轻拍重呼"的方法，如图2-1所示，轻拍伤员双肩，并在其双侧耳边大声呼喊："你怎么了？""发生了什么事？"若无任何反应，则为意识丧失。判断伤员有无呼吸和心跳，可采用"一听二看三摸"的方法，将耳朵、脸颊贴近伤员口鼻处，感受有无气流；观察伤员胸廓有无起伏。同时，手指按压颈动脉感受有无搏动。具体手法是食指及中指先摸到喉结处，再向外滑至同侧气管与颈部肌肉形成的沟中，如图2-2所示。检查伤情过程一般在5~10s内完成。若呼吸心跳存在，仅为昏迷，则摆成复原体位，保持呼吸道通畅。

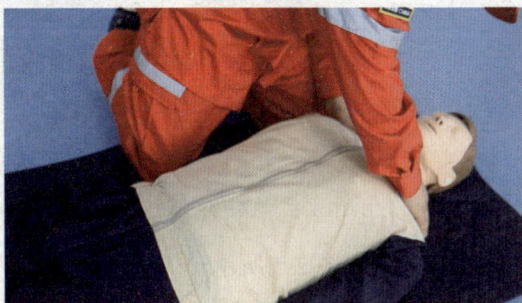

图2-1　判断伤员有无意识

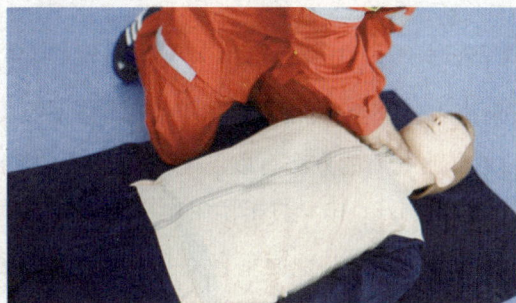

图2-2　检查颈动脉

3. 求救

如果伤员已丧失意识、呼吸和心跳，应立即求救。请求周围人协助拨打120；就近取来附近自动体外除颤器；并寻求他人协助救援。同时，立即对其进行胸外按压。

4. 胸外按压

（1）按压体位：将伤员摆放成仰卧位，身体保持平直，无扭曲，同时解开伤员衣领、腰带等。注意翻身时须整体转动，保护颈部。

（2）按压平面：硬质平面（如坚实的水泥地面）。

（3）按压者位置：患者右侧。

（4）按压部位：两乳头连线和胸骨柄交点。

（5）按压姿势：双臂伸直，垂直下压，如图2-3所示。

（6）按压幅度：5～6cm。

（7）按压频率：100～120次/min。

（8）按压间隔：压松相等，比例为1∶1；间隙期不加压。

（9）按压连贯：按压中尽量减少中断。

（10）按压周期：30次为一个循环，时间为15～18s，保持双手位置固定。

（11）按压比例：按压∶通气=30∶2。

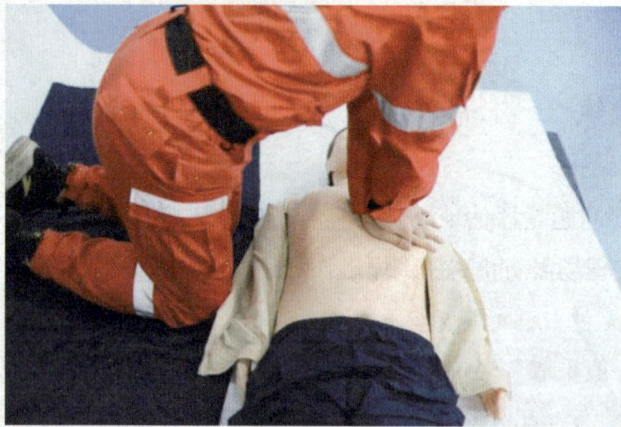

图 2-3　现场按压图

5. 清理口腔异物

清除呼吸道杂物，如假牙、呕吐物、血液等，使其流出或掏出，以防窒息。确定伤员脊柱没有受伤，使伤员头部偏向一侧，清除口腔异物，然后摆正头部。

6. 开放气道

（1）准备工作。如伤员意识不清，喉部肌肉就会松弛，舌肌后坠，阻塞喉咙及气道，使呼吸时发出响声（如打鼾声），甚至不能呼吸。因舌肌连接下颚，将下颚托起，可将舌头拉前上提，防止气道阻塞。

（2）开放气道的方法有以下三种：

①压额提颌法：用一只手按压伤员的前额，使其头部后仰；同时用另一只手的食指及中指将下颌托起，使其下颌和耳垂连线与地面垂直（手不可放在伤员的颌下软组织），如图2-4所示。

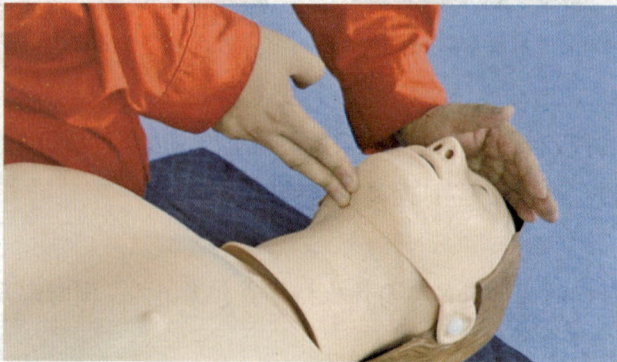

图 2-4　压额提颌法

②托颈压颌法：当高度怀疑伤员颈椎受伤时使用。伤员持平卧，急救者位于伤员头侧，两手拇指放置在伤员口角旁，其余四指托住伤员下颌部位，以保证其头部和颈部固定的前提下，需用力将伤员下颌向上抬起，使其下齿高于上齿，避免搬动颈部。

③创伤推颌法（托颌法）：如怀疑伤员头部或颈部受伤，首先须固定颈椎。压额提颏法可能会移动颈椎，增加脊髓神经受伤的可能，此时可采用创伤推颌法。颈部固定在正常位置，同时用双手手指托起下颌。

7. 人工呼吸

在紧急情况下，通常使用口对口人工呼吸，如图2-5所示。

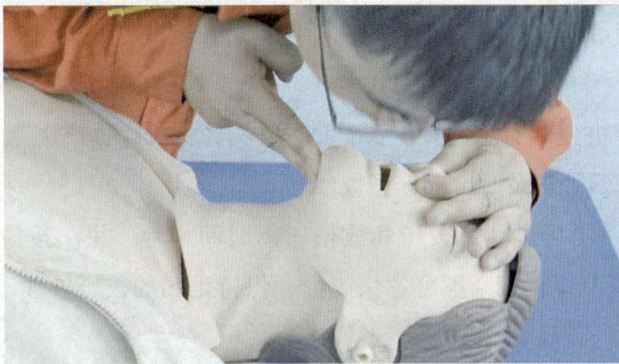

图2-5 口对口人工呼吸

（1）急救者跪伏在伤员的一侧，用一只手的掌根部轻按伤员前额保持头后仰，同时用拇指和食指捏住伤员鼻孔。

（2）急救者深吸一口气后，张开口紧紧包绕伤员的口部，使口鼻均不漏气。

（3）深吸气后，用力快速向伤员吹气（1s以上），使胸廓隆起，看到伤员胸部上升停止吹气，让伤员被动呼出气体。

（4）一次吹气完毕后，口应立即与伤员口部脱离，同时捏鼻翼的手松开（掌根部仍按压伤员前额部），以便伤员呼气时可同时从口和鼻孔出气，确保呼吸道通畅。

（5）急救者轻轻抬起头，眼视伤员胸部，此时伤员胸廓应向下塌陷。急救者再吸入新鲜空气，做下一次吹气。每个循环吹气两次。

（6）注意事项：

①如牙关紧闭或口腔严重损伤，不能口对口吹气时，可用口对鼻吹气。

②婴儿体型较小，应用嘴密封婴儿的口鼻。

③经人工呼吸传染疾病的概率很低，但基于卫生或心理原因，可用面罩或防护膜相隔，但若没有，请你也不要犹豫。

8. 5个循环为一组，连续进行

持续进行C-A-B循环，每5个循环为一组，完成后对伤员做5～10s伤情评估，判断伤员是否恢复生命体征。若施救成功则停止心肺复苏，否则继续进行，直至有人接替。

（二）心肺复苏成功指标

（1）颈动脉搏动：若停止按压，触摸伤员颈动脉，脉搏恢复搏动，说明自主心跳已恢复。

（2）面色转红润：伤员面色、口唇、皮肤颜色由苍白或紫绀转为红润。

（3）意识渐渐恢复：伤员昏迷变浅，眼球活动，出现挣扎，或给予强刺激后出现保护性反射动作，甚至手足开始活动，肌张力增强。

（4）出现自主呼吸：应注意观察，有时很微弱的自主呼吸不足以满足人体供氧需要，如果不进行人工呼吸，则可能很快又停止呼吸。

（5）瞳孔变小：扩大的瞳孔逐渐变小，并出现对光反射。

（三）心肺复苏的注意事项

（1）人工呼吸一定要在气道开放的情况下进行。

（2）向伤员肺部吹气不能太急太多，仅需胸廓隆起即可，吹气量不能过大，以免引起胃扩张。

（3）吹气时间以占一次呼吸周期的1/3为宜。

（4）防止并发症。复苏并发症有急性胃扩张、肋骨或胸骨骨折、肋骨软骨分离、肺损伤、肝破裂等，故要求判断准确，监测严密，处理及时，操作正规。

（5）按压用力要均匀，不可过猛，按压和放松所需时间相等。每次按压后必须完全解除压力，胸部回到正常位置。心脏按压节律、频率不可忽快忽慢，保持正确的按压位置，同时观察伤员反应及面色改变。

三、自动体外除颤器

（一）基本概念

自动体外除颤器（Automated External Defibrillator，AED）是设计给普通人在公共场所挽救心脏骤停患者生命的急救利器。它可以自动分析患者心律，识别是否为可除颤心律。如为可除颤心律，AED可在极短时间内发放出大量电流经过心脏，以终止心脏所有不规则、不协调的电活动，使心脏电流重新自我正常化，被誉为心搏骤停患者的"救命神器"。

美国研究数据显示，在4000名心源性猝死患者中，使用徒手心肺复苏救活的仅为9%；但在心肺复苏的同时接受AED除颤的有高达38%的患者活了下来。这意味着，运用AED抢救，每三人中就有一人能够成功抢救。

据统计，我国能抢救过来的心源性猝死患者不足1%，公共场所配备AED数量太少、百姓对AED的认识太少是导致这一结果的重要原因。

（二）适用情况

AED在患者脉搏停止时使用。然而它并不会对无心率且心电图呈水平直线的患者进行电击。简而言之，使用除颤器本身并不能让患者恢复心跳，而是通过电击使致命性心律失常终止（如室颤、室扑等），之后再通过心脏高位起搏点兴奋重新控制心脏搏动从而使心脏恢复跳动。但是，部分患者因其心脏基础疾病可能在除颤后无法恢复心跳，此时自动体外除颤器会提示没有除颤指征，并建议立即进行心肺复苏。

AED是针对以下两种患者而设计的：心室颤动（或心室扑动）和无脉室性心动过速。这两种患者和无心率一样不会有脉搏，在这两种心律失常时，心肌虽有一定的运动但却无法有效将血液送至全身，因此须紧急以电击矫正。发生心室颤动时，心脏的电活动处于严重混乱状态，心室无法有效泵出血液。心动过速时，心脏因为跳动太快而无法有效泵出充足的血液，通常心动过速最终会变成心室颤动。若不矫正，这两种心律失常会迅速导致脑部损伤和死亡。每拖延一分钟，患者的生存率降低10%。

不同于一般专为医疗人员设计的专业心脏除颤器，除了以上两种情形外，AED无法诊断其他各式各样的心律失常且无法提供治疗，而且无法对心动过缓提供体外心率调节功能。

（三）使用步骤

（1）开启 AED，打开 AED 的盖子，依据视觉和声音提示进行操作（有些型号需要先按下电源）。

（2）给患者贴电极，在患者胸部适当位置紧密地贴上电极。

①成人电极片贴放位置。如图 2-6 所示，将一片电极片贴在患者裸露胸部的右上方（胸骨右缘、锁骨之下），另一片电极片贴在患者左乳头外侧（左腋前线之后第五肋间处）。具体位置可参考 AED 机壳上的图样和电极板上的图片说明。

②儿童电极片贴放位置。将两片电极片分别贴在儿童胸前正中及背后左肩胛处，体格较大的儿童也可如成人的位置贴放电极片。

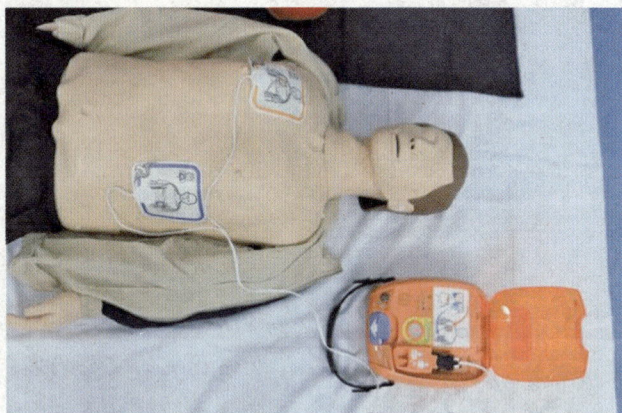

图 2-6　成人贴片位置图

（3）将电极板插头插入 AED 主机插孔。

（4）开始分析心律，必要时除颤，按下"分析"键（有些型号在插入电极板后会发出语音提示，并自动开始分析心率，在此过程中请不要接触患者，即使是轻微的触动都有可能影响 AED 的分析）将会开始分析心率。分析完毕后，AED 将会发出是否除颤的建议。当有除颤指征时，不要与患者接触，同时告诉附近人员远离患者，由操作者按下"放电"键除颤。

（5）一次除颤后未恢复有效灌注心律，进行 5 个周期 CPR。除颤结束后，AED 会再次分析心律，如未恢复有效灌注心律，操作者应进行 5 个周期 CPR 后再次分析心律、除颤、CPR，反复至急救人员到来。

（四）使用 AED 的注意事项

（1）在贴放电极片前，应先清除患者过多的胸毛，确保电极片与皮肤贴合紧密。

（2）迅速擦干患者胸部过多的水分或汗液，然后再贴放电极片。

（3）不能在水中或金属等导电物体表面使用 AED。如果患者躺在水中，要先将患者抬出，并擦干胸部再使用 AED。

（4）避免将电极片贴在患者植入式除颤器、起搏器和药物贴片上。

（5）按照图示位置贴放电极片，如果电极片贴反了，不必取下重贴。

（6）AED 可瞬间释放高达 200 焦耳的能量。在给患者施救的过程中，按下通电按钮后立刻远离患者，并告诫身边任何人不得接触靠近患者。

学习小结

本任务主要学习了心肺复苏技术及 AED 的基本知识、操作方法及注意事项等内容。学生通过本节内容的学习，能够了解现场急救方法的重要性并掌握心肺复苏和 AED 的操作方法，具备对突发性心脏骤停患者应急处理的能力和向公众普及心肺复苏技术的能力。

思考拓展

1. 什么是心肺复苏？心肺复苏的操作步骤有哪些？
2. AED 适用于哪些患者？使用步骤有哪些？

励心笃行

中华民族传统美德——见义勇为

图片来源：学习强国

孔子曰："见义不为，无勇也。"见义勇为，扶危济困是中华民族的传统美德，是时代精神的具体表现，是建设社会主义精神文明、维护社会和谐稳定的重要内容。在加快实现中华民族伟大复兴中国梦的今天，见义勇为传统美德不断得到发扬光大。2022 年第十四届全国见义勇为英雄模范表彰大会在京召开，46 名个人和 6 个群体受到表彰。作为近年来见义勇为人物的杰出代表，他们是人民的英雄、社会的榜样。见义勇为模范在国家、集体或人民的生命财产受到侵害时，在他人面临生命危险时，不顾个人安危挺身而出，用自己的行动弘扬了社会正气，为国家、为社会、为人民做出贡献，他们不愧为"当代最可爱的人"。他们崇高的精神境界与道德风貌，值得全社会颂扬和学习。如今，一系列弘扬见义勇为精神的顶层设计相继出台、各地关于见义勇为人员奖励与保护的制度日趋完善、刑法和民法典中若干规定为见义勇为者保驾护航……种种举措，进一步消除了英雄仗义出手的后顾之忧。

伟大的事业呼唤伟大的精神，崇高的梦想呼唤崇高的品德。习近平总书记深刻指出："新时代是需要英雄并一定能够产生英雄的时代。"新时代新征程，更需要榜样的力量、榜样的激励。充分发挥见义勇为表彰奖励的精神引领、典型示范作用，以英雄模范影响人、感召人、带动人，必将推动形成好人好事层出不穷、善行义举不断涌现的生动局面，为建设更高水平的平安中国、法治中国汇聚强大正能量。

技能强化

心肺复苏和 AED 配合操作

1. 训练目标

（1）熟练掌握心肺复苏操作步骤及动作要领。

（2）熟练掌握 AED 操作步骤。

（3）练习心肺复苏和 AED 配合操作。

2. 训练准备

（1）利用手机、电脑观看相关教学视频。

（2）学习《公共安全与应急教育》《事故应急与救护》等专业教材，从教材中学习相关内容。

（3）准备心肺复苏假人一个、AED 一台。

3. 实施步骤

（1）判断周围环境是否安全，确保现场安全方可施救。

（2）轻拍并呼喊患者，检查患者有无反应。

（3）呼喊求助，拨打 120 并取来急救箱和自动体外除颤器，检查患者的呼吸是否正常。

（4）发现患者没反应、无呼吸或仅濒死叹息样呼吸即可施救，实施高质量心肺复苏，即进行胸外按压及人工呼吸。

（5）在取得 AED 并开机后听从语音提示，将电极片按照普通人在副驾驶座系上安全带的位置分别贴在右肩、左侧肋骨下方后，按照机器的提示继续对患者进行抢救，直到专业人员到达现场。在现场，AED 不需要关机。

🏅 任务评价

技能要点	标准参考	分值／分	自我评价（20%）	小组互评（30%）	教师评价（50%）
心肺复苏操作技能	熟记心肺复苏步骤及动作要领	15			
	熟练进行心肺复苏操作	20			
	在规定时间内完成	10			
AED 操作技能	熟记 AED 使用步骤及要点	15			
	熟练操作 AED	20			
配合操作	熟练使用 AED 配合心肺复苏操作	20			
总得分		100			

任务二 伤口止血技术

⑨ 任务导入

日常生活中免不了磕磕碰碰，造成外伤。出血是外伤最常见的并发症，救护关键在于有效止血。外伤导致的出血有时会危及生命。因此，掌握正确的止血方法十分必要。皮外伤最让人害怕的是流血不止。尤其是小朋友出现这样的现象，年轻的家长们都会大脑一片空白，手足无措。慌乱中的处理往往会带来极为严重的后果。所以，学会一些正确的止血方法十分必要。

本任务将为大家介绍伤口出血的基本知识和方法，提高伤口出血时的应急处理能力。

🧰 任务基础

一、出血基础知识

血液是生命的源泉，人体的血液占人体的 7% ~ 8%，成年人全身的总血量为 4000 ~ 5000mL，短期内出血超过 40%（1600mL）以上，可造成重度休克，甚至死亡，具体如表 2-1 所示。

表 2-1 出血的临床表现

出血量		症状	意识
出血量 < 10%	约 400mL	无明显症状、可自动代偿	正常
出血量 < 20%	约 800mL	脉搏加快、面色苍白	轻度休克
出血量 < 40%	800 ~ 1600mL	呼吸增快、面色苍白、脉搏快而弱、口唇紫绀	中度休克
出血量 > 40%	1600mL 以上	脉搏细而弱、摸不清，反应迟钝、昏迷甚至死亡	重度休克

身体有自然的生理止血机制，出血量不大的小伤口（如毛细血管、小血管破裂的出血）可在生理止血机制作用下停止出血；出血量较大的伤口，单靠生理止血机制不能有效止血，需要进行紧急止血。

二、出血分类

1. 按出血部位分类

（1）内出血：地体表见不到血液。血液由破裂的血管流入组织、脏器或体腔内。胸、腹腔内大血管破裂，或肺、肝、脾脏等内脏破裂和颅内出血等内出血，出血量难以估计，且易被忽视，危险性极大。内出血需要到医院进行紧急救治。

（2）外出血：体表可见到血液。血管破裂后，血液经皮肤损伤处流出体外。

2. 按出血时间分类

（1）原发性出血：受伤后当时即出血。

（2）继发性出血：在原发性出血停止后，间隔一段时间再发生出血。

3. 按出血的血管分类

（1）动脉出血：血液为鲜红色，随脉搏而冲出，呈喷射状，出血速度快，量大，若不及时处理，会危及生命。

（2）静脉出血：血液为暗红色，缓缓外流或涌出，具有持续性，出血速度稍慢，量中等，可引起失血性休克。

（3）毛细血管出血：血液为鲜红色，呈渗出状，出血量较小，大多能自行凝固止血。

三、止血方法

现场止血方法可分为指压止血法、加压包扎止血法、填塞止血法、止血带止血法等。使用时要根据出血情况、受伤部位、现场条件等具体情况，选择一种或结合几种止血法进行处理。

1.指压止血法

指压止血法是一种简单有效的临时性止血方法，主要适用于头、颈和四肢的浅表血管出血。它是根据动脉的走向，在出血伤口的近心端用手指压住动脉按向附近骨骼处，达到临时止血的目的。采用此法，救护人员必须熟悉人体各部位血管出血的压迫点。人体主要动脉分布图如图2-7所示。

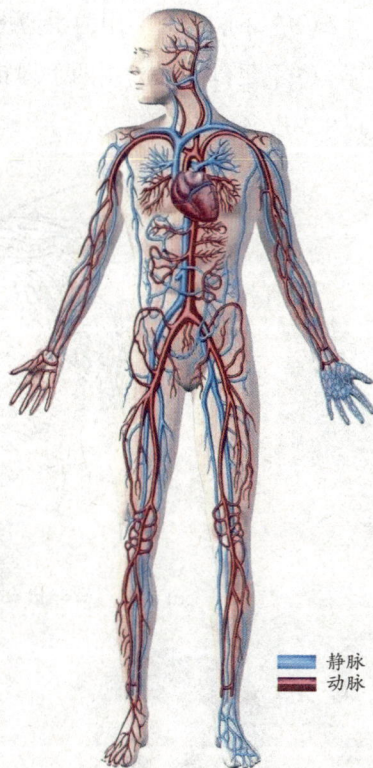

静脉
动脉

图2-7　人体主要动脉分布图

出血部位不同，指压止血法的按压部位也有明显不同，主要分为：

（1）头部出血。头顶部及头皮前区出血，在伤侧耳前约一指处，对准下颌关节上方，用拇指压迫颞动脉，如图2-8所示。头顶后部出血则压迫耳后乳突下方凹陷处的耳后动脉，如图2-9所示。

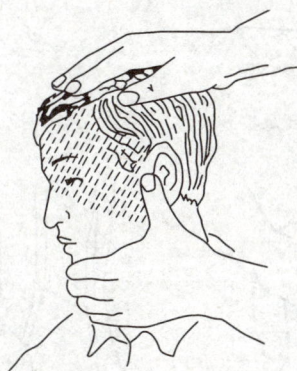

图2-8　头顶部及头皮前区出血按压点

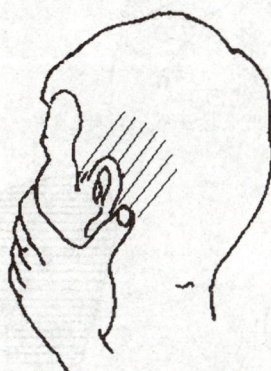

图2-9　头顶后部出血按压点

（2）面部出血。用拇指和食指分别压迫双侧下颌角前端1cm凹陷处的面动脉，如图2-10所示。

（3）颈部出血。用拇指将伤侧的颈动脉向后压迫，如图2-11所示。严禁同时压迫两侧的颈动脉，否则会造成脑部少血坏死。

（4）腋窝和肩部出血。在锁骨上窝对准第一肋骨，用拇指压迫锁骨下动脉，其余四指放在伤者颈后，如图2-12所示。

（5）前臂出血。指压肱动脉，把伤肢高举超过心脏，急救者四指压迫上臂中部、肱二头肌内侧沟肱动脉搏动处，向外压迫至肱骨上，如图2-13所示。

（6）手掌出血。抬高患肢，用两手拇指分别压迫腕部的尺动脉、桡动脉，如图2-14所示。

（7）手指出血。压迫手指根部两侧的指动脉，如图2-15所示。

（8）下肢出血。用两手拇指重叠向后用力压迫腹股沟中点稍下方的股动脉，如图2-16所示。

（9）足部出血。用两手拇指分别压迫足背母长肌腱外侧的足背动脉和内踝与跟腱之间的胫后动脉，如图2-17所示。

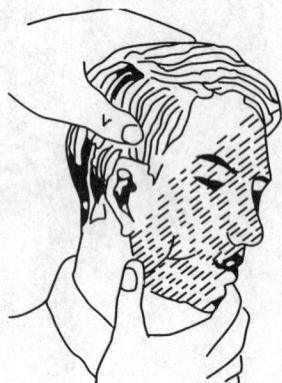

图2-10　面部出血按压点

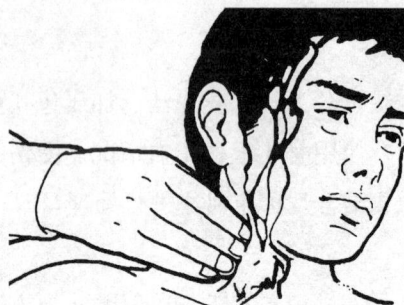

图2-11　颈部出血按压点

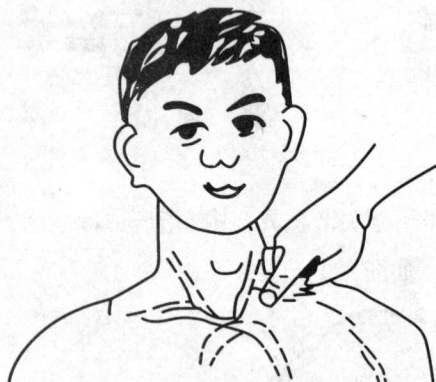

图2-12　腋窝和肩部出血按压点

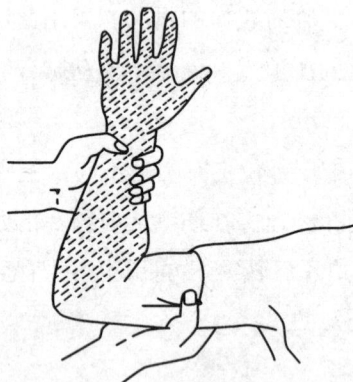

图2-13　前臂出血按压点

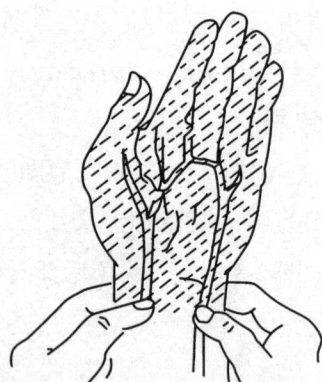

图2-14　手掌出血按压点

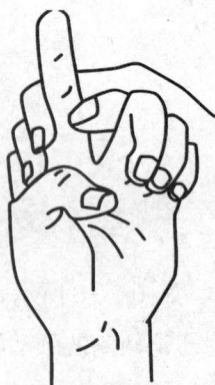

图2-15　手指出血按压点

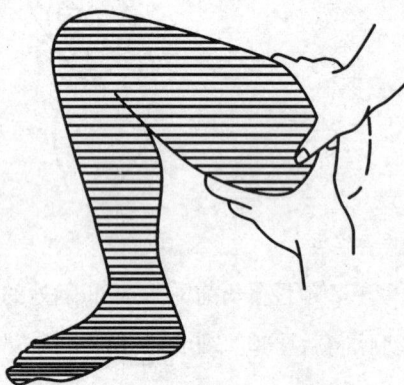

图2-16　下肢出血按压点

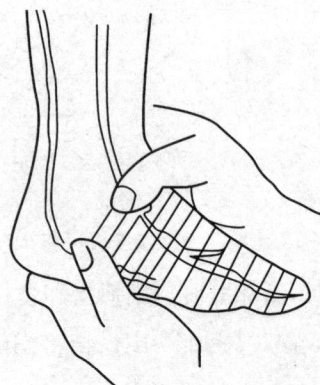

图2-17　足部出血按压点

2. 加压包扎止血法

加压包扎止血法主要用于静脉、毛细血管和小动脉血管出血，出血速度和出血量不是很快、很大的情况。止血时先用消毒纱布、棉垫、绷带、毛巾等折叠成比伤口稍大的垫子放在伤口的无菌敷料上，再用绷布或三角巾适度加压包扎。松紧要适中，以能达到止血为目的，避免因过紧影响必要的血液循环，造成局部组织缺血性坏死，或过松达不到控制出血的目的。加压包扎止血示意图如图2-18所示。

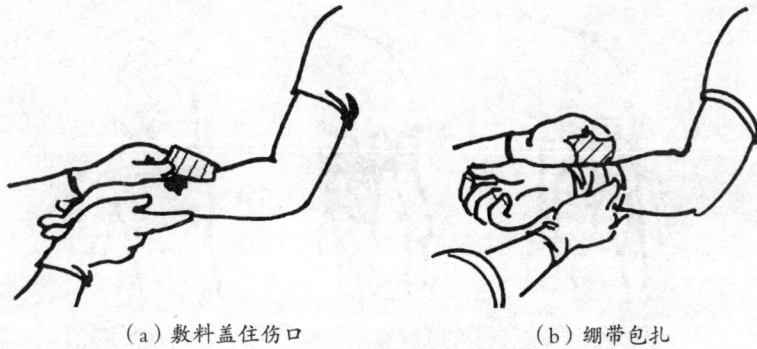

（a）敷料盖住伤口　　　　　　　　（b）绷带包扎

图 2-18　加压包扎止血法

当伤口在肘窝、腋窝、腘窝、腹股沟时，可在加垫后屈肢固定在躯干上加压包扎止血。加压包扎止血法适用于上下肢、肘、膝等部位的动脉出血，但有骨折或可疑骨折或关节脱位时，不宜使用此法。

3. 填塞止血法

对于伤口较深较大、出血多、组织损伤严重的伤口，用消毒纱布、敷料或干净布料填塞在伤口内，再用加压包扎法包扎，如图 2-19 所示。

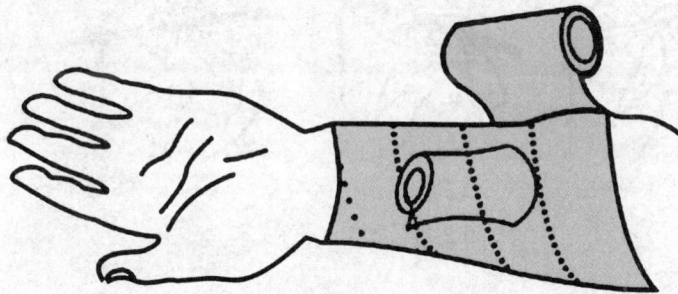

图 2-19　填塞止血法

4. 止血带止血法

止血带止血法是快速有效的止血方法，但只适用于不能用加压止血的四肢大动脉出血。止血带止血法主要分为橡胶止血带止血法和布条止血带止血法。方法是用橡皮管或布条捆扎伤口出血部位或伤口近心端动脉，阻断动脉血运，达到快速止血的目的。

上肢出血时上止血带的部位在上臂上 1/3 处，下肢出血时上止血带的部位一般位于大腿中上段。止血带的松紧度以摸不到肢体远端动脉搏动和伤口刚好止血为宜，过松无止血作用，过紧会影响血液循环，易损伤神经，造成肢体坏死。

上止血带的伤员，必须在明显的部位贴上标签，标明上止血带的部位和时间。上完止血带后，每隔 40～50min 放松一次，每次 2～3min。为避免放松止血带时大量出血，放松动作应尽量缓慢，放松期间需改用指压法临时止血。

止血带止血法为止血的最后一种方法，通常在采用其他方法不能止血或难以采用其他止血方法时使用，操作时要注意使用的材料、止血带的松紧程度、标记时间等问题。具体操作方法如下：

（1）橡胶止血带止血法。常用一条长约 1m 的橡胶管，先用绷带或布块垫平上止血带的部位，两手将止血带中段适当拉长，绕出血伤口上端肢体 2～3 圈后固定，打"V"字结，借助橡胶管的弹性压迫血管而达到止血目的，具体操作如图 2-20 所示。止血完成后判断止血带的松紧程度，防止过松或过紧，最后必须在明显的部位贴上标签，标明上止血带的时间。

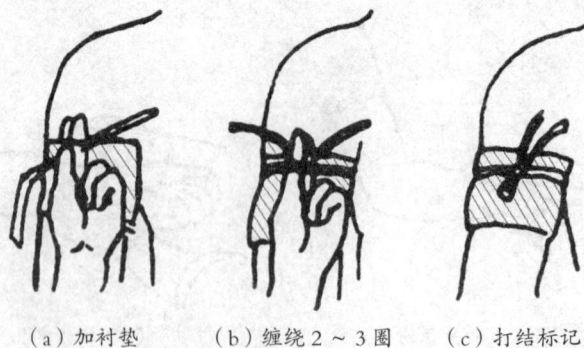

（a）加衬垫　　（b）缠绕 2 ~ 3 圈　　（c）打结标记

图 2-20　橡胶止血带止血法

（2）布条止血带止血法（也称绞紧止血法）。常用三角巾、布带、毛巾、衣袖等平整地缠绕在加有布垫的肢体上，拉紧后用木棒、筷子、笔杆等旋转绞紧固定，如图 2-21 所示。止血完成后同样要求判断止血带的松紧程度、标明止血时间。

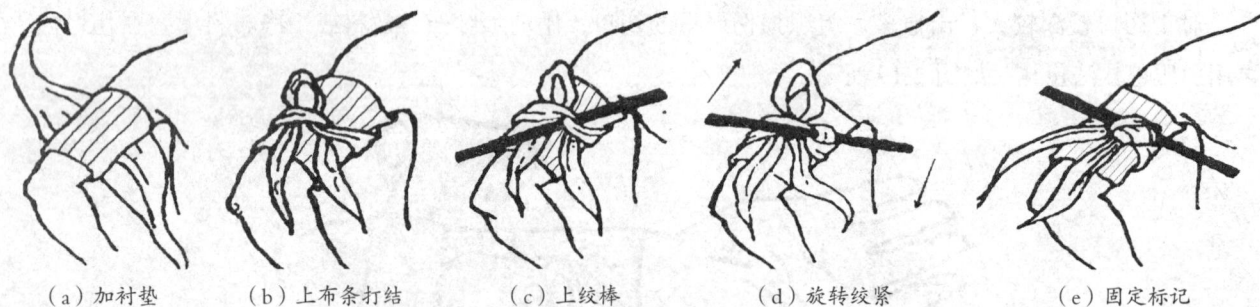

（a）加衬垫　　　（b）上布条打结　　　（c）上绞棒　　　（d）旋转绞紧　　　（e）固定标记

图 2-21　布条止血带止血法

四、止血操作的注意事项

（1）首先准确判断出血位置及出血量，再采取对应方法止血。

（2）大血管损伤时常需几种方法联合使用。

（3）选用止血带止血时，禁止用电线、铁丝、绳子等无弹性物替代止血带。皮肤与止血带之间不能直接接触，松紧适宜，定时放松。并用标签注明上止血带的时间。

（4）布条止血带无弹性，要特别注意防止肢体损伤，不可一味增加压力。

🛡 学习小结

本任务主要学习伤口的止血相关知识，具体介绍了出血基础知识、出血分类、止血方法和止血注意事项等内容。学生通过本任务的学习，能够全面掌握现场紧急止血的知识和技能，具备紧急止血的救援能力。

🔍 思考拓展

1. 为什么要在其他止血法无效时才能采用止血带止血法？

2. 出血的有效止血方法主要有哪些？

励心笃行

新疆军区研发新型止血带：10s止血，自动提醒

近年来，我国新疆军区树立科研紧盯战场的思路，指导高原边防军事医学中心和军医训练大队开展科研攻关，先后有战场动态模拟训练平台、计时自由扣止血带等9项科研成果获国家专利，20余项科研成果在全军获奖，编写的《战（现）场急救技术组训教程》获全军一等奖。与此同时，他们成立战伤救治器材转化运用基地，让一项项创新成果"冒着热气"高效转化为卫勤保障能力。

伤员抢救过程中，止血是关键。救治现场，卫生员用新型计时自由扣止血带，仅用10余秒就完成止血，比传统捆绑止血快数倍。更便捷的是，这种止血带按下开关一个半小时后，会自动亮起红灯，发出蜂鸣声，提醒医护人员后续操作。据了解，新型止血带采用新材料，具有体积小、质量轻、操作简便、可反复使用等特点。

新型止血带的发明，蕴含着伟大的创新精神。2021年4月26日，习近平总书记在广西考察时提出：高质量发展，创新很重要，只有创新才能自强、才能争先，在自主创新的道路上要坚定不移、再接再厉、更上一层楼。

创新是中华民族鲜明的精神禀赋，也是谋求高质量发展、构建新发展格局的现实要求，是我们在百年未有之大变局中抢占战略制高点、实现民族自强复兴的动力支撑。在机会无处不在的今天，当代学生应该好好把握机会，抓住机会不断创新。

图片来源：学习强国
（组图 | 新疆军区某工兵团：高原春雪中的坚守）

技能强化

指压止血法训练

1. 训练目标

（1）掌握人体不同出血部位的按压点分布情况。

（2）能够正确运用指压止血法对伤口出血进行现场施救。

2. 训练准备

（1）准备好人体动脉分布挂图一张。

（2）团队合作，至少两人一组。

3. 成果展示

第一步，判断出血部位。一人结合人体动脉分布挂图，随机指出出血部位，要求另一人口述具体按压位置。

第二步，徒手按压止血模拟。根据模拟出血部位，在另一人身体上进行徒手按压，检查按压部位和手势是否正确。按压点示意图如图2-22所示。

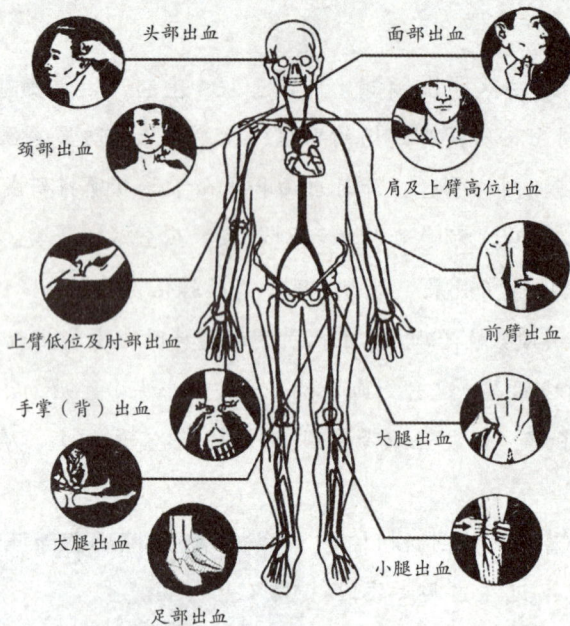

图 2-22　按压点示意图

任务评价

技能要点	标准参考	分值／分	自我评价（20%）	小组互评（30%）	教师评价（50%）
出血基础知识	掌握不同出血量大小对人体的影响	10			
	掌握主要出血分类及不同特征	10			
止血方法	掌握指压止血法的适用场景和操作要求	50			
	掌握止血带止血法的适用场景和操作要求	20			
	掌握填塞止血法的主要操作方法	10			
总得分		100			

任务三　伤口包扎技术

任务导入

　　日常生活中，尽管我们小心翼翼避免意外伤害，但总有防不胜防之时，磕碰、摔伤、烹饪时刀具划伤和烫伤等意外事件屡见不鲜。一旦受伤，常常引起皮肤和软组织损伤，严重时甚至断肢，伤口处理不当容易引起感染化脓，经久不愈。因此，意外创伤的伤口一定要严格认真地处理。

　　伤口包扎技术是各种外伤中最常用、最重要、最基本的急救技术之一。伤口包扎及时得当，可减少伤口出血，避免感染化脓，缓解伤者痛苦。学习伤口包扎技术是应对生活中意外创伤最行之有效的方法。

任务基础

一、伤口概述

在医学上，伤口是指人或其他动物的皮肤、肌肉、黏膜等受伤破裂的地方。伤口是细菌等微生物侵入人体的门户，一旦被微生物感染，可能引起化脓或并发败血症、气性坏疽、破伤风等疾病，严重危害健康，甚至危及生命。

（一）伤口种类

伤口可根据致伤原因、伤口愈合时间、伤口污染程度和伤口情况等进行分类。

1. 根据致伤原因分类

（1）擦伤：皮肤表层擦破伤中最常见的一种类型，通常伤势较轻。

（2）刺伤：由锐器戳刺所致的人体损伤，常见的锐器有针、刀具等，特点为皮肤伤口小，但往往造成深部组织损伤，因引流不畅，易继发化脓性感染或破伤风等。

（3）割伤：锋利锐器作用于人体，将组织整齐切开所致的软组织损伤。常见的锐器有刀刃、玻璃片和竹片等，边缘整齐，组织周围破坏相对轻，若伤及大血管，易造成大出血。

（4）咬蜇伤：通常以猫狗抓咬伤、蜂蜇伤为主。猫狗抓咬伤对组织有切割、撕扯作用，常伴随不同程度的组织挫裂伤。由于动物口腔中有大量细菌，易进入伤口，因此切不可忽视。

（5）烧伤与烫伤：多由火焰、热液（水、汤、油等）、蒸汽所引起的组织损害，通常需要摘除手表、指环等束缚物，以免伤口肿胀时难以脱掉。受伤部位出现的水疱不要擅自刺破，以免造成感染。

（6）瘀伤：由于受硬物撞击或压伤、钝物击伤，使皮肤内层组织出血，伤处瘀肿。

（7）枪伤：子弹穿过身体而出，或停留在体内，表面有明显伤口，体内组织或脏器等受伤。

2. 根据伤口愈合时间分类

（1）急性伤口：指在两周内能够自行愈合的伤口，如手术伤口或皮肤擦伤等。

（2）慢性伤口：指两周以上仍然没有愈合趋势的伤口，如压疮、下肢血管性溃疡或糖尿病足溃疡等。

3. 根据伤口污染程度分类

（1）清洁伤口：指无发炎现象或已完全缝合的伤口。

（2）污染伤口：指开放性的、新的、意外性的伤口，有发炎现象，但未化脓。

（3）感染伤口：指已有感染或有坏死组织的外伤伤口。

4. 根据伤口情况分类

（1）开放性伤口：伤口与外界相通，造成感染的概率较高。

（2）闭合性伤口：外表无明显伤口，通常后果更为严重。

（二）伤口检查

对受伤人员的伤口进行处理时，应仔细检查伤口，主要检查伤口的位置、大小、深浅、污染程度和异物情况等。受伤部位不同，检查的方式亦有所区别。

（1）检查头部：轻拍双肩或呼喊，检查伤员意识，轻摸头部，检查是否有出血、肿胀、骨折；看鼻孔、耳道内是否有血液或脑脊液流出。

（2）检查颈部：让伤员平卧，急救员用手指腹从上到下轻轻按压伤者颈部后正中，检查是否有异常，询问是否疼痛。

（3）检查胸部：解开衣物，观察胸部有无伤口、胸部形状是否变化，用手轻轻挤压胸部，询问是否有疼痛。

（4）检查腹部：解开衣物，观察腹部有无伤口，有无内脏脱出，轻轻按压有无压痛。

（5）检查骨盆：询问疼痛部位，双手轻轻挤压伤员的骨盆两侧，询问是否疼痛。

（6）检查四肢：询问疼痛部位，观察是否有肿胀、畸形、活动障碍。

（7）检查手掌或脚掌：观察手掌或脚掌的感觉是否减退或存在手指脚趾麻木的情况，检查患者的屈伸活动，观察手指脚趾末节颜色是红润或苍白或发紫，观察是否有肿胀、畸形。

（三）伤口清洗

（1）伤口检查：需要对伤口的严重程度和性质进行判断，同时注意伤口上是否存在污物。

（2）伤口冲洗：若存在污物，则需要用生理盐水或流动的自来水清洗干净。

（3）伤口消毒：使用碘伏对伤口及周围进行消毒处理是目前最常用的方式。

二、伤口包扎技术

快速、准确地将伤口包扎是外伤救护的重要一环。包扎的目的是压迫止血、保护伤口、防止感染、固定骨折、保护内脏和血管、神经、肌腱以及减少疼痛，有利于伤口早期愈合。

（一）包扎相关物品

常用的包扎材料有创可贴、尼龙网套、三角巾、弹力绷带、纱布绷带、胶条及附近方便可用器材，如毛巾、头巾、衣服等。家庭应酌情配备伤口包扎的相关材料，以备不时之需。

1. 消毒物品

（1）碘伏。碘伏是单质碘与聚乙烯吡咯烷酮的不定型结合物。聚乙烯吡咯烷酮可溶解分散9%~12%的碘，此时呈现紫黑色液体。医用碘伏常见的浓度为1%，呈浅棕色。碘伏具有广谱杀菌作用，可杀灭细菌繁殖体、真菌、原虫和部分病毒。在医疗上用作杀菌消毒剂，可用于皮肤、黏膜的消毒，也可处理烫伤、皮肤霉菌感染等。烧伤、冻伤、刀伤、擦伤、挫伤等一般外伤，用碘伏消毒效果很好。与酒精相比，碘伏引起的刺激疼痛较轻微，易被患者接受，而且用途广泛、效果确切，基本上替代了酒精、红汞、碘酒、紫药水等皮肤黏膜消毒剂。此外，低浓度碘伏为淡棕色溶液，不易污染衣物。

（2）碘酊。碘酊也称碘酒，为红棕色液体，主要成分为碘、碘化钾，以乙醇为溶媒，味道特臭。色泽随浓度增加而变深。适用于皮肤感染和消毒。市售碘酒的浓度为2%。

2. 包扎材料

（1）创可贴。创可贴俗称杀菌弹性创口贴，是人们生活中最常用的一种急救必备医疗用品。创可贴主要由平布胶布和吸水垫组成，贴在创口处保护伤口，暂时止血，抵抗细菌再生，防止创口再次损伤。创可贴常用于急性小伤口止血、消炎或愈创，尤其适用于切口整齐、清洁、表浅、创口较小且无须缝合的割伤、划伤或刺伤。市面上有各种大小不同规格的创可贴，弹力创可贴适用于关节部位损伤。创可贴携带便捷，使用方便。

（2）绷带。因受伤部位不同，绷带的长度、宽度及材料都有所不同。常用绷带的规格为7.5cm×450cm。

纱布绷带有利于伤口渗出物的吸收，高弹力绷带主要用于关节部位损伤。一头卷起的为单头带，两头同时卷起的为双头带，把绷带两端用剪刀剪开即为四头带。

（3）三角巾。三角巾是一种便捷好用的包扎材料，可用于固定夹板、作为敷料和代替止血带使用，还可对肩部、胸部、腹部和臀部等不易包扎的部位进行包扎固定。使用三角巾的目的是保护伤口，减少感染，压迫止血，固定骨折，减少疼痛。常用三角巾的规格为 135cm×85cm×85cm。

（4）就地取材。家庭没有配备包扎材料时，可就地取材，用干净的衣物、毛巾、领带和床单等作为临时性包扎材料。临时绷带可用尼龙袜等弹性布料代替。临时三角巾可用一米见方的干净布料，沿对角线剪开即可。

3. 辅助材料

（1）医用棉签。棉签是裹有少许消毒棉花的比火柴棍稍大的小木棍或塑料棒，主要用于医疗中涂抹药水、吸附脓血等，适用于皮肤或外伤的清洗和消毒。即时涂棉签采用空心棒贮存药水的结构，使得棉签本身就带有药水，即开即用，方便快捷，可作为医院、家庭、学校、宾馆的必备卫生用品，也非常适合旅游时使用。

（2）敷料。敷料是伤口包扎的辅属材料，是用防腐或抗生素溶液浸湿过的敷布，主要用于覆盖伤口，防止包扎材料与伤口粘连。传统敷料主要有干纱布和油纱。现代伤口敷料包括交互式伤口敷料、藻酸钙敷料、银敷料、泡沫敷料、水胶体敷料和水凝胶敷料。

（3）医用胶带。医用胶带为纯木浆天然材料，无毒无刺激性，具有良好的透气性能。医用封包胶带柔软性好，易解卷，方便操作。主要用于伤口包扎后的绷带固定。

（二）绷带包扎

绷带包扎用途广泛，主要适用于四肢和头部伤口的包扎。包扎的目的是限制患处活动、固定敷料和夹板、加压止血、保护伤口、减轻疼痛、防止伤口感染等。

1. 环形包扎法

环形包扎法主要用于创面较小的伤口，也可用于绷带包扎的起始和结束（图 2-23）。具体操作步骤如下：

（1）伤口用无菌或干净的敷料覆盖，固定敷料。

（2）将绷带打开，第一圈环绕稍作斜状，大致倾斜 45°，并将第一圈斜出一角压入环形圈内环绕第二圈。

（3）加压绕肢体 4 ~ 5 圈，每圈盖住前一圈，绷带缠绕范围超出敷料边缘。

（4）将多余的绷带减掉，用胶布粘贴固定，也可将绷带尾端从中央纵行剪成两个布条，然后打结。

2. 螺旋包扎法

螺旋包扎法主要用于包扎粗细相差不大的部位（图 2-24）。具体操作步骤如下：

（1）伤口用无菌或干净的敷料覆盖，固定敷料。

（2）先按环形法缠绕 2 圈。

（3）从第三圈开始，每圈盖住前一圈 1/3 呈螺旋形。包扎时用力均匀，由内而外扎牢。包扎完成时应将盖在伤口上的敷料完全遮盖。

（4）以环形包扎结束。

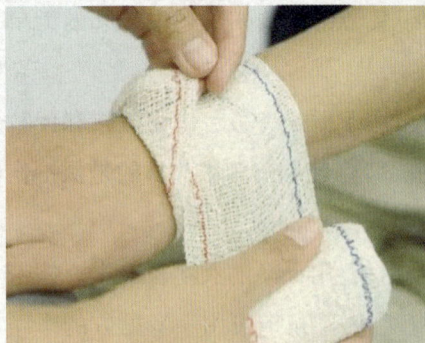

图 2-23　环形包扎法

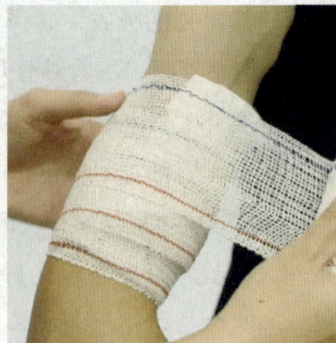

图 2-24　螺旋包扎法

3. 螺旋反折包扎法

螺旋反折包扎法主要用于包扎粗细相差悬殊的部位（图 2-25）。具体操作步骤如下：

（1）伤口用无菌或干净的敷料覆盖，固定敷料。

（2）按环形法缠绕 2 圈。

（3）将每圈绷带反折，盖住前一圈 2/3，依次由下而上缠绕。

（4）折返时按住绷带上面正中央，用另一只手将绷带向下折返，再向后绕并拉紧，绷带折返处应避开患者伤口。

（5）以环形包扎结束。

4. 关节人字包扎法

关节人字包扎法主要用于包扎脚踝、手肘和其他关节部位。以肘关节为例，具体操作步骤如下：

（1）伤口用无菌或干净的敷料覆盖，固定敷料。

（2）在肘关节中部环形包扎 2 圈。

（3）绷带先绕至关节上方，再经屈侧绕到关节下方，过肢体背侧绕至肢体屈侧后再绕到关节上方，如此反复，呈 "8" 字连续在关节上下包扎，每圈与前一圈重叠 2/3。

（4）最后在关节上方环形包扎 2 圈，胶布固定。

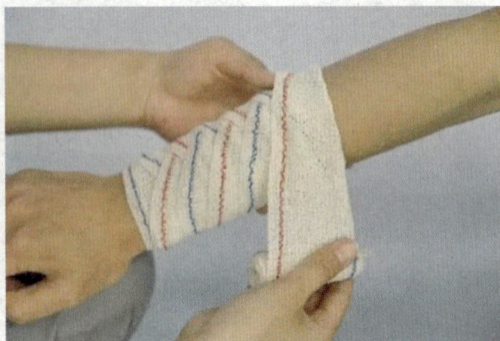

图 2-25　螺旋反折包扎法

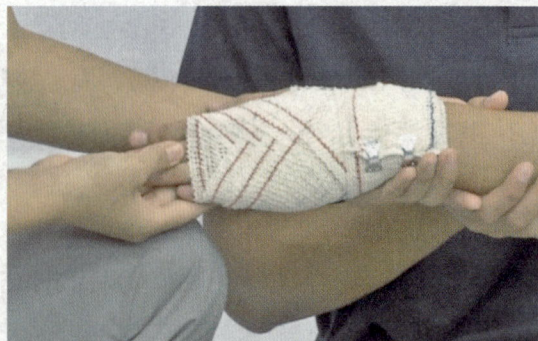

图 2-26　"8" 字包扎法

5. "8" 字包扎法

"8" 字包扎法主要用于手掌和脚踝等受伤部位的伤口包扎（图 2-26）。具体操作步骤如下：

（1）伤口用无菌或干净的敷料覆盖，固定敷料。

（2）包扎时从腕部开始，先环行缠绕 2 圈固定绷带。

（3）经手和腕 "8" 字形缠绕，直至覆盖伤口。

（4）最后将绷带尾端在腕部环绕2圈固定即可。

6. 回返包扎法

回返包扎法主要用于包扎没有顶端的部位，如截肢残端、指端、头部等（图2-27）。具体操作步骤如下：

（1）伤口用无菌或干净的敷料覆盖，固定敷料。

（2）环形包扎2圈固定绷带。

（3）右手将绷带向上反折与环形包扎垂直，先覆盖残端中央，再交替覆盖左右两边，左手固定住反折部分，每圈覆盖前一圈 1/3～1/2。

（4）将绷带回返至起始位置环形包扎2圈固定。

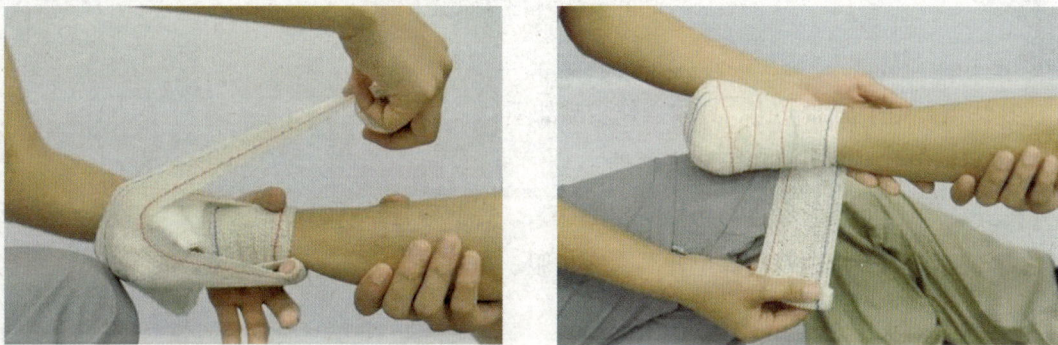

图 2-27　回返包扎法

7. 绷带包扎的注意事项

（1）伤口包扎前要确认现场环境是否安全，做好个人防护。只有现场环境安全才可以进行救护。

（2）包扎伤口动作要"轻、快、准、牢"，"先盖后包、不盖不包"。

（3）包扎用力应适当、均匀。绷带不能太松，不然固定不住纱布。如果没经验，打好绷带后，看看身体远端有没有变凉、浮肿等情况。

（4）打结时，不要在伤口上方，也不要在身体背后，应避开特殊部位。

（5）在没有绷带而必须包扎的情况下，可用毛巾、手帕、床单（撕成窄条）、长筒尼龙袜子等代替绷带包扎。

（6）包扎四肢时应从远心端向近心端进行。

（三）三角巾包扎

三角巾包扎主要用于较大创面不便于用绷带包扎的伤口包扎和止血，如头、肩膀、躯干等部位。

1. 帽式包扎法

帽式包扎法主要用于头部包扎（图2-28）。具体操作步骤如下：

（1）将三角巾底边反折约三指宽。

（2）将底边中点部分放前额，与眉平齐，顶角拉至头后，将两角在头后交叉，再拉至前额伤口另一侧打结固定。

（3）左手虎口按住前额三角巾底边，注意避开伤口，右手拉住顶角适当用力将三角巾拉紧。将顶角向上反折数次后塞进两角交叉处。

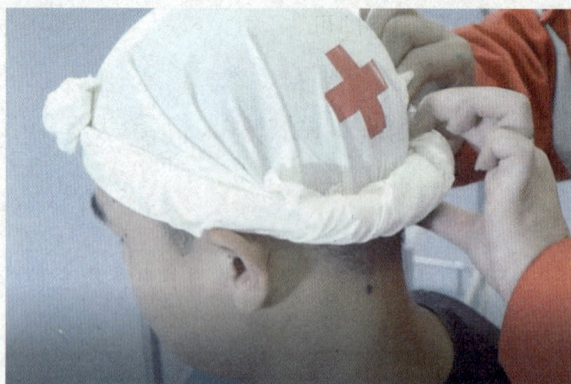

图 2-28　帽式包扎法

2. 面部包扎法

面部包扎法主要用于面部包扎。具体操作步骤如下：

（1）三角巾顶角打一结，将顶角放头顶处。

（2）将三角巾覆盖面部，底边两角拉向枕后交叉，在前额打结。

（3）在覆盖面部的三角巾对应部位开洞，露出眼、鼻、口。

3. 单肩包扎法

单肩包扎法主要用于包扎单侧肩部伤口（图 2-29）。具体操作步骤如下：

（1）将三角巾折成燕尾状，燕尾夹角约为 90°，将燕尾放至患者伤侧肩膀，燕尾交叉点与肩膀中线对齐，两底角分别从前后拉向健侧腋下。

（2）顶角覆盖患肩并向后拉，用顶角上的带子在上臂 1/3 处缠绕。

（3）再将两底角收紧，在健侧腋下打结固定。

图 2-29　单肩包扎法

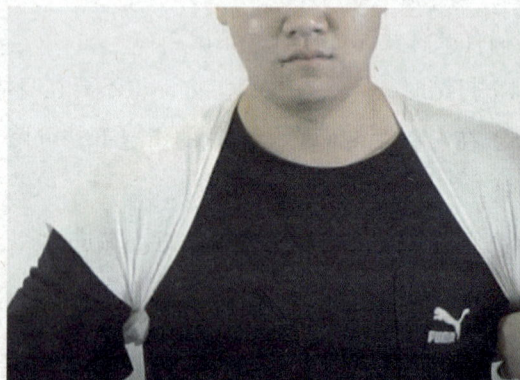

图 2-30　双肩包扎法

4. 双肩包扎法

双肩包扎法主要用于两侧肩膀均受伤的情形（图 2-30）。具体操作步骤如下：

（1）左手向后、右手向前错开三角巾，使之成为两燕尾角相等的燕尾式，燕尾夹角约为 100°。

（2）将三角巾置于患者后背，燕尾朝上，燕尾交叉点与患者背部中线对齐，把三角巾底边放两肩上。

（3）两侧底角向前下方绕腋下，与同侧背部三角巾底角打结固定。

5. 胸部包扎法

单胸包扎如图 2-31 所示。具体操作步骤如下：

（1）将三角巾底边横放在胸部，顶角超过伤肩，并垂向背部。

（2）两底角在背后打结，再将顶角带子与之相接。

双胸包扎如图 2-32 所示。具体操作步骤如下：

（1）将三角巾折成燕尾状。

（2）两燕尾向上，平放于胸部，两燕尾在颈后打结。

（3）将顶角带子拉向对侧腋下打结。

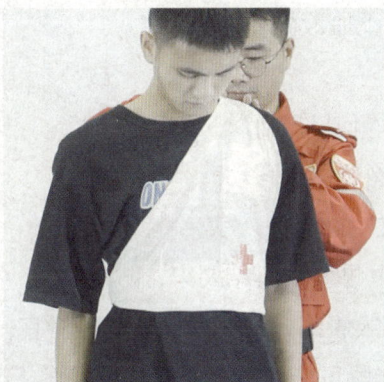

图 2-31　单胸包扎法　　　　　　　　图 2-32　双胸包扎法

6. 腹部包扎法

腹部包扎法主要用于腹部外伤的包扎（图 2-33）。具体操作步骤如下：

（1）将敷料覆盖在伤口上方，让患者双腿弯曲，腹部放松。

（2）将垫子塞在患者膝盖下方，并用布条或三角巾将患者双腿绑缚，以防活动牵引伤口。

（3）将三角巾底边横放于上腹部，两底角拉向后方紧贴腰部打结。

（4）顶角朝下，在顶角处接一小带，将顶角从两腿之间拉向臀部，再与在腰部打结后的底角打结固定。

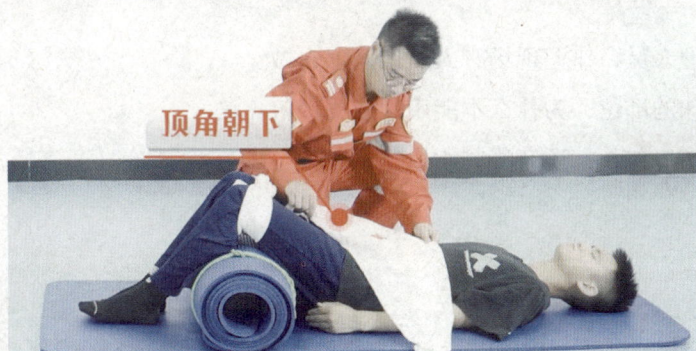

图 2-33　腹部包扎法

当腹部受伤严重、有脏器外露时，包扎前严禁将其塞回肚子，应用干净的容器罩住后，再用腹部包扎法包扎。

7. 大手挂包扎法

大手挂包扎法一般用于前臂、上臂的外伤包扎和固定。具体操作步骤如下：

（1）先将三角巾张开，顶角朝伤侧肘部方向。

（2）边角绕过颈部，将另一侧的边角提起，包住伤侧前臂，在伤侧的锁骨上窝处打结，在打结的地方加一个棉垫进行衬垫。

（3）大手挂的高度调整至小于90°。最后整理一下露出手指指尖，便于观察血液循环，在肘部将三角巾收好。

8. 小手挂包扎法

小手挂包扎法一般用于手部、肩关节和锁骨的包扎和固定。具体操作步骤如下：

（1）先将三角巾张开，放在患者的身体上，包过伤侧肢体的上1/3，再把手包进去。

（2）绕过肩胛骨，在没有受伤一侧的锁骨上窝处打结，打结的部位加上一个衬垫。

（3）小手挂的角度是上臂和前臂成45°。最后检查一下血液循环情况。

9. 三角巾包扎注意事项

（1）包扎伤口时不要触及伤口，以免加重患者的疼痛、伤口出血及感染。

（2）包扎时松紧适宜，以免影响血液循环，并防止敷料脱落或移动。

（3）注意包扎妥帖、整齐，患者舒适，并保持在功能位置。

（4）边要固定，角要拉紧，中心伸展，敷料贴紧，包扎贴实，打结要牢，防止滑脱。

（5）异物刺入胸背部，易伤及心脏、肺、大血管；刺入腹部，易伤及肝、脾等器官；刺入头部，易伤及脑组织。异物刺入体内后，切忌拔出异物再包扎。因异物可能刺中重要器官或血管。若将异物拔出，会造成出血不止。

学习小结

本任务主要学习伤口包扎的相关知识，具体介绍了伤口概述、包扎材料、绷带包扎法、三角巾包扎法等内容。学生通过学习，能够全面掌握现场伤口包扎等知识，具备常规外伤处理的救援能力。

思考拓展

1. 作为一名安全管理人员，作业现场有人受伤该怎么做？

2. 粗细相差比较悬殊的部位，为什么不能用螺旋绷带包扎法？

3. 三角巾除了用于伤口包扎，还有哪些用途？

励心笃行

《伤寒杂病论》

3世纪初，张仲景博览群书，广采众方，凝聚毕生心血，写就《伤寒杂病论》一书。中医所说的伤寒实际上是一切外感病的总称，包括瘟疫这种传染病。该书约成书于200—210年。《伤寒杂病论》是中国传统医学著作之一，是一部主要论述外感病与内科杂病的医学典籍，是中国中医院校开设的主要基础课程之一。《伤寒杂病论》系统地分析了伤寒的原因、症状、发展阶段和处理方法，创造性地确立了对伤寒病"六经分类"的辨证施治原则，奠定了理、法、方、药的理论基础。

《伤寒杂病论》是集秦汉以来医药理论之大成，并广泛应用于医疗实践的专书，是我国医学史上影响最大的古典医著之一，也是我国第一部临床治疗学方面的巨著。因历史久远并连年战乱，再加上《伤寒杂病论》初成书时受限于传播途径，此书流传并不广泛，以至如今所见《伤寒论》各版本均有缺失。

保护先辈心血倾注的历史瑰宝，将中医发扬光大是吾等后辈应尽之责。

技能强化

现场急救技能训练

1. 训练目标

（1）掌握各种伤口包扎技术的操作步骤和技巧。

（2）能够根据伤员的伤情，判断并选择适当的包扎方法对伤口进行处理。

2. 训练准备

（1）准备好足量消毒酒精、无菌棉、敷料、标签等实训耗材。

（2）准备好止血带、绷带、三角巾等实训材料。

（3）准备好10个现场急救场景。

3. 技能展示

（1）检查伤员身体，判断伤情，拨打120。

（2）根据伤员伤情，选择适当的止血方法正确完成止血操作。

（3）清除伤口异物，清洗伤口、消毒。

（4）用敷料盖住伤口，按照包扎技术的操作方法和注意事项进行伤口包扎。

任务评价

技能要点	标准参考	分值／分	自我评价（20%）	小组互评（30%）	教师评价（50%）
伤口检查	熟悉伤口检查的要点，了解不同身体部位伤口检查的区别	10			
绷带包扎	熟悉绷带包扎方法前需准备的物品	10			
	了解不同绷带包扎的适用范围	5			
	熟悉不同身体部位的绷带包扎方法和技巧	30			
三角巾包扎	熟悉三角巾包扎前的物品准备和注意事项	10			
	了解不同三角巾包扎方法的适用范围	5			
	熟悉不同身体部位的三角巾包扎方法和技巧	30			
总得分		100			

任务四　骨折固定技术

任务导入

　　骨折是极为常见的一种外伤，指骨的完整性和连续性中断。大多数骨折由创伤引起，称为创伤性骨折。骨折发生后，需要立即对骨折部位进行急救处理，处理不当反而会加重损伤，增加患者痛苦，甚至造成残疾，影响生活。因此，对骨折部位进行及时有效的处理，是一项非常重要的急救技术。

　　骨折创伤现场急救的目的是抢救生命、保护患肢、避免或减轻再次损伤和污染。然后在医疗监护下，将患者送往医院，继续进行全面的救护治疗。

　　固定技术可以对骨折、关节损伤、肢体受挤压等伤害起到很好的固定作用。这项技术不仅可以临时减轻痛苦，减少并发症，而且有利于患者的转移。固定技术可分为外固定和内固定两种。院外急救多受条件限制，只能做外固定，目前最常用的外固定有夹板、木棍、书本及其他固定工具等。

任务基础

一、骨折的定义

　　骨骼受到外力打击，发生完全或不完全断裂称骨折。按照骨折后的数量划分，骨折可分为单纯性骨折和粉碎性骨折。按照骨折后骨骼是否与外界相通划分，骨折可分为闭合性骨折（图 2-34）和开放性骨折（图 2-35）。

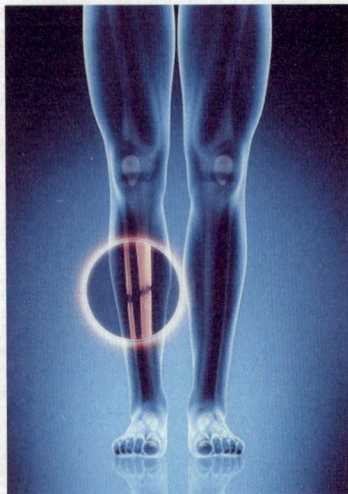

图 2-34　闭合性骨折　　　　　　图 2-35　开放性骨折

　　单纯性骨折的骨头只有一条骨折线，粉碎性骨折的骨头碎裂成两块以上。闭合性骨折是指骨折断端未刺穿皮肤，与空气不相通，开放性骨折是指骨折断端刺穿皮肤，与空气相通。

　　骨折后如何进行准确判断？一般有以下四个依据：

　　（1）判断受伤部位是否有疼痛和压痛：受伤处有明显的压痛点，移动时有剧痛。

　　（2）判断受伤部位是否有肿胀：内出血和骨折端的错位、重叠，都会使外表呈现肿胀现象。

　　（3）判断受伤部位是否出现畸形：骨折时肢体发生畸形，呈现短缩、弯曲或者转向等。

　　（4）判断受伤部位是否有功能障碍：原有的功能受到影响或完全丧失。

二、引起骨折的原因

大部分骨折由创伤引起，骨折发生主要有三个原因。

（1）外力损伤。如车祸、高处坠落、挤压伤引起的骨折。

（2）长期磨损。如长期的、反复的、间接的磨损导致的骨折。

（3）其他原因。如骨质疏松引起的自发性骨折（图 2-36）。

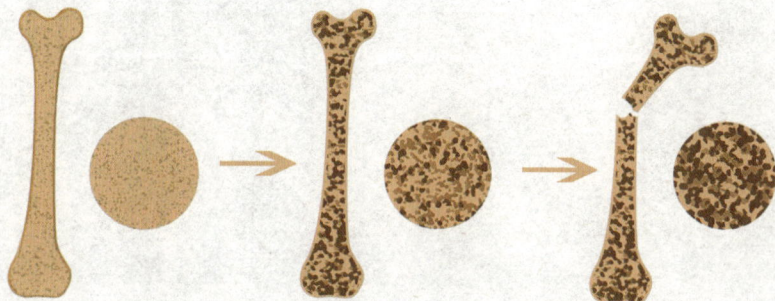

图 2-36　骨质疏松引发的自发性骨折

三、骨折判定的方法

通过以下方法可以对骨折做出诊断：

（1）患者骨折部位会出现局部疼痛、肿胀和功能障碍，特别是移动患肢时疼痛加重。

（2）医生检查时如果骨折端移位，可使患肢外形发生改变，表现为短缩成角或者旋转畸形，有的骨折断端会刺破皮肤造成开放性骨折。

（3）两骨折端相互摩擦，可产生骨擦音或骨擦感。

（4）X 线片、CT 和核磁共振检查（图 2-37）帮助诊断骨折类型和断端移位情况。

图 2-37　骨折部位的核磁共振影像图

四、骨折固定的目的

复位、固定、愈合是骨折治疗三部曲，而固定则是复位与愈合承上启下的环节。良好的固定不仅巩固复位效果，还会促进愈合速度和质量。制动、止痛，减轻患者痛苦，防止伤情加重，防止休克，保护伤口，防止感染，便于运送。

五、骨折固定的材料

常用的有木制、铁制、塑料制临时夹板（图2-38）。现场无夹板可就地取材采用木板、树枝（图2-39）、竹竿等作为临时固定材料。如无任何物品亦可固定于伤员躯干或健肢上。

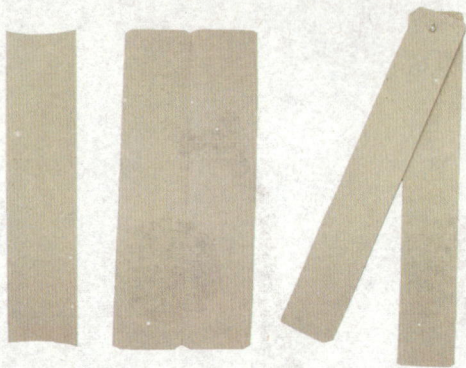

图2-38　常用的骨折固定材料——夹板

图2-39　常用的骨折固定材料——树枝

六、骨折固定的方法

根据现场条件和骨折部位采取不同的固定方法。固定要牢固，不能过松或过紧。在骨折和关节突出处加衬垫，以加强固定和防止皮肤损伤。

按照受伤部位划分，骨折固定可分为前臂骨折固定、上臂骨折固定、小腿骨折固定、大腿骨折固定、锁骨骨折固定、颈椎骨折固定、腰椎骨折固定等。

（一）前臂骨折固定

所用物品有夹板两块，绑带、衬垫、三角巾若干。具体操作步骤如下：

（1）检查患者伤情（图2-40）。

（2）患者伤肢屈肘90°置于胸前，另一只手拖住伤肢起辅助固定作用（图2-41）。

（3）急护者分别将两块夹板（中间放垫层）置于患者伤肢掌侧和背侧（图2-42）。

（4）用绑带缚扎夹板，在上侧夹板打结固定（注意结打到同一侧）（图2-43）。

（5）再用一条三角巾把受伤前臂大悬吊挂于胸前（图2-44）。

（6）检查伤肢末端指梢位置的血液循环、感觉及运动情况（图2-45）。

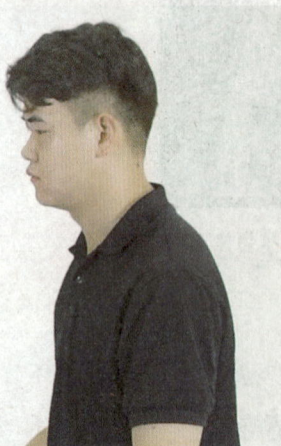

图2-40　检查患者伤情

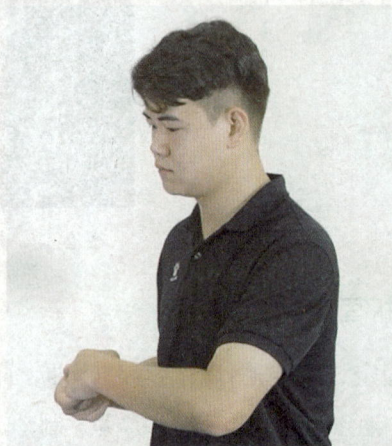

图2-41　患者伤肢屈肘90°置于胸前

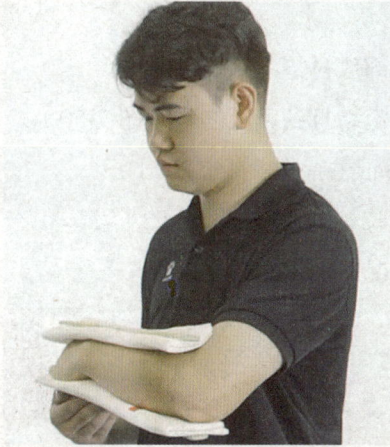

图 2-42　夹板置于掌侧和背侧

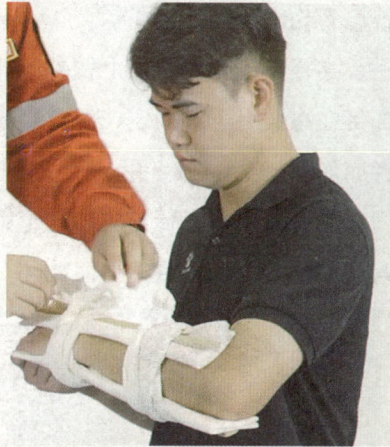

图 2-43　打结固定

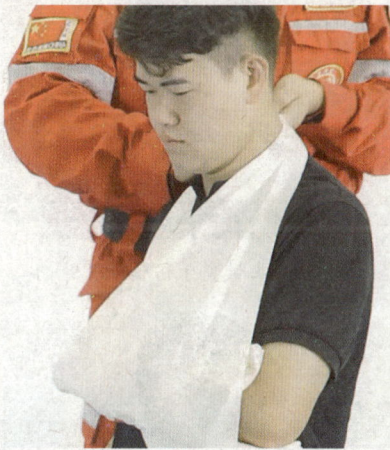

图 2-44　伤肢悬吊于胸前

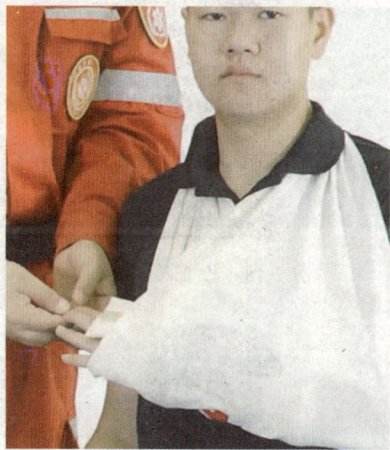

图 2-45　检查伤肢末端指梢

　　如果没有夹板，也可以用书本（图 2-46、图 2-47）、硬纸板、塑料板等物品代替，但绝不可用金属板、金属棍等代替。

图 2-46　书本置于伤肢下侧

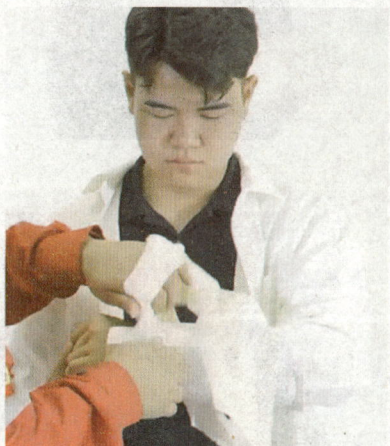

图 2-47　打结固定

（二）上臂骨折固定

　　所用物品有夹板一块（长度略长于受伤上臂外侧长度），绑带、衬垫、三角巾两条（折成四指宽）。具体操作步骤如下：

（1）检查患者伤情（图2-48）。

（2）将一块夹板置于患者受伤上臂外侧，从腕关节到肩部放衬垫（图2-49）。

（3）用绑带在患肢上下端固定，注意避开骨折位置，固定结打到夹板之上（图2-50）。

（4）患者屈肘90°，急救者用一条三角巾将前臂小悬吊于患者胸前（图2-51）。

（5）再用一条三角巾将上臂与躯体固定，结置于患者健肢一侧腋下（图2-52）。

（6）检查伤肢末端指梢位置的血液循环、感觉及运动情况（图2-53）。

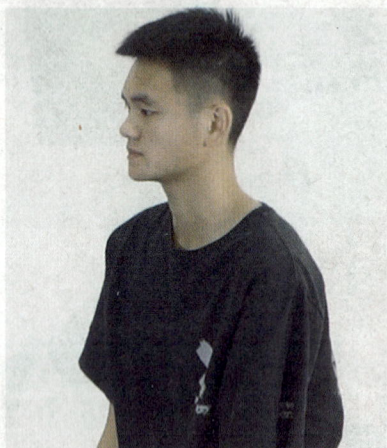

图2-48　检查患者伤情

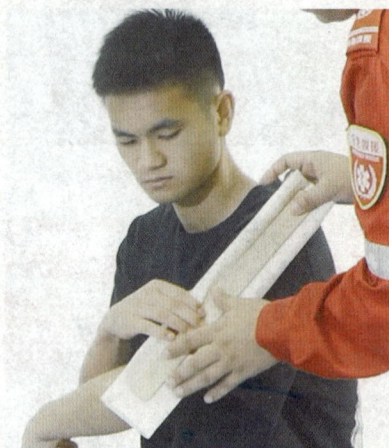

图2-49　夹板置于伤肢上臂外侧

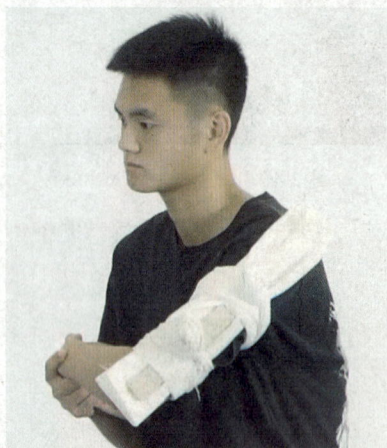

图2-50　打结固定

图2-51　伤肢悬吊于胸前

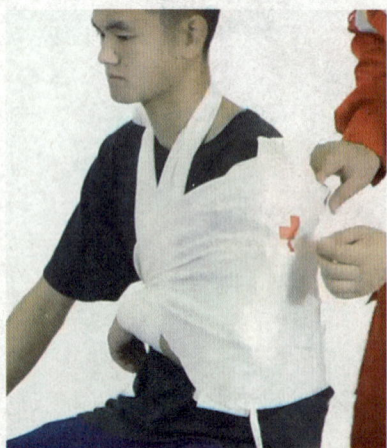

图2-52　用三角巾将上臂与躯体固定

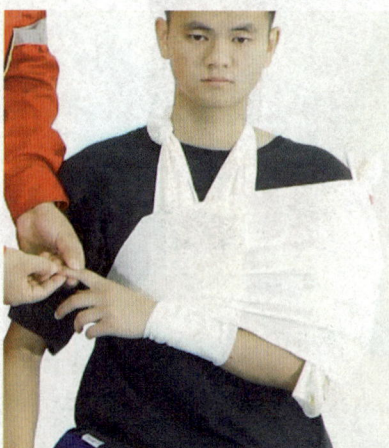

图2-53　检查伤肢末端指梢

　　如果没有夹板，也可以将伤肢固定于患者躯体之上，所用物品有绑带、衬垫、三角巾。具体操作步骤如下：

　　（1）检查患者伤情（图2-54）。

　　（2）将一块衬垫放于患者伤肢腋下（图2-55）。

　　（3）患者屈肘90°，救护者将一条三角巾折成四指宽的条带，将前臂小悬吊于胸前（图2-56）。

　　（4）再用一条三角巾将上臂与躯体固定，结置于患者健肢一侧腋下。

　　（5）检查伤肢末端指梢位置的血液循环、感觉及运动情况（图2-57）。

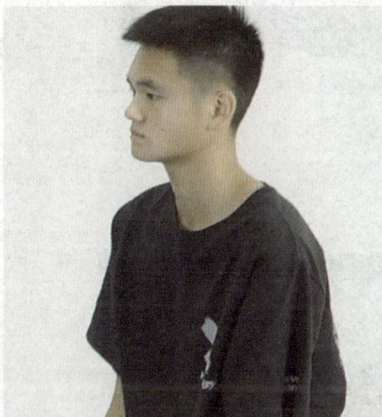

图2-54　检查患者伤情

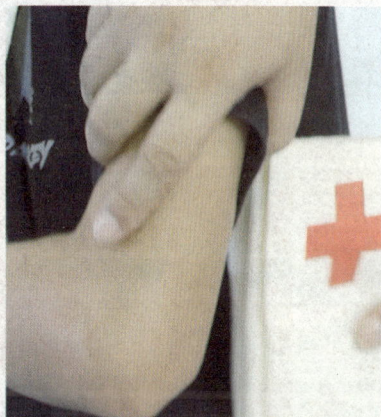

图2-55　衬垫置于伤肢腋下

图2-56　将伤肢小悬吊于胸前

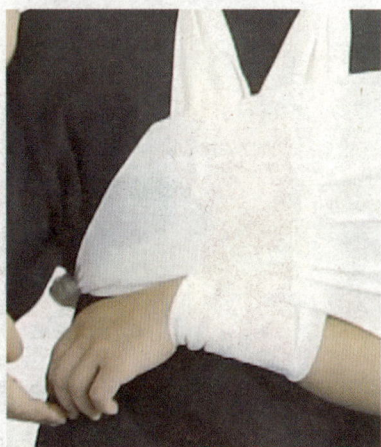

图2-57　检查伤肢末端指梢

（三）小腿骨折固定

所用物品有夹板两块，绑带、衬垫若干。具体操作步骤如下：

　　（1）患者平躺于地面。

　　（2）两名救护人员，一人位于患者脚部，脱去患者鞋袜，检查伤情后，将患者上肢固定（图2-58）。

　　（3）另一人位于患者健肢侧，将三条绑带从患者膝关节下方穿过，另外两条绑带从踝关节穿过伤肢，注意不要抬起伤肢，避免移动（图2-59）。

　　（4）调整绑带的位置，使其位于大腿中段、膝关节、骨折位置上端、骨折位置下端、踝关节处。

　　（5）用两块夹板分别置于伤肢内外两侧，长度从足跟到大腿根部，夹板与腿部之间加衬垫。

　　（6）用绑带分段将夹板固定，先固定骨折位置上端，再固定骨折位置下端，然后固定大腿、膝关节，最后固定脚踝，注意脚踝位置用"8"字固定法固定（图2-60）。

（7）检查伤肢末端指梢位置的血液循环、感觉及运动情况（图2-61）。

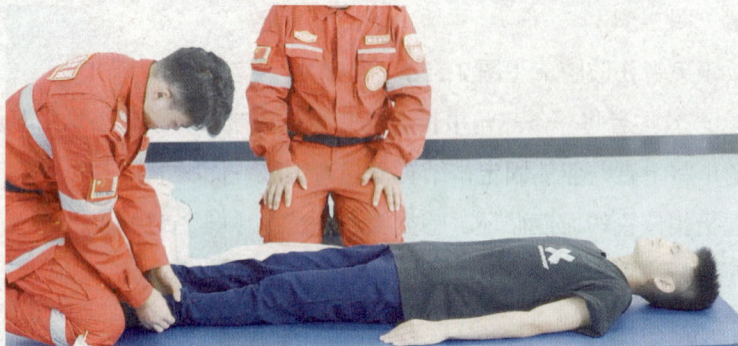

图2-58　脱去患者鞋袜，检查患者伤情

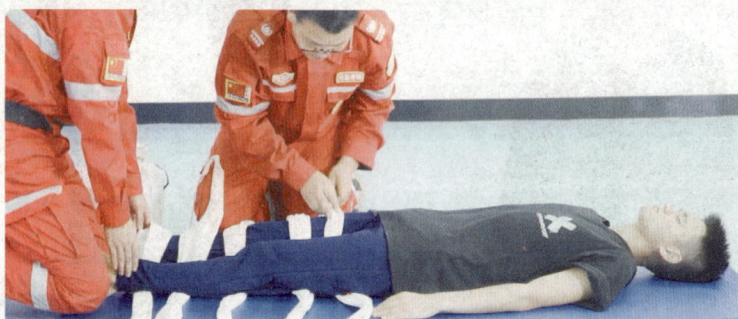

图2-59　将绑带从患者体下穿过

图2-60　打结固定

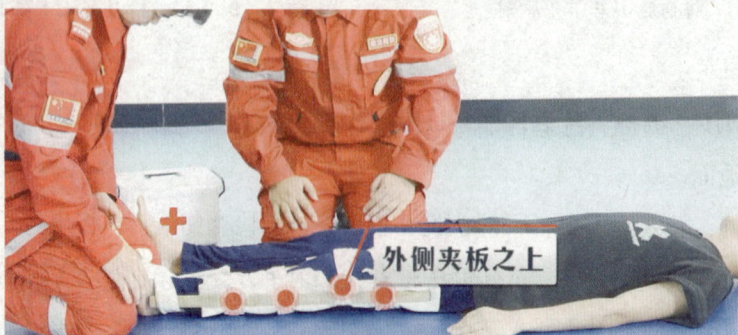

外侧夹板之上

图2-61　检查伤肢末端指梢

　　紧急情况下无夹板时，可借助患者健肢，将其与伤肢分段包扎固定，注意关节和两小腿之间的空隙处垫纱布或其他软织物，以防包扎后骨折部位弯曲，所用物品有绑带、衬垫。具体操作步骤如下：

（1）患者平躺于地面。

（2）一名急救者位于患者脚部，脱去患者鞋袜，检查伤情后，将患者上肢固定。

（3）另一名急救者位于患者健肢侧，将两条绑带从患者两腿膝关节下方穿过，另外两条绑带从踝关节穿过伤肢，注意不要抬起伤肢，避免移动，如图 2-62 所示。

（4）调整绑带位置，使其位于膝关节上方、骨折位置上端、骨折位置下端、踝关节处。

（5）伤肢与健肢之间加衬垫，特别是膝关节和踝关节处需要加衬垫缓冲，避免两腿之间接触位置相互摩擦，位于脚部的救护人员将健肢轻轻地往伤肢一侧慢慢靠拢，如图 2-63 所示。

（6）另一名急救者用绑带分段固定，先固定骨折位置上端，再固定骨折位置下端，然后固定膝关节上方，最后固定脚踝位置。结打在健肢一侧，脚踝位置用"8"字固定法固定，如图 2-64 所示。

（7）检查伤肢末端指梢位置的血液循环、感觉及运动情况，如图 2-65 所示。

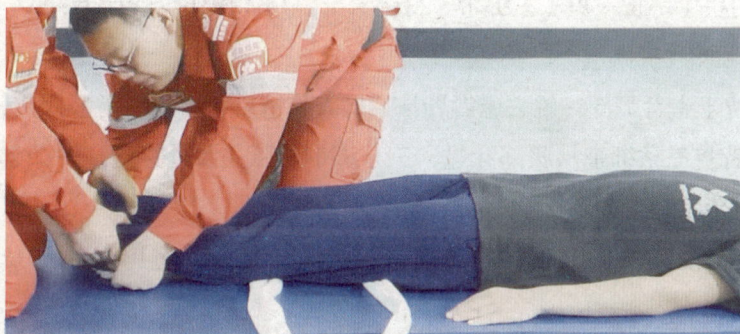

图 2-62　将两条绑带从患者两腿膝关节下方穿过

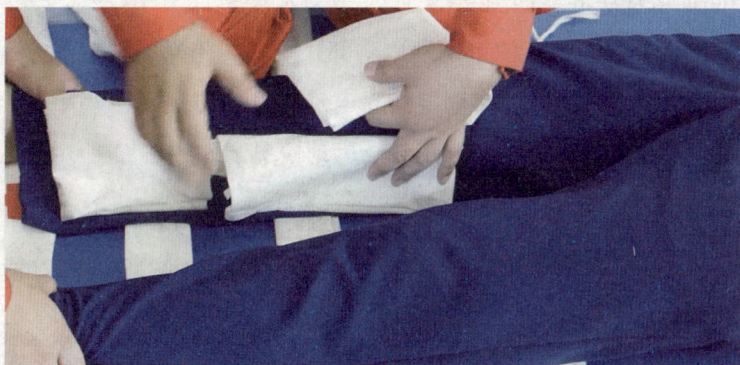

图 2-63　膝关节和踝关节处加衬垫缓冲

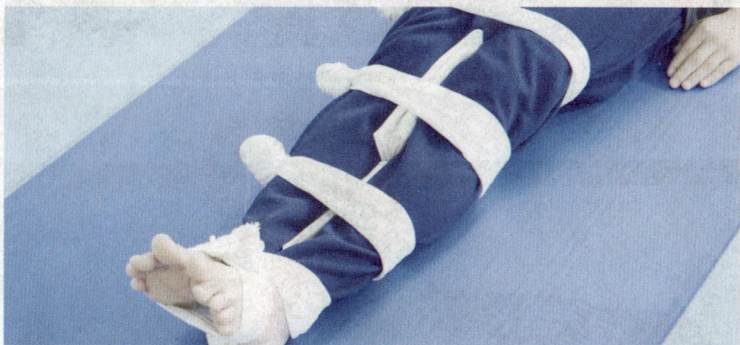

图 2-64　固定后的效果

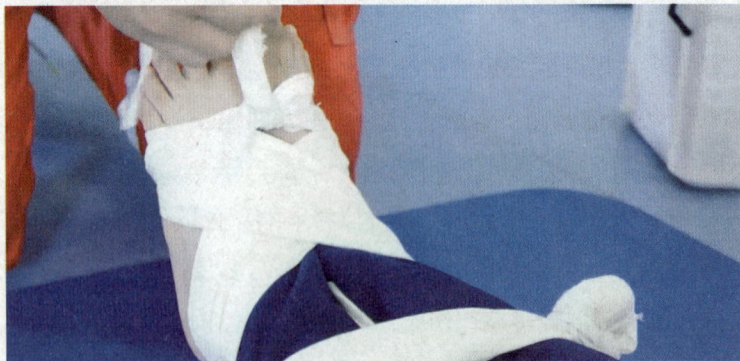

图 2-65　检查伤肢末端指梢

（四）大腿骨折固定

所用物品有夹板两块（一长一短），绑带、衬垫若干。具体操作步骤如下：

（1）患者平躺于地面。

（2）一名急救者位于患者脚部，脱去患者鞋袜，检查伤情后，将患者上肢固定，如图 2-66 所示。

（3）另一名急救者将三条绑带从腰部穿过，三条绑带从膝关节处穿过，一条绑带从踝关节处穿过，注意不要抬起伤肢，避免移动，如图 2-67 所示。

（4）调整绑带位置，使其位于患者胸部、腰部、髋关节处、骨折位置上端、骨折位置下端、膝关节下方、脚踝处，如图 2-68 所示。

（5）将长夹板置于患者伤肢外侧，短夹板置于伤肢内侧，长夹板从腋下到踝关节，短夹板从裆部到踝关节，夹板与伤肢中间加衬垫缓冲，如图 2-69 所示。

（6）分别按照骨折位置上端、骨折位置下端、胸部、腰部、胯部、膝盖下方、踝关节固定绑带。结统一打在外侧夹板之上，踝关节处用"8"字固定法固定，如图 2-70 所示。

（7）检查伤肢末端指梢位置的血液循环、感觉及运动情况，如图 2-71 所示。

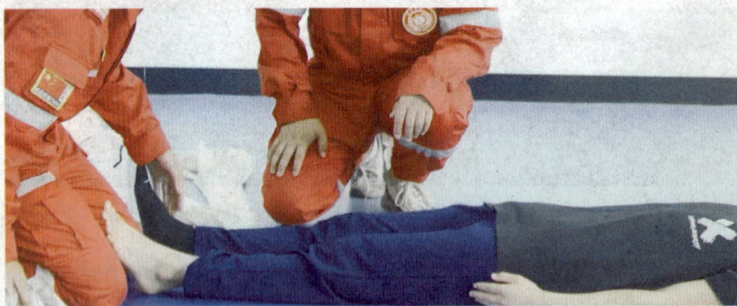

图 2-66　脱去患者鞋袜，检查患者伤情

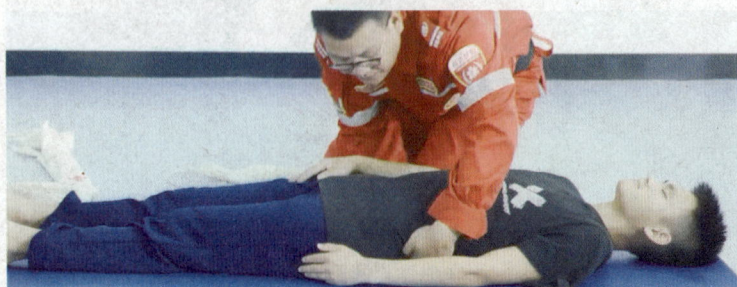

图 2-67　将三条绑带从腰部穿过

图 2-68 调整绑带的位置

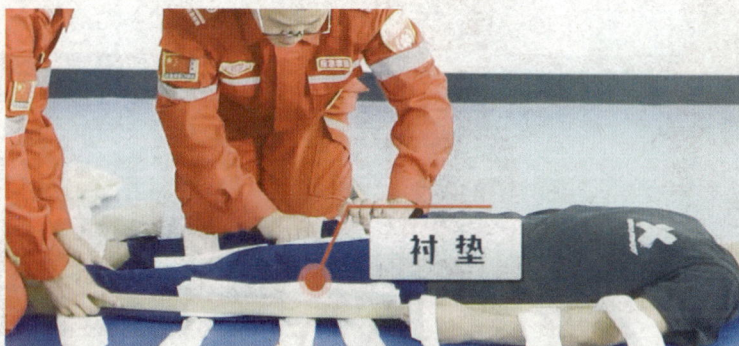

图 2-69 夹板与伤肢中间加衬垫缓冲

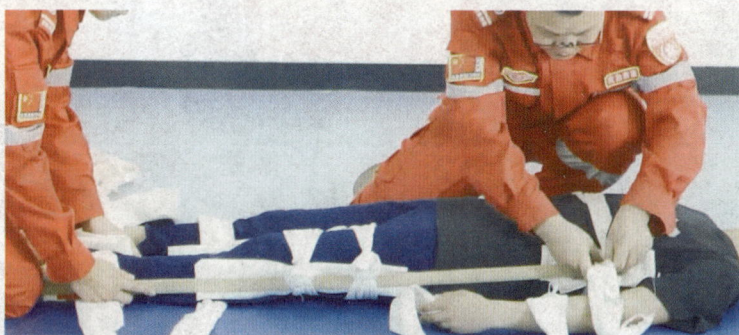

图 2-70 打结固定

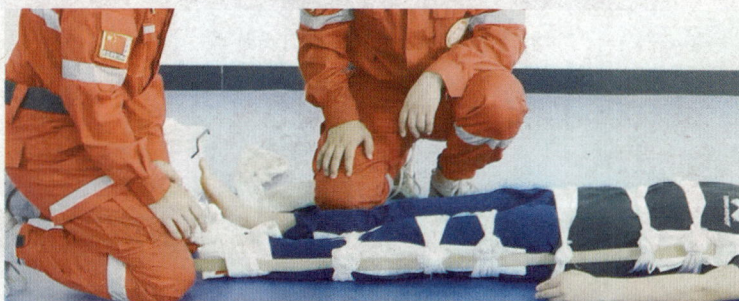

图 2-71 检查伤肢末端指梢

如果没有夹板可以利用，可将伤肢固定在健肢一侧，所用物品有绑带、衬垫。具体操作步骤如下：

（1）患者平躺于地面。

（2）一名急救者位于患者脚部，脱去患者鞋袜，检查伤情后，将患者上肢固定。

（3）另一名急救者将三条绑带从两腿膝盖下方穿过，两条绑带从踝关节下方穿过，注意不要抬起伤肢，避免移动，如图 2-72 所示。

（4）调整绑带位置，使其位于患者骨折位置上端、骨折位置下端、膝关节下方、小腿中部、踝关节处。

（5）伤肢与健肢之间加衬垫，特别是骨折位置膝关节和踝关节处需要加衬垫缓冲，以免两腿之间接触位置相互摩擦。位于脚部的急救者将健肢轻轻地往伤肢一侧慢慢靠拢，如图 2-73 所示。

（6）另一名急救者用绑带分段固定，先固定骨折位置上端，再固定骨折位置下端，然后固定膝关节下方，再次为固定小腿中段，最后固定脚踝，如图 2-74 所示。结统一打在健肢之上，踝关节处用"8"字固定法固定。

（7）检查伤肢末端指梢位置的血液循环、感觉及运动情况，如图 2-75 所示。

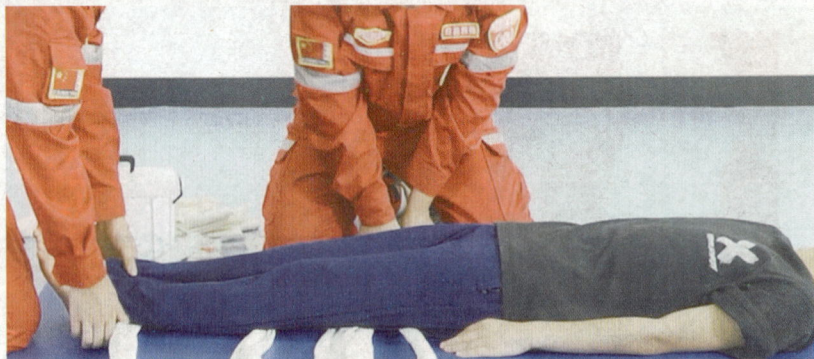

图 2-72　将三条绑带从两腿膝盖下方穿过

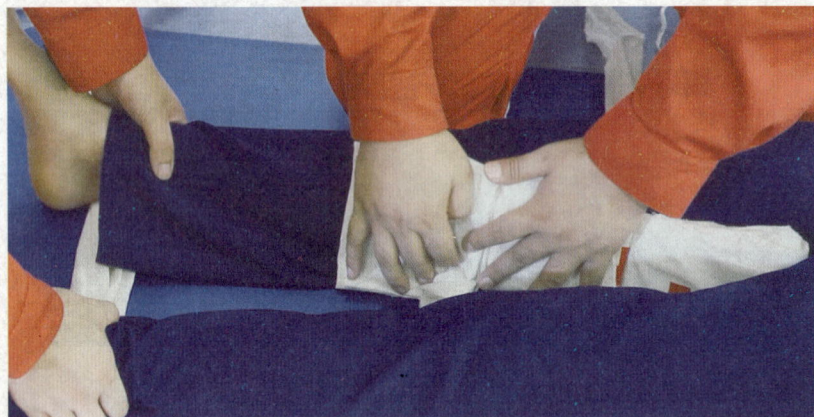

图 2-73　伤肢与健肢之间加衬垫

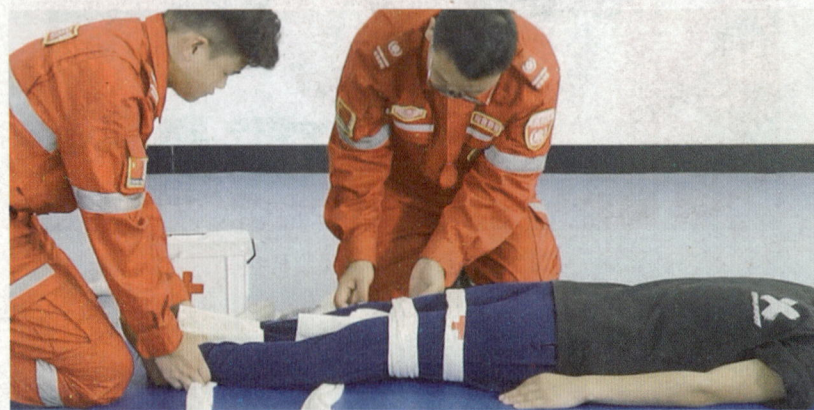

图 2-74　用绑带分段固定

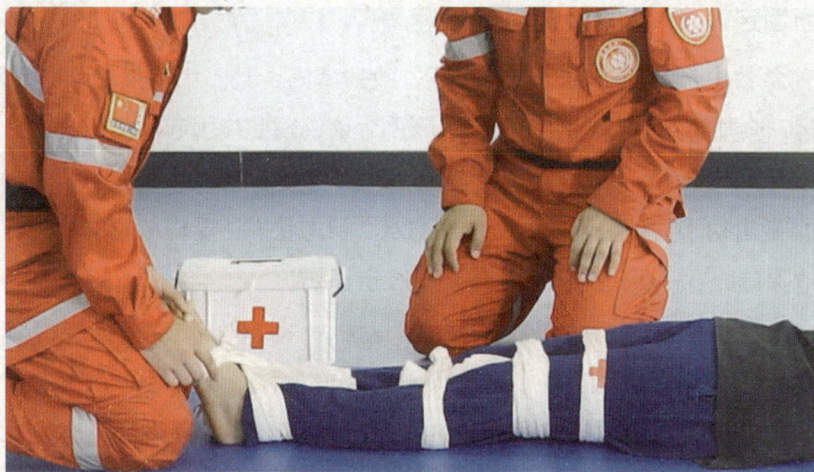

图 2-75　检查伤肢末端指梢

（五）锁骨骨折固定

锁骨骨折是常见的骨折之一，约占全身骨折的 5%，幼儿更多见。按解剖部位可分为三类：内侧 1/3 骨折，由直接暴力引起，可以合并第 Ⅱ 前肋骨折；中 1/3 骨折；外侧 1/3 骨折。大约 80% 的锁骨骨折发生在中 1/3 部位。锁骨骨折固定常见的有三角巾固定、绷带固定两种。

1. 三角巾固定

所用物品有三角巾、衬垫。具体做法是将两条三角巾折成四横指宽，按照图 2-76 中的步骤固定即可。

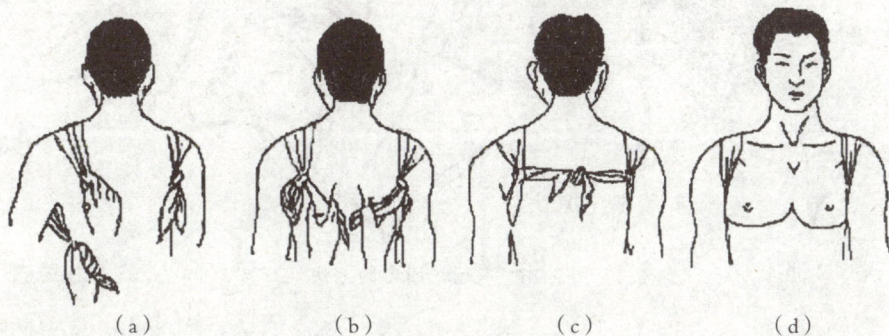

（a）　　　　　　　（b）　　　　　　　（c）　　　　　　　（d）

图 2-76　锁骨骨折三角巾固定

2. 绷带固定

所用物品有绷带、衬垫。具体做法是将绷带按照图 2-77 中的"8"字固定法固定即可。

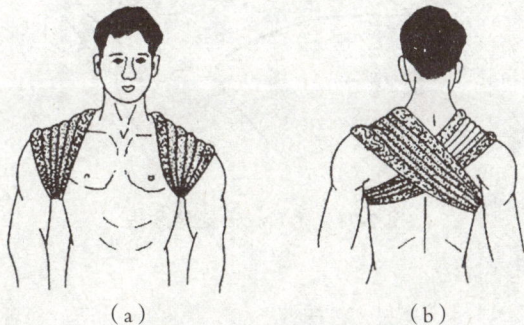

（a）　　　　　　　（b）

图 2-77　锁骨骨折绷带"8"字固定法固定

（六）颈椎骨折固定

颈椎骨折是院前急救中经常遇到的外伤性疾病，致残率高，且多因突发受伤，现场群众对颈椎骨折认识不足，随意搬运，会加重病情，有的甚至导致严重后果，因此应引起高度重视。

院前急救措施：

（1）快速对伤情做出初步估计。包括生命体征测定、神志状态、受伤部位的检查等，采取急救措施。有呕吐者迅速予以清除口腔、呼吸道分泌物，保持呼吸道通畅。

（2）正确搬运患者。用硬担架搬运，常用三人搬运法，一人双下肢、一人胸腰部、一人头颈部在同一侧同时将患者平直托至硬担架上，严禁搂抱或采用一人抬头、一人抬足的方法，以免加重椎骨和脊髓的损伤。对颈椎损伤的患者，先用颈托外固定，如图 2-78 所示，再平直移至硬担架上，严禁随便强行搬动头部。若无颈托，可用沙袋或折好的衣物放在颈的两侧加以固定，如图 2-79 所示。

颈椎骨折患者如果搬运方法不正确，会加重脊髓损伤或压迫，引起患者瘫痪甚至死亡。因此院前急救护理中，正确搬运尤为重要。生活中遇到颈椎骨折的患者，急救者绝对不能采取盲目、不正确的搬运，不正确的搬运可能导致新的意外损伤，因此普及急救常识、指导家属或现场急救者正确搬运患者可减少致残率，如果不能正确地处置颈椎骨折的患者，建议不要移动，直接拨打 120 求助。

图 2-78　有颈托固定的方法

图 2-79　无颈托固定的方法

（七）脊柱骨折固定

对脊柱骨折的患者，应采取以下院前急救措施：

1. 保证现场安全，正确判断是否有损伤

首先根据受伤的现场情况判断是否有损伤，如开车时发生追尾，头部受到惯性影响造成颈部屈曲向前；高处坠落伤造成颈部扭曲等。考虑这些因素可能会造成头颈部或脊柱损伤，都应按脊柱脊髓颈椎损伤处理，并及时拨打急救电话。

2. 快速检查伤势

致命性损伤：判断有无致命性损伤，如患者意识状态、窒息，大出血、心脏呼吸骤停等，如果有需要及时给予相应处置。

受损部位：可根据患者主诉及对脊柱由上而下的快速检查决定。检查时，切勿让患者坐起或使脊柱前屈，仅就地左右翻动即可。

有无瘫痪：主要依据患者伤后双侧上下肢的感觉、运动及有无大小便失禁等检查结果判定。

3. 合理运用现场合适的物品急救

先用双手固定头部，然后用物品固定颈部，如用报纸、衣服围住颈部保护或者用两卷手纸夹住颈部，再用布带固定手纸卷等。

最好选用制式急救器材：如用于颈椎损伤的充气式颈围、制式固定担架（指配备于救护车上之担架，质硬，适用于脊柱骨折等）或其他设计成品。

随手可以拿到的器材：无专门器材时，应选择硬质担架或门板、床板等能保持胸、腰部稳定的材料将脊柱予以临时固定。

学习小结

本任务主要学习了前臂骨折固定、上臂骨折固定、小腿骨折固定、大腿骨折固定、锁骨骨折固定、颈椎骨折固定、腰椎骨折固定等技术，重点和难点是手臂和腿部骨折的固定技术，可分为有夹板和无夹板两种处理方法。学生通过本节内容的学习，在生活和生产中遇到骨折后，能够采取正确的处理方法，具备骨折处置的能力。

思考拓展

1. 生活中遇到骨折事故后，处置过程中应注意哪些事项？
2. 为了防范骨折事故的发生，你认为普通家庭可以准备哪些材料予以应对？

励心笃行

刮骨疗伤

关羽攻打樊城时，被毒箭射中右臂。将士们取出箭头一看，毒已渗入骨头，劝关羽回荆州治疗。关羽决心攻下樊城，不肯退。将士们见关羽箭伤逐渐加重，便派人四处打听名医。

一天，有人从江上驾小舟来到寨前，自报姓华名佗，特来给关羽疗伤。关羽问华佗怎样治法，华佗说："我怕你害怕，立一柱子，柱子上吊一环，把你的胳膊套入环中，用绳子捆紧，再盖住你的眼睛，给你开刀治疗。"关羽笑着说："不用捆。"然后吩咐设宴招待华佗。关羽喝了几杯酒就与人下棋，同时把右臂伸给

图片来源：学习强国

华佗，并说："随你治吧，我不害怕。"华佗切开肉皮，用刀刮骨。在场的人吓得用手捂着眼。再看关羽，边喝酒，边下棋，谈笑风生。过了一会儿，血流了一盆，骨上的毒刮完，关羽笑着站起来对众将说："我的胳膊伸弯自如，好像从前一样。华佗先生，你真是神医呀！"华佗说："我行医以来，从没见像你这样了不起的人，将军乃神人也。"

大家佩服关羽勇气可嘉的同时，也要想到生活中每个人不可能一帆风顺，在遇到困难险阻时，我们绝不能轻言放弃，以猛药去疴、重典治乱的决心，以刮骨疗毒、壮士断腕的勇气，以愚公移山、精卫填海的精神，把困难险阻踩在脚下，把责任扛在肩上，把梦想化作风帆。

技能强化

腕关节脱臼的固定技术

1. 训练目标

（1）学习腕关节脱臼后的固定技术。

（2）具备肢体脱臼后的基本处置能力。

2. 训练准备

（1）利用手机、电脑，发挥互联网优势，从网络获取相关内容。

（2）学习骨折固定技术后举一反三，得到处置脱臼的方法。

3. 成果展示

腕关节脱位发生时，首先要判断是否存在骨折，观察患侧手有无麻木、是否存在血运不畅，进行适当固定后及时就医处理。有条件时可使用冰袋进行冷敷，减少出血、抑制肿胀，同时避免对患肢进行牵拉。对脱位未影响神经者，一般可达到较好的恢复。

如果找不到其他材料，患者穿了扣子的上衣，然后将患肢屈肘后插入上衣内，如图 2-80 所示。

如果能找到三角巾、绷带及夹板等材料，可以先用夹板和绷带将腕关节固定，然后用三角巾将前臂小悬吊于胸前，如图 2-81 所示。

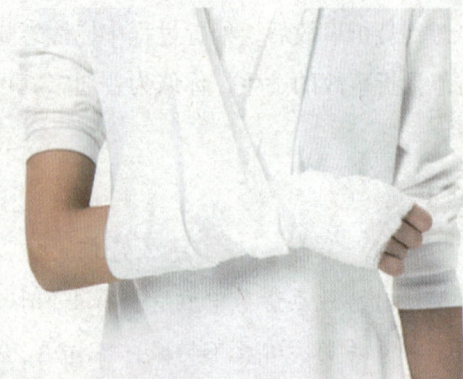

图 2-80

图 2-81

🏅 任务评价

技能要点	标准参考	分值／分	自我评价（20%）	小组互评（30%）	教师评价（50%）
骨折的定义及分类	了解什么是骨折，知道骨折的分类	5			
骨折发生的原因	能区分骨折发生的三个原因	5			
骨折判定方法	知道如何判断是否发生了骨折	5			
骨折固定的目的	理解骨折固定的目的	5			
骨折固定的材料	会正确选择骨折固定的材料	5			
骨折固定的方法	掌握前臂骨折的固定方法	15			
	掌握上臂骨折的固定方法	15			
	掌握小腿骨折的固定方法	15			
	掌握大腿骨折的固定方法	15			
	掌握锁骨骨折的固定方法	5			
	掌握颈椎骨折的固定方法	5			
	掌握腰椎骨折的固定方法	5			
总得分		100			

任务五 伤员搬运技术

🔖 任务导入

经过现场的初步急救处理后，要尽快将伤员送至医院做进一步救治，这就需要搬运转送。搬运转送工作做得正确及时，不但能使伤员迅速得到较全面的检查、治疗，同时还能减少在这个过程中病情的加重和变化。搬运转送不当，轻者，延误对伤员及时的检查治疗；重者，伤情、病情恶化甚至造成死亡，使现场抢救工作前功尽弃。

📷 任务基础

伤员搬运技术是现场急救技术的重要组成部分。在生活、工作中可能会遇到各种意外造成外伤的情况，面对需要帮助的外伤患者，我们在进行紧急止血、包扎等初步救护后，必须迅速安全地将伤员送到医院或救护站进一步治疗，这就需要了解搬运外伤伤员的常用方法。

一、搬运目的

伤员搬运的目的是使伤员迅速脱离危险处境，方便实施现场救护；纠正当时影响伤员的不当体位，以减少痛苦，避免再受伤害；安全迅速地送往医院治疗，以免伤情恶化，造成伤员残疾，甚至死亡。

二、搬运原则

（1）及时、迅速、安全地将伤员转移至安全地带，防止再次损伤。

（2）搬运前应先迅速对伤员作简单的伤情检查，根据伤势选择适当而必要的初步救护处理。

（3）根据伤员伤情，灵活选择不同的搬运方法和工具。

（4）搬运护送过程中，应保证伤员安全，防止发生二次损伤。

（5）随时观察伤员伤情变化，及时采取救护措施。

（6）不确定或怀疑伤员脊柱受伤、内出血等情况，不宜搬运伤员。

三、搬运器具

搬运伤员往往需要借助工具，受伤部位不同，搬运方法也不尽相同，涉及的搬运器具也有所变化，常见的搬运器具主要有：

（1）徒手搬运。无对应搬运器材时，可选择借助四肢、背部等身体部位对伤员进行转移。

（2）帆布担架。此担架适于一般伤员的搬运，不宜运送脊柱损伤的伤员，若要使用，必须在帆布中加一块木板。

（3）折叠组合式担架。也称铲式担架，为医用专业担架，适于不宜翻动的危重伤员，常见于应急救援事故现场的伤员搬运。

（4）折叠楼梯担架。便于在狭窄的走廊、曲折的楼梯等处搬运。

（5）漂浮式吊篮担架。用于水上救护，将伤病员固定于担架内保证头部完全露出水面；用于伤员需要在不同高度之间上下转移。

（6）就地取材，可用木板、椅子、竹竿、衣服、毛毯、绳索等制作临时担架。

四、搬运前注意事项

（1）搬运伤员之前要检查伤员的生命体征和受伤部位，重点检查伤员的头部、脊柱、胸部有无外伤，特别是颈椎是否受到损伤。

（2）必须妥善处理好伤员。首先要保持伤员呼吸道通畅，然后对伤员的受伤部位按照技术操作规范进行止血、包扎、固定。处理得当后才能搬运。

（3）在人员、担架等未准备妥当时，切忌搬运。搬运体重过重和神志不清的伤员时，要考虑全面。防止搬运途中发生坠落、摔伤等意外。

（4）在特殊现场应按特殊方法进行搬运。在浓烟滚滚的火灾现场搬运伤员时，应弯腰或匍匐前进；在毒气泄漏的现场搬运伤员时，搬运者应先用湿毛巾掩住口鼻或使用防毒面具，以免被毒气熏倒。

五、搬运方法

根据伤员搬运的方式，可分为徒手搬运和担架搬运两大类。两种方法各有特点，应根据现场具体情况选择。

（一）徒手搬运

根据搬运的人数，可分为单人徒手搬运、双人徒手搬运、多人徒手搬运。重伤员不适宜采用徒手搬运。

1. 单人徒手搬运

（1）扶行法（图2-82）。适用于清醒伤员，如没有骨折、伤势不重、能自己行走的伤员。

方法：急救者站在身旁，将其一侧上肢绕过急救者颈部，用手抓住伤员的手，另一只手绕到伤员背后，搀扶行走。

（2）背负法（图2-83）。适用于老幼、体轻、神志不清醒或腿部受伤的伤员。此法比较省力，可长距离搬运。

方法：急救者朝向伤员蹲下，让伤员将双臂从急救者肩上伸到胸前，两手紧握。急救者抓住伤员大腿，慢慢站起来。若有胸部损伤或四肢、脊柱骨折不能采用此法。

（3）爬行法。适用于狭窄空间或浓烟环境下的清醒或昏迷伤员。

方法：急救者用皮带、围巾、绷带或三角巾将伤员的双手腕绑扎紧，然后跨跪在伤员身上，将头伸进伤员的双腕下，将其双臂吊在自己的肩上，双手按地抬身，将伤员的头肩部尽量吊离地面，然后四肢蹲伏爬行。

（4）抱持法（图2-84）。适用于年幼伤员，以及体轻且没有骨折、伤势不重者，是短距离搬运的最佳方法。若有脊柱或大腿骨折，禁用此法。

 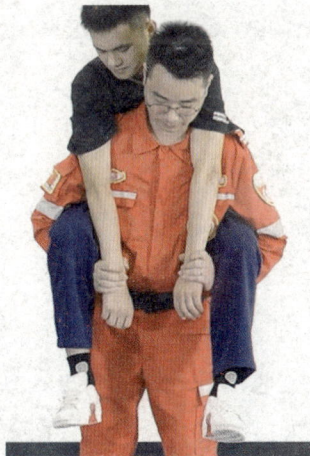 

图2-82　扶行法　　　　　　　图2-83　背负法　　　　　　　图2-84　抱持法

方法：急救者蹲在伤员的一侧，面向伤员，一只手放在伤员的大腿下，另一只手绕到伤员的背后，然后将其轻轻抱起。伤员应扶住急救者颈脖，身体重心尽量靠近急救者。

（5）肩扛法（图2-85）。适于伤病者失去意识，无骨折且搬运路途需上下楼等不平坦的情形。

方法：将伤员的头放在自己的脚上，脸部朝上，将自己的双臂穿过其腋下，慢慢扶伤员站起。然后用自己的左手抓住伤员右手腕，屈膝弯身，将自己的头部靠在伤员的右臀部，将伤员横放在自己的肩上同时借势站起，背部尽量挺直，将伤员的右手腕交换到自己的右手上，左手可以腾出来开门或扶栏杆。

（6）拖行法（图2-86）。适用于现场非常危险、体重体型较大的伤员。非紧急情况下，禁用此法。

方法：急救者蹲在伤员头侧，双手从伤员背部伸向腋部，手臂护托住伤员头部，将伤员拖至安全地带。若需拖拉伤员脚踝搬运时，可解开伤员外套纽扣，将伤员身下外衣拉至头下，以保护头部。拖拉时不要弯曲、旋转伤员的颈部和腰背部。

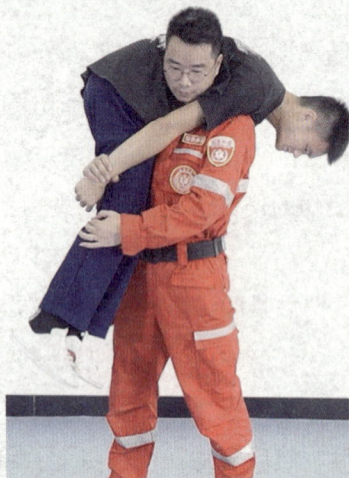

图 2-85 肩扛法

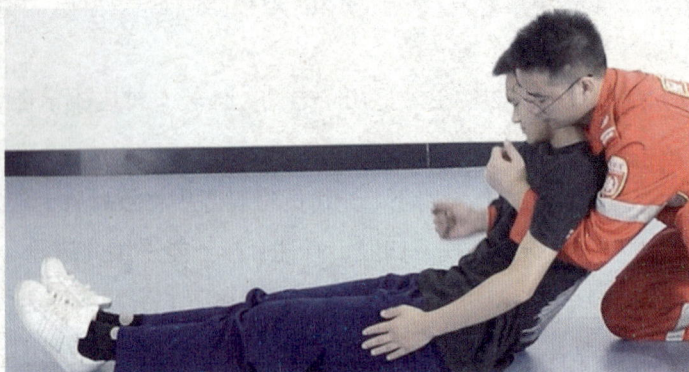

图 2-86 拖行法

2. 双人徒手搬运

（1）轿抬式［图 2-87（a）］。适用于意识清醒的伤员。

方法：两名急救者面对面各自用右手握住自己的左手腕，再用左手握住对方右手腕，然后，蹲下让伤员将两上肢分别放到两名急救者的颈后，再坐到相互握紧的手上。两名救护者同时站起，行走时同时迈出外侧的腿，保持步调一致。

（2）椅托式［图 2-87（b）］。适用于将意识不清的伤员移上椅子、担架或在狭窄地方搬运伤员。

方法：两名急救者相对而立，左手相互抓住对方右上臂，右手相互抓住对方左上臂，一侧低一侧高，蹲下让伤员坐在低侧手臂，背靠高侧手臂。两名急救者缓慢站起，行走时同时迈出外侧的腿，保持步调一致。

（3）拉车式［图 2-87（c）］。适用于意识不清的伤员。

方法：将伤员移上椅子、担架或在狭窄地方搬运伤员。两名急救者，一人站在伤员背后将两手从伤员腋下插入，把伤员两前臂交叉于胸前，再抓住伤员的手腕，把伤员抱在怀里，另一人背对站在伤员两腿中间将伤员两腿抬起，两名急救者一前一后行走。

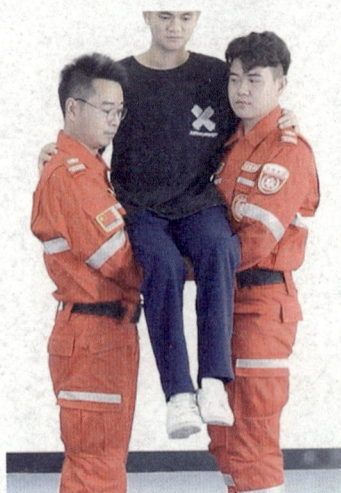

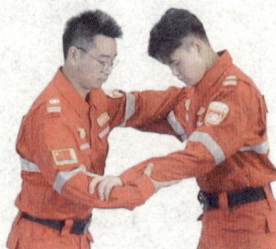
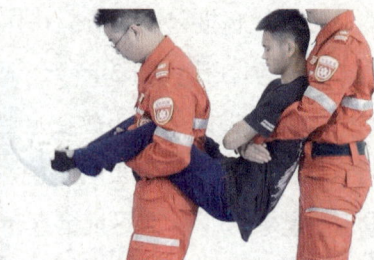

（a）轿抬式　　　　　（b）椅托式　　　　　（c）拉车式

图 2-87 双人徒手搬运

3. 多人徒手搬运

三人或四人平托式适用于脊柱骨折的伤员。

（1）三人同侧搬运（图2-88）

方法：三名急救者站在伤员的一侧，单膝跪地，一人双手托住伤员的头部、肩部，一人双手托住伤员的腰部、臀部，另一人双手托住伤员的膝部、踝部，然后同时站立抬起伤员。

（2）四人异侧搬运

方法：三名急救者站在伤员一侧，分别位于头、腰、膝部，第四名急救者位于伤员的另一侧腰部。四名急救者单膝跪地，分别抱住伤员颈、肩、后背、臀、膝部，再同时站立抬起伤员。

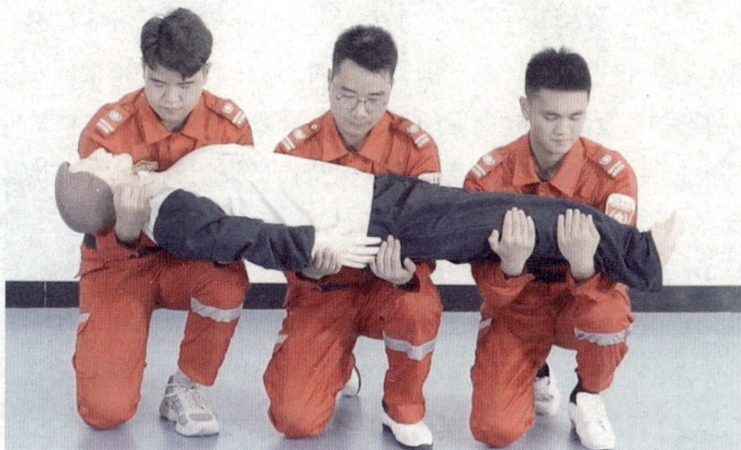

图 2-88　三人同侧搬运

（二）担架搬运

担架搬运既省力又方便，是常用的方法。适用于病情较重、不宜徒手搬运，但又需要转送远路途的伤员。伤员有骨折时，若现场有担架或可临时制作担架，优先使用担架搬运伤员。根据担架类型可分为通用担架、特种担架和简易担架三类。

1. 通用担架搬运

通用担架主要是指采用统一规格的制式担架，一般保证在军兵种间、不同勤务部门间能够互换使用，不太强调外观，以实用为主。常用的通用担架有帆布折叠式担架（图2-89），此担架适用于一般伤员的搬运，不宜运送脊柱损伤的伤员。若要使用，必须在帆布中加一块木板。

图 2-89　帆布折叠式担架

将伤员转移至折叠式担架上，用系带将患者的胸和腿部与担架固定。担架搬运时，伤员的脚在前，头在后以便于观察，先抬头，后抬脚，担架员应步调一致。向高处抬时，伤员头朝前，脚朝后（如上台阶、过桥），前面的担架员要放低担架，后面的担架员要抬高，使患者保持水平状态。下台阶时相反。担架员应边走边观察伤员情况（如神志、呼吸、脉搏）。病情如有变化，应立即停下来抢救，先放脚，后放头。伤员用汽车运送时，担架要固定好防止在起动、刹车时碰伤。夏天要注意防暑，冬季要预防冻伤。

2. 特种担架搬运

特种担架主要是针对特殊气候、地形、伤员伤情特点等条件下不适合使用通用担架进行转送而设计的。

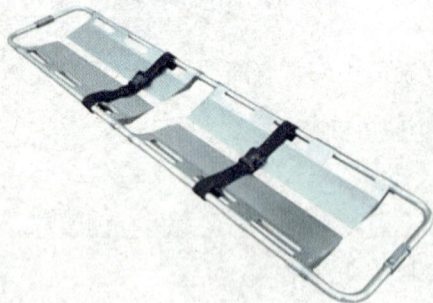

图 2-90　铲式担架

（1）铲式担架（图 2-90）。伤情严重的为重伤员，不宜翻动，应用铲式担架搬运。铲式担架是由左右两片铝合金板组成。有别于一般的担架，铲式担架可以分别将两块板插入伤员身体下方，扣合后抬起，能最大限度减少搬运过程中对伤员造成的二次伤害。担架有 4 挡拉伸设计，且在 4 个点位分别有卡槽起固定作用。有效作用长度分别为 197.5cm、185.5cm、173.5cm 和 161.5cm。

操作方法：将铲式担架抬至伤员身侧，根据伤员身高调整担架长度；按下头尾两侧卡扣，将担架分开并分别置于患者两侧；分别将担架的左右两片从伤员的侧面插至背部下方，先将脚端的卡扣扣紧，将伤员上身稍扶，避免挤伤背部软组织，扣紧头侧卡扣；打开约束带，将伤员上下肢束紧；先抬起头部一侧，再抬起脚侧；保持伤员头朝后、脚朝前的姿势，担架员尽量步调一致行进。

（2）吊篮担架（图 2-91）。吊篮担架的构造着眼于急救的广泛性、灵活性和特殊性，如空中或海上救援。吊篮担架框架坚固耐用，使用简便，能让操作人员安全快捷地采取急救措施。钩悬能与飞机上的挂钩连接，实现野外救援。

（3）真空担架（图 2-92）。真空担架能根据伤员的身体轮廓塑造成型，从而达到快速、有效、方便地制动，减少患者身体承受的压力及搬运时间。急救者可根据伤员的伤势情况使用气筒抽气，调节担架的软硬度。真空担架操作安全、简便快捷。

图 2-91　吊篮担架

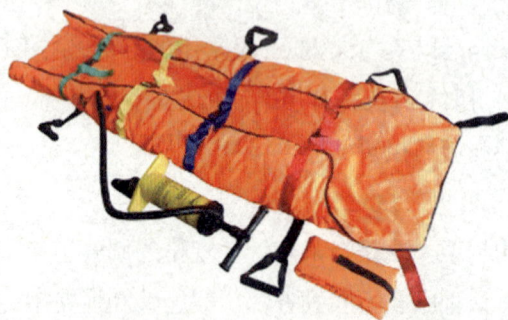

图 2-92　真空担架

3. 简易担架

简易担架是在缺少担架或担架不足的情况下，就地取材临时制作的担架（图 2-93）。一般采用两根结实的长杆配合毛毯、衣物等结实的织物制成，用以应付紧急情况下的伤员转运。

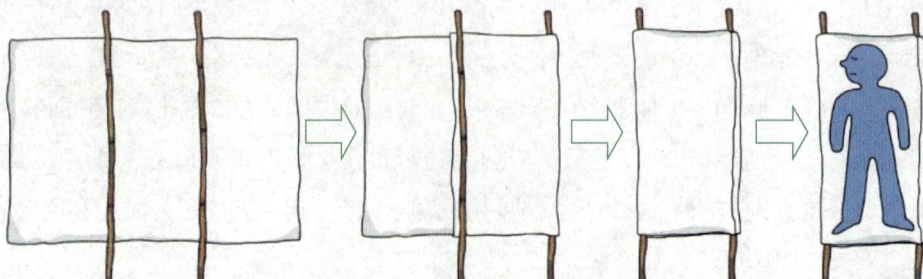

图 2-93　简易担架的制作

（1）毛毯搬运。将毛毯平铺于地上，将伤员移至中间，两侧多余的毛毯向内卷曲，然后抬两侧，此法最好有四人抬比较安稳。伤员有骨折不宜用此法。

（2）椅子搬运。让伤员坐在椅子上，用宽布条将伤员胸部和小腿固定在椅子上，两人各抬椅子一侧，步伐一致地缓慢移动。

六、搬运注意事项

（1）对不同伤情的伤员有不同的体位要求。宜躺不宜坐，昏迷的伤员应保持侧卧位或将头偏向一侧。

（2）伤员抬上担架后必须扣好安全带，防止翻落或跌落。

（3）伤员上下楼梯时应保持头高位，尽量保持水平状态。

（4）担架搬运时，伤员的脚在前、头在后；担架上车后应予以固定，保持伤员头朝前脚朝后的体位。

（5）在搬运过程中要随时观察伤员的病情变化，重点观察呼吸、神志等，注意保暖，但不要将头面部包盖太严，以免影响呼吸。一旦在途中发生紧急情况，如窒息、呼吸停止、抽搐时，应停止搬运，立即进行急救处理。

七、伤员搬运常用体位

（1）仰卧位。对所有重伤员，均可以采用这种体位，可避免颈部及脊椎的过度弯曲而防止椎体错位的发生。

（2）侧卧位。在排除颈部损伤后，对有意识障碍的伤员，可采用侧卧位，以防伤员在呕吐时食物吸入气管。伤员侧卧时，可在其颈部垫一个枕头，保持中立位。

（3）半卧位。对于仅有胸部损伤的伤员，常因疼痛、血气胸而致严重呼吸困难。除外伤合并胸椎、腰椎损伤及休克时，可以采用半卧位，以利于伤员呼吸。

（4）俯卧位。对胸壁广泛损伤、出现反常呼吸而严重缺氧的伤员，可采用俯卧位，以压迫、限制反常呼吸。

（5）坐位。适用于有胸腔积液、心衰的伤员。

学习小结

本次任务主要学习伤员搬运的相关知识，具体介绍了伤员搬运原则、搬运器材、搬运前后注意事项、搬运方法、搬运常用体位等内容。学生通过学习，能够全面掌握现场伤员搬运的基本知识和技能，具备根据伤员具体伤情选择恰当搬运方式的救援能力，减少伤员痛苦。

思考拓展

1. 当伤员失去意识、陷入昏迷时，为何要用侧卧位或头偏向一侧搬运？

2. 搬运时为何要让伤员脚朝前头朝后？

3. 搬运失去意识但没有骨折的伤员，可以选择哪些搬运方法？

励心笃行

承运生命的希望

2008年5月12日14时28分4秒，四川省阿坝藏族羌族自治州汶川县映秀镇发生8.0级大地震，地震中大批群众受伤，急需治疗。国家领导人指示，要及时将部分能够安全转移的伤员送往外省市条件较好的医疗机构救治。按照国务院抗震救灾总指挥部的统一部署，一场生命大接力在我国铁路、民航、公路系统展开。列车、飞机跨过万水千山，飞越黄河长江，为灾区伤员承运起生命的希望。

铁路部门主动与卫生部门联系协调，从18个铁路局紧急调集100列客车入川，提前做好出川伤员各项转运准备工作。空中救援生命线也紧急投入伤员抢运中。中国民航局要求航空公司为转运地震灾区重伤员做好准备，要求基地在成都、重庆的航空公司抽调部分飞机进行客舱改装。我国公路系统的广大干部职工全力保障灾区公路畅通，为灾区伤员转运出川创造了基础条件。2万多名公路抢通保通人员冒着余震不断、塌方不断的危险，随塌随清，保持已抢通的公路畅通。到5月30日，已经有8668名四川灾区伤员千里转运到重庆、江苏、浙江等20个省区市。

在这场灾区伤员转运过程中，全国上下一心，交通各部门统筹协调，密切配合，体现了我国"以人民为中心"的发展思想，人民至上、生命至上，保护人民生命安全和身体健康可以不惜一切代价。

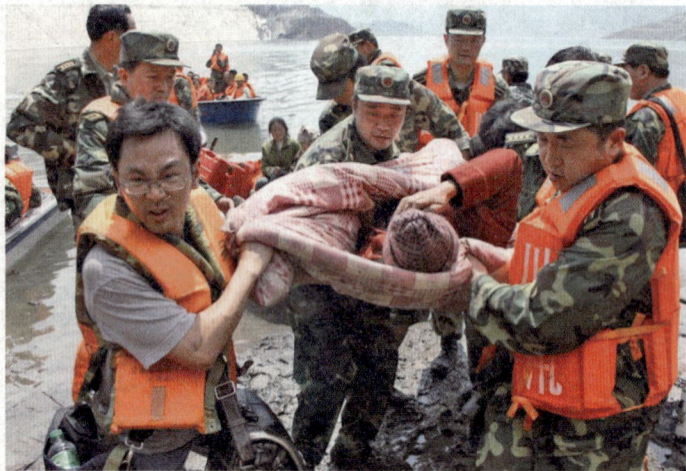

图片来源：学习强国

技能强化

简易担架制作

1. 训练目标

（1）能够根据现实条件就地取材制作简易担架，锻炼动手能力。

（2）训练学生耐心、细心、责任心和医者仁心。

2. 训练准备

（1）准备2m长的竹竿2根、椅子1把。

（2）准备毛毯、尼龙外衣等布料，准备绑绳若干条。

3. 训练展示

第一步：分组

（1）学生分成五人一组。

（2）小组讨论并选择材料，团队协作完成担架制作。

第二步：测试与搬运

（1）测试简易担架能否胜任搬运工作。

（2）按照搬运的步骤完成伤员搬运任务。

🏅 任务评价

技能要点	标准参考	分值／分	自我评价（20%）	小组互评（30%）	教师评价（50%）
物品准备	熟悉伤口检查的要点，了解不同身体部位伤口检查的区别	10			
徒手搬运	了解每种徒手搬运方法的适用条件	5			
	掌握徒手搬运的操作方法和技巧	25			
	熟悉徒手搬运时的注意事项	10			
担架搬运	了解担架搬运前和搬运中的注意事项	10			
	熟悉担架搬运的操作方法和技巧	20			
	掌握临时担架的制作方法	20			
总得分		100			

项目三
生活意外事件应急避险与处置

学习导读

在现代化进程中，同样伴随着各种不确定性和风险性，各种自然灾害、事故灾难、公共卫生事件和社会安全事件等严重威胁着人民群众的生命和财产安全，也影响着经济社会的发展。这类事件往往具有突发性、关联性、不确定性、复杂性、非常规性、衍生性等特点。

数据显示，生活意外事故中，溺水、高空跌落、意外误吞等隐患占比超过两成，且多发于儿童。此外，交通事故、意外窒息、触电也时有发生。出事儿童平均年龄约为 5 岁，最小的仅出生 75 天。全国每年约有 5.7 万人死于溺水，每年儿童溺水死亡人数占总溺水死亡人数的 56.04%。在火灾事故中，2021 年共接报火灾 74.8 万起，死亡 1987 人，受伤 2225 人，直接财产损失 67.5 亿元。住宅火灾数占火灾总数的 34.5%，但死亡人数占死亡总人数的 73.8%。从引发火灾的直接原因看，电气引发的占 28.4%，较大以上火灾则有 1/3 系电气原因引起，且以电气线路故障居多，占电气火灾总数的近八成。在交通方面，尽管近年来中国交通事故死亡人数及受伤人数有所下降，其中 2021 年交通事故死亡人数为 61703 人，同比下降 1.7%；交通事故受伤人数为 250723 人，同比下降 2.1%，但伤亡人数依然触目惊心。

⊕ 学习目标

知识目标

1. 了解生活突发意外事件的事故特征。
2. 掌握各类生活突发意外事件的预防措施。
3. 掌握各类生活紧急事件的应急避险常识。
4. 掌握各类生活紧急事件的应急处置措施。

技能目标

1. 具备根据各类生活紧急事件的特点，采取相应预防措施的能力。
2. 具备根据各类生活紧急事件的事故特征，采取相应应急处置措施的能力。
3. 具备根据突发意外事件类型，采取适当方法应急避险或逃生自救的能力。

素养目标

1. 树立"安全第一、生命至上"的安全理念和防灾减灾的安全意识。
2. 具备乐观向上的精神、善良的品格和遇事沉着冷静的心态。

任务一 家庭火灾事故应急处置

⊕ 任务导入

应急管理部消防救援局发布 2021 年全国消防救援队伍接处警与火灾情况。据统计，2021 年，全国消防救援队伍共接报处置各类警情 195.6 万起，出动消防救援人员 2040.8 万人次、消防车 363.6 万辆次，累计从灾害现场营救被困人员 19.5 万人，疏散遇险人员 46.7 万人；共接报火灾 74.8 万起，死亡 1987 人，受伤 2225 人，直接财产损失 67.5 亿元，其中住宅火灾数占火灾总数的 34.5%，但死亡人数占死亡总人数的 73.8%。与 2020 年相比，起数和受伤人数、损失分别上升 9.7%、24.1% 和 28.4%，死亡人数下降 4.8%。

在家庭火灾事故应急处理中，掌握火灾扑救的基本防范和火灾处置的基本程序，了解火灾自动报警系统、消火栓系统、灭火器系统等消防设施的使用至关重要，消防设施的质量与运行状况很大程度上决定了被保护对象的安全。然而在现实生活中，很多消防设施损毁、缺少、过期，形同虚设，火灾发生时不能正常使用的事情时有发生。且大部分居民不具备消防安全应急的意识，不懂得如何使用消防设施，导致火灾事故进一步扩大。

可见，学习掌握必要的家庭火灾应急处置技能非常必要。家庭是居民生活的载体，家庭平安喜乐，居民才会幸福安康。保护家庭，远离火灾，不让心血付之一炬，是每个公民的神圣职责。

📷 任务基础

一、家庭火灾概述

近年来，随着人民生活水平的不断提高，家庭物质条件有了很大改善，致使家庭用火用电增多，由此引发的家庭火灾不断。据近几年的火灾统计，居民家庭火灾占有相当的比例，人员伤亡和经济损失都不容忽视。

现代家庭陈设、装修日趋增多，用电、用火、用气不断改善，发生火灾的概率也相应增大。居民家庭起火往往具有燃烧猛烈、火势蔓延迅速、烟雾弥漫、易造成人员伤亡等特点。此外，部分城乡居民使用煤气或液化石油气，起火后容易形成气体燃烧、爆炸。一些城乡接合部居民住在平房里，有些房顶是用可燃材料建造的，起火后火势极易烧到顶棚，沿屋顶可燃物迅速蔓延，扩大火势，导致建筑物倒塌。居民家庭中，发生火灾后往往因为缺少自救能力而造成人员伤亡和严重的财产损失。家庭起火后如果得不到及时控制，还会殃及四邻，使整幢居民楼或整个村庄遭受火灾危害。

（一）家庭火灾特点

（1）易形成大面积燃烧。一家失火，往往殃及四邻，形成大面积燃烧。

（2）火灾蔓延迅速。火灾竖向蔓延的速度比水平蔓延快 4 ~ 5 倍，如不及时控制，很容易蔓延发展成立体型大火。

（3）财物损失严重。居民住宅面积有限，在有限的空间内集中大量的家用电器、各种家具和衣物，还有许多易燃装饰材料，一旦发生火灾，物资不易疏散，财物损失严重。

（4）易造成人员伤亡。居民中的老、弱、病、残者及小孩常常是受害者。如果是高层住宅，人员疏散更加困难。

（5）扑救困难。居民住宅内可燃物集中，通风条件差，发生火灾时产生大量的烟雾，给扑救工作带来困难。如果是高层住宅，灭火设施及器材受楼高的限制，扑救工作更为复杂。

（二）家庭火灾的发展阶段

无论是哪种形式的火灾，都包含着火、火势增大、烟气蔓延、火焰熄灭等过程。我们把火灾的发展大体分成初期阶段、发展阶段、旺盛阶段及衰弱阶段。

1. 初期阶段

刚起火时，火区的面积不大，其燃烧状况与敞开环境中的燃烧差不多。如果不及时扑救，火区将逐渐增大。不久，其规模便增大到房间体积明显影响燃烧状况的阶段。也就是说，房间的通风状况对火区继续发展的影响越来越明显。在这一阶段，室内的平均温度比较低，总的热释放速率不高，不过在火焰和着火物体附近已出现局部高温区。

房屋内的火灾，初起阶段往往局限于室内，火势蔓延范围不大，火灾处于初起阶段，是扑救的最好时机。

2. 发展阶段

随着燃烧时间的延长，温度升高，周围的可燃物质或建筑构件被迅速加热，气体对流增强，燃烧速度加快，燃烧面积迅速扩大，便形成了燃烧发展阶段，不易控制。

如果房间的通风状况良好，火灾将逐渐发展到一个重要的转变阶段——轰燃，这时室内所有的可燃物都将起火。轰燃的出现标志着室内火灾已由初始阶段转变为迅速发展阶段。

3.旺盛阶段

火灾进入这一阶段后，燃烧强度仍持续增强，热释放速率逐渐达到某一最大值，室内温度经常升到800℃以上，因而可以严重损坏室内设备及建筑物本身的结构，甚至造成建筑物的部分毁坏或全部倒塌。另一方面，高温烟气还会携带相当多的可燃组分从起火室的开口窜出，从而引起邻近房间或相邻建筑物起火。此时仅仅依靠个人力量已很难扑灭。

4.衰弱阶段

这是火灾逐渐冷却的阶段。一般认为，此阶段是从室内平均温度降到其峰值的80%时开始的。这是可燃物的挥发组分大量消耗致使燃烧速率减小的结果。随后明火燃烧无法维持，可燃固体变为炽热的焦炭。这些焦炭按碳燃烧的形式继续燃烧，不过燃烧速率比较缓慢。由于燃烧放出的热量不会很快散失，室内温度仍然较高，在焦炭附近还存在局部相当高的温度区。随着可燃物逐渐消耗而得不到补充，火势逐渐减弱，进入衰弱阶段，直至自动熄灭。

若火灾尚未发展到减弱阶段就被扑灭，可燃物还会发生热分解，而火区周围的温度在一段时间内还比平时高得多，可燃挥发组分还可以继续析出。如果达到足够高的温度与浓度，还会再次出现明火燃烧。因此，灭火后应当注意这种死灰复燃的问题。

（三）家庭火灾的原因

1.人为因素

（1）厨房用火不慎。使用煤气灶、液化石油气灶时，锅壶盛水过满，加热后水溢出熄灭火焰，而释放出的煤气、液化石油气与空气混合，遇明火发生爆炸燃烧；家庭炒菜炼油时，油锅过热起火；将做饭烧过的稻草灰、木柴灰、煤柴灰等物随意倒在室外，而这些灰中的火并未完全熄灭，一旦遇到大风天气，将火星带到室外草垛或房顶内的锯末上，极有可能引燃酿成火灾。这种火灾，农村尤为突出。

（2）生活、照明用火不慎。城乡居民夏季用灭蚊器或蚊香，由于蚊香等摆放不当或电蚊香长期处于工作状态而导致火灾；停电时有些农民用蜡烛照明，来电后忘记吹灭蜡烛或点燃的蜡烛过于靠近可燃物，燃烧蔓延成灾。

（3）吸烟不慎。在家中乱扔烟头，致使未熄灭的烟头引燃家中的可燃物；由于酒后或睡觉躺在床上、沙发上吸烟，烟未熄人已入睡，结果烧着被褥、沙发，造成火灾；由于有些居民家中使用易燃易爆物品时吸烟引起火灾。

（4）儿童玩火。儿童缺乏生活经验，不知道火的危险性，火对于儿童来说是具有魅力的神奇之物，它吸引着孩子的好奇心。儿童玩火的常见方式有在家中玩弄火柴、打火机，把鞭炮内的火药取出，开煤气、液化气钢瓶上的开关，而且儿童玩火一般是在家长、成年人不在家的时候，一旦起火，由于儿童不懂灭火常识，常常惊慌逃跑、躲进角落等，从而引发火灾最终酿成悲剧。

（5）人为纵火。百姓生活，难免磕磕碰碰有口角之争，如果相互之间不能宽容一点礼让三分，势必结怨，此时一些愚昧、自私、狭隘而又缺乏法律知识的人就会放火泄愤，引起家庭火灾事故的发生，或由于精神病患者病情发作对自己的行为失去控制能力而放火引起火灾。

2.电器设备因素

（1）电器线路引起的火灾。电器线路往往因为短路、过负荷运行、接触电阻过大、漏电等原因而产生电火花、电弧或引起绝缘导线、电缆过热而形成火灾。

①短路。家庭电线短路是指交流电的两根导线互相接触，电流没有经过线路中的用电设备。短路是引起电气火灾的最主要原因之一，因为发生短路时，电路回流中的电流很大，在短路点产生强烈的电火花和电弧，使导线和绝缘层迅速燃烧，并引起周围的物质燃烧。

②过负荷。电器线路中允许连续通过而不至于使导线过热的电流量，称为允许载流量或安全电流，如果导线通过的电流超过安全电流值就称为导线过负荷。导线过负荷使导线的温度升高而引起导线的绝缘层发生燃烧，并能引燃导线附近的可燃物。

③接触电阻过大。导体连接时，在接触面上形成的电阻称为接触电阻。接头处理良好，则接触电阻小，若接头接触不良或其他原因，则产生接触电阻过大的现象。当电流通过时，在接触电阻过大的地方会产生极大的热量，使金属变色甚至熔化，并引起电器线路附近的可燃物质着火燃烧。

（2）电器设备引起的火灾。除了电器线路会引起火灾外，还有大量的电器火灾由用电设备引起。因为电能的使用，主要是把电能转化成热能、光能、机械能等，这样必然要用到一些如电灯、电动机、电加热器等用电设备，这些设备和装置如选择不当，使用不合理，也极有可能发生火灾。

3. 自然因素

雷雨天气时，建筑物避雷设施缺失或损坏的情形下接引雷电，或家庭存在外接天线等设备接引雷电，导致室内设备在瞬时强电流的作用下发生火灾。

图 3-1 是 2021 年全国火灾直接原因起数比例图。

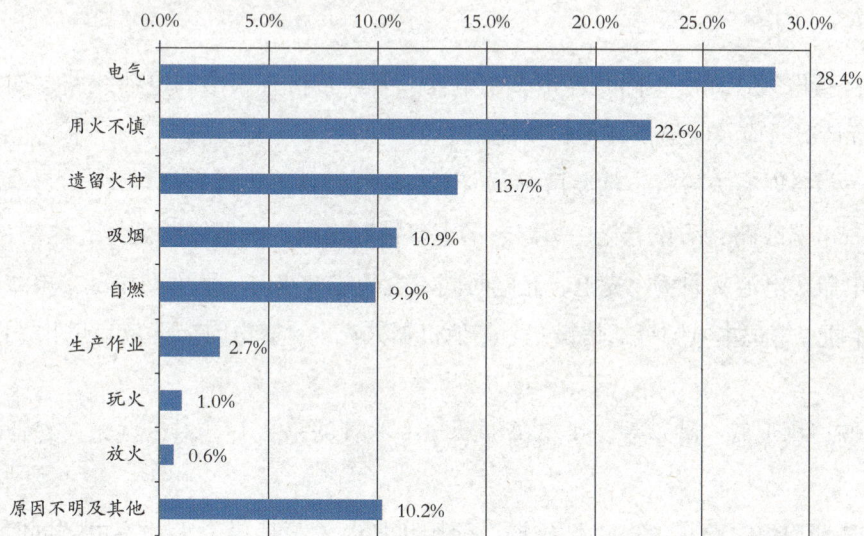

图 3-1　2021 年全国火灾直接原因起数比例图

二、家庭火灾的预防

家庭是我们休息的港湾，一旦发生火灾后果不堪设想。家庭通常不会无缘无故发生火灾，定期检查家中火灾隐患，避免不安全行为。杜绝火灾，重在预防。

（一）行为预防

（1）不乱丢烟头，不将未熄灭的烟头等带有火种的物品扔到垃圾道或垃圾箱内，不躺在沙发上或床上吸烟。

（2）家中不可存放超过 0.5kg 的汽油、酒精、香蕉水等易燃易爆物品。妥善放置家中易燃、易爆的日常生活用品。将香水、指甲油、电池、打火机等易燃易爆的常用生活物品放在阴凉干燥处，远离热源、火源及阳光直射的地方。

（3）使用液化气做饭要经常检查燃气阀门，防止泄漏。一旦发现燃气泄漏，要迅速关闭气源阀门，打开门窗通风，切勿触动电器开关和使用明火，并迅速通知专业维修部门来处理。

（4）离家或睡觉前要检查燃气阀门是否关闭，明火是否熄灭。定期检查家中电器设备，使用完毕后随手关闭电源或拔掉插头。

（5）不乱接乱拉电线，电路熔断器切勿用铜丝、铁丝代替。

（6）利用电器或灶膛取暖、烘烤衣物要注意安全。做饭不离人，需要离开时一定要关闭火源。

（7）不在禁放区及楼道、阳台、柴草垛旁等地燃放烟花爆竹。

（8）不在住宅阳台上堆放易燃易爆物品；不在公共通道、楼梯、安全出口等处堆物、堆料或者搭设棚屋；邻里之间相互提醒、及时清理杂物，保持通道、安全出口畅通。

（9）雷雨天气应该关闭门窗，切断电源，拔掉电器插头，不使用外接天线的电器，避免接引雷电发生火灾。

（10）不随意打开楼道防火门，应保持常闭状态。

（二）电气预防

（1）电热毯选用符合安全要求的正规产品，不可长期通电，不可折叠。尽量不要在睡着、无人的状态下使用。

（2）不私拉乱接电线，插座不同时连接多个电器，要经常检查家中的电器线路，如果发现电线出现破损裸露、老化等情况时应及时更换，不超负荷用电。

（3）使用暖气设备时有人看管，远离可燃物，不在暖气设备上烘烤衣物。

（4）经常检查电器线路，防止老化、短路、漏电等情况出现，电器线路破旧老化要及时修理更换。

（5）不可将电瓶车电池拿回室内充电，充电时间不宜超过8小时，不可私拉乱接电线给电瓶车充电。不要在无人时给手机、笔记本电脑等通信设备、扫地机器人充电，充电时应远离易燃物，例如衣物、床褥、窗帘等。

（6）使用空调、热水器、电水壶、烤箱等大功率电器时不要离人，不要在无人看管的状态下打开大功率电器。

（7）不要超负荷用电，购买大厂正品排插，使用排插时不要插多个大功率电器同时使用，15A 的排插不能超过 3kW，10A 的排插不能超过 2kW。

（三）明火预防

（1）不在家中、楼道等地燃烧纸钱香烛等进行节日祭祀。

（2）厨房保持通风，油污定期清理。

（3）定期检查燃气管道，发现破损老化及时更换。

（4）夏季点蚊香应放在金属支架上并置于不燃烧的盒子或盘子里，远离床和窗帘等可燃物，以防点燃被褥衣物。

（5）燃放烟花爆竹应远离建筑物。

（6）不可用明火照明在室内寻找物品。

（7）家长应教育孩子不玩火，不摆弄电器设备和燃气灶具、开关等。打火机、火柴等应放置在儿童够不到的地方。

三、家庭火灾应急处置

在火灾初期，可燃物质燃烧面积小，火焰不高，辐射热不强，火势发展比较缓慢，这个阶段是灭火的最好时机，用较少的人力和简单的灭火器材就能很快地把火扑灭。因此，身边发生火灾时，切记不要慌张，应冷静思考，就地取材，用最短的时间寻找机会遏制火灾。

（一）火灾报警

无论是自家或邻居家起火都应立即报警并积极进行扑救。及时准确地报警，可以使群众和消防队迅速赶到，及早扑灭火灾。根据火情也可以采取边扑救、边报警的方法。但绝不能只顾灭火或抢救物品而忘记报警，贻误时机，使本来能及时扑灭的小火酿成大灾。

若火势较大，应先疏散至室外，再报警并警示附近居民撤离，不可因报警而延误逃生时机。火灾报警要点如下：

（1）迅速拨打火警电话119。

（2）讲清楚所在地址、起火部位、着火物资、火势大小、是否有人被困等情况。

（3）讲清楚报警人姓名、联系电话等。

（4）报警后要派专人在街道路口或村口等候消防车到来，指引消防车去火场的道路，以便迅速、准确地到达起火地点。

（二）扑灭初起火灾

扑灭初起火灾能减少火灾损失，杜绝火灾伤亡。火灾初起阶段，火势弱，威胁低，如能采取正确扑救方法，就会在灾难形成之前迅速将火扑灭。据统计，以往发生的火灾中有70%以上是由在场人员在火灾的初起阶段扑灭的。应该尽力把火灾消灭在萌芽状态。

1.初起火灾的扑救原则

（1）先控制，后消灭。对于不能立即扑灭的火灾要首先控制火势的蔓延和扩大，然后在此基础上一举消灭火灾。例如，燃气管道着火后，要迅速关闭阀门，断绝气源，堵塞漏洞，防止气体扩散，同时保护受火威胁的其他设施。当建筑物一端起火向另一端蔓延时，应从中间适当部位控制。在灭火过程中，控制火势发展和灭火紧密相连，不能截然分开。特别是对于扑救初起火灾来说，控制火势发展与消灭火灾二者没有根本的界限，几乎是同时进行的。应该根据火势情况与自身力量灵活运用这一原则。

（2）救人重于救火。当火场上有人受到火势围困，首要任务是把人从火场中救出来，即救人胜于救火。在实际操作中，可以根据人员和火势情况，救人和救火同时进行，但绝不能因为救火而贻误救人时机。

（3）先重点，后一般。在扑救初起火灾时，要全面了解和分析火场情况，区分重点和一般。在火场上，很多时候重点与一般是相对的。一般来说，要分清以下情况：人重于物；贵重物资重于一般物资；火势蔓延迅猛地带重于火势蔓延缓慢地带；有爆炸、毒害、倒塌危险的方面要重于没有这些危险的方面；火场下风向重于火场上风向；易燃、可燃物集中区域重于这类物品较少的区域；要害部位重于非要害部位。

（4）快速、准确、协调作战。火灾初起越迅速，越准确靠近火点及早灭火，越有利于抢在火灾蔓延扩大之前控制火势，消灭火灾。协调作战是指参加扑救火灾的所有组织、个人之间相互协作，密切配合行动。

2. 常见部位初起火灾处置

（1）厨房起火。煤气、液化气灶着火，要先关闭阀门，用围裙、衣物、被褥等浸水后捂盖，往上浇水扑灭火焰。

油锅起火，应迅速关闭炉灶燃气阀门，直接盖上锅盖或用湿抹布覆盖，将火窒息，还可向锅内放入切好的蔬菜冷却灭火，将锅平稳端离炉火，冷却后才能打开锅盖。切勿向油锅内倒水灭火，切不可用水扑救或用手端锅，以防造成热油爆溅、灼烫伤人和扩大火势。如果油锅里的油火撒在灶具上或地面上，可使用手提式灭火器扑救，或用湿棉被、湿毛毯等捂盖灭火。

将燃烧点附近的可燃物或液化气罐及时疏散到安全地点。

（2）电器起火。电器设备发生火灾，应先切断电源。找到附近配备的干粉灭火器，通常配置在楼道或走廊，提至着火位置迅速灭火。若附近未配备灭火器，可将湿被褥覆盖在电器上，窒息灭火。切不可直接泼水灭火，以防触电或电器爆炸伤人。

火势较大时，可使用建筑物配备的消火栓灭火，若超出处置能力，应果断撤离。

（3）家具起火。家具通常为木结构，可向着火点泼水，也可把水管接到水龙头上向着火家具喷水灭火，把起火点附近未点燃的可燃物转移或泼湿降温，还可利用楼道配备的干粉灭火器和消火栓灭火。

（4）身上起火。身上起火时千万不要乱跑，奔跑只会使火燃得更大，应迅速脱掉起火衣物或就地打滚，以及用厚重衣物压灭火苗。严禁用灭火器对准人体喷射灭火。

四、消防器材及使用

（一）灭火器

灭火器是在内部压力作用下，将所充装的灭火剂喷出扑救火灾，并由人力进行移动的灭火器具。灭火器主要用于扑救初起火灾。

1. 灭火器的类型

（1）干粉灭火器［图3-2（a）］。可分为碳酸氢钠干粉灭火器、磷酸铵盐干粉灭火器等。干粉粉粒能吸附火焰活性基团，形成不活泼的水，从而抑制火焰活性基团。干粉灭火器利用二氧化碳或氮气气体作为动力，将筒内的干粉喷出灭火。干粉灭火器主要用来扑救石油及其产品、有机溶剂等易燃液体、可燃气体和电器设备的初起火灾。

（2）二氧化碳灭火器［图3-2（b）］。主要依靠窒息和部分冷却作用灭火。在常压下，灭火器中液态的二氧化碳会立即汽化，一般来说1kg液态二氧化碳可产生约$0.5m^3$的气体。因此，灭火时，二氧化碳气体可排除空气而包围在燃烧物体的表面或分布于较密闭的空间，降低可燃物周围或防护空间内的氧浓度，产生窒息作用而灭火。另外，二氧化碳从储存容器中喷出，会迅速由液体汽化成气体，从周围吸收部分热量，起到冷却作用。

（3）水型灭火器［图3-2（c）］。可分为清水灭火器、强化液灭火器等，具有冷却、稀释和冲击作用。水型灭火器一般不用于扑救可燃液体、可燃气体、带电设备和轻金属火灾；也不宜用来扑救文物档案、图书资料、艺术作品和技术文献等物质的火灾。

（4）泡沫灭火器［图3-2（d）］。可分为蛋白泡沫（P）、氟蛋白泡沫（FP）、水成膜泡沫（S）和抗溶泡沫（AR）灭火器等，具有窒息和冷却作用。泡沫灭火器分为MP型手提式和MPT型推车式两种类型。

除了能扑救一般固体物质火灾，还能扑救油类等可燃液体火灾，但不能用来扑救带电设备和有机溶剂火灾。

（5）卤代烷灭火器。可分为1211、1301和七氟丙烷灭火器等。卤代烷分解出活性游离基参与燃烧形成稳定分子，使燃烧过程链条反应终止。目前，国产主要为1211和1301两种灭火器，分为手提式和推车式两种。

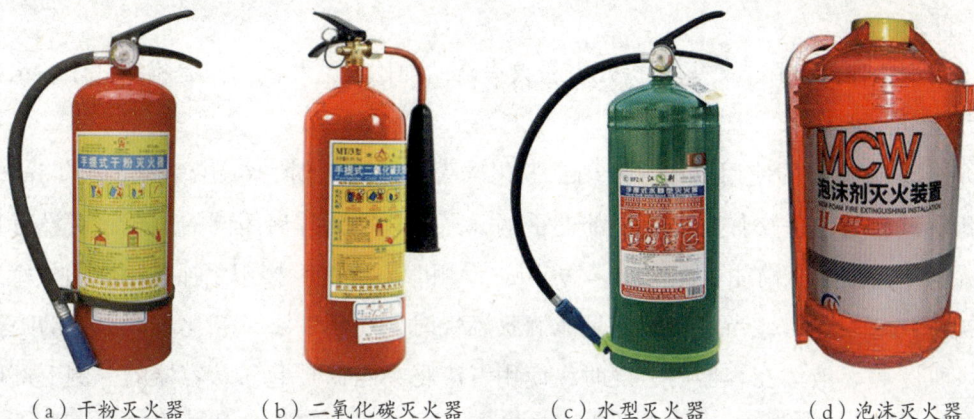

（a）干粉灭火器　　　（b）二氧化碳灭火器　　　（c）水型灭火器　　　（d）泡沫灭火器

图 3-2　不同类型的灭火器

2. 灭火器的使用方法

火灾在初起燃烧时范围小、火势弱，是使用灭火器灭火的最佳时机。因此，正确合理地使用灭火器灭火显得非常重要。常用灭火器使用方法如图3-3所示。

（a）提　　　　　　　（b）拔　　　　　　　（c）压　　　　　　　（d）扫

图 3-3　常用灭火器使用方法

（1）干粉灭火器的使用方法。使用干粉灭火器灭火时，在距离燃烧处约5m的位置，放下灭火器。如在室外，应选择站在上风侧进行喷射。

①使用的干粉灭火器若是储气瓶式，操作者应一手紧握喷枪，另一手提起储气瓶上的开启提环。如果储气瓶的开启是手轮式的，则向逆时针方向旋开，并旋到最高位置，随即提起灭火器。当干粉喷出后，迅速对准火焰的根部扫射灭火。

②使用的干粉灭火器若是储压式，操作者应先将开启把上的保险销拔下，然后握住喷射软管前端喷嘴部，另一只手将开启压把压下，打开灭火器进行灭火。灭火器在使用时，一手应始终压下压把，不能放开，否则会中断喷射。

干粉灭火器扑救可燃、易燃液体火灾时，应对准火焰根部扫射，如果被扑救的液体火灾呈流淌燃烧时，应对准火焰根部由近而远，并左右扫射，直至把火焰全部扑灭。如果可燃液体在容器内燃烧，使用者应对准火焰根部左右晃动扫射，使喷射出的干粉流覆盖整个容器开口表面；当火焰被赶出容器时，使用者仍应继续喷射，直至将火焰全部扑灭。在扑救容器内可燃液体火灾时，应注意不能将喷嘴直接对准液面喷射，防止喷流的冲击力使可燃液体溅出而扩大火势，造成灭火困难。如果当可燃液体在金属容器中燃烧时间过长，容器的壁温已高于扑救可燃液体的自燃点，此时极易造成灭火后再复燃的现象，若与泡沫类灭火器联用，灭火效果更佳。

使用磷酸铵盐干粉灭火器扑救固体可燃物火灾时，应对准燃烧最猛烈处喷射，并从上下左右扫射。如条件许可，使用者可提着灭火器沿着燃烧物的四周边走边喷，使干粉灭火剂均匀地喷在燃烧物的表面，直至将火焰全部扑灭。

推车式干粉灭火器的使用方法与手提式干粉灭火器的使用方法相同。只是推车式干粉灭火器的体积相对大，灭火使用时间长。

（2）二氧化碳灭火器的使用方法。使用二氧化碳灭火器灭火时，在距离燃烧物约5m的位置放下灭火器，拔出保险销，一手握住喇叭筒根部的手柄，另一只手紧握启闭阀的压把。对没有喷射软管的二氧化碳灭火器，应把喇叭筒往上扳70°～90°。使用时，不能直接用手抓住喇叭筒外壁或金属连线管，防止手被冻伤。灭火时，当可燃液体呈流淌状燃烧时，使用者将二氧化碳灭火剂的喷流由近而远向火焰喷射。如果可燃液体在容器内燃烧时，使用者应将喇叭筒提起。从容器的一侧上部向燃烧的容器中喷射。但不能将二氧化碳射流直接冲击可燃液面，以防止将可燃液体冲出容器而扩大火势，造成灭火困难。

在室外使用二氧化碳灭火器，应选择在上风方向喷射。在室内窄小空间使用时，灭火后操作者应迅速离开，以防窒息。

（3）泡沫灭火器的使用方法。使用泡沫灭火器灭火时，把泡沫灭火器迅速拿到起火现场，切记在拿的过程中勿过分倾斜，更不能横拿或颠倒，以免两种药剂提前混合而喷射出来。到达现场后，用右手按住上部，左手抓住下部，使用者站在离火源约10m的位置，将灭火器喷嘴朝向燃烧区喷射，并逐渐向前走，直到把火焰扑灭。然后把灭火器卧放在地上，将喷嘴朝下。

（4）水型灭火器的使用方法。使用水型灭火器灭火时，在距燃烧物约10m的位置，将灭火器直立放稳。拔下保险销，用手掌拍击开启杆顶端的凸头，清水便从喷嘴喷出。当清水从喷嘴喷出时，立即用一只手提起灭火器筒盖上的提圈，另一只手托起灭火器的底圈，将喷射的水流对准燃烧最猛烈处喷射。因为清水灭火器有效喷水时间约为1min，所以，当灭火器有水喷出时，应迅速将灭火器提起，将水流对准燃烧最猛烈处喷射。

随着灭火器喷射距离的缩短，操作者应逐渐向燃烧物靠近，使水流始终喷射在燃烧处，直至将火扑灭。

水型灭火器在使用过程中应始终与地面保持大致垂直状态，不能颠倒或横卧，否则，会影响水流的喷出。

3. 灭火器的检查要求

灭火器的配置、外观等应每个月进行一次检查。如果符合下列场所配置的灭火器，应每半个月进行一次检查。

（1）候车（机、船）室、歌舞娱乐放映游艺等人员密集的公共场所。

（2）堆场、罐区、石油化工装置区、加油站、锅炉房、地下室等场所。

在进行灭火器检查时，应按照表3-1的要求进行。

4. 灭火器的报废要求

灭火器从出厂日算起，到达表3-2所示的年限，必须报废。

表 3-1　建筑灭火器检查的主要内容

检查类别	检查内容和要求
配置检查	（1）灭火器是否放置在配置图表规定的设置点位置
	（2）灭火器的落地、托架、挂钩等设置方式是否符合配置设计要求。手提式灭火器的挂钩、托架安装后是否能承受一定的静载荷，且不出现松动、脱落、断裂和明显变形
	（3）灭火器的铭牌是否朝外，且头宜向上
	（4）灭火器的类型、规格、灭火级别和配置数量是否符合配置设计要求
	（5）灭火器配置场所的使用性质，包括可燃物的种类和物态等是否发生变化
	（6）灭火器是否达到送修条件和维修期限
	（7）灭火器是否达到报废条件和报废期限
	（8）室外灭火器是否有防雨、防晒等保护措施
	（9）灭火器周围是否有障碍物、遮挡、拴系等影响取用的现象
	（10）灭火器箱是否上锁，箱内是否干燥、清洁
	（11）特殊场所中灭火器的保护措施是否完好
外观检查	（1）灭火器的铭牌是否无残缺，且清晰明了
	（2）灭火器铭牌上关于灭火剂、驱动气体的种类、充装压力、总质量、灭火级别、制造厂名和生产日期或维修日期等标志及操作说明是否齐全
	（3）灭火器的铅封、销闩等保险装置是否未损坏或遗失
	（4）灭火器的筒体是否无明显的损伤（磕伤、划伤）、缺陷、锈蚀（特别是筒底和焊缝）、泄漏
	（5）灭火器喷射软管是否完好，无明显龟裂，喷嘴不堵塞
	（6）灭火器的驱动气体压力是否在工作压力范围内（贮压式灭火器查看压力指示器是否指示在绿区范围内，二氧化碳灭火器和储气瓶式灭火器可用称重法检查）
	（7）灭火器的零部件是否齐全，且无松动、脱落或损伤
	（8）灭火器是否未开启、喷射过

表 3-2　灭火器报废年限

灭火器类型	报废年限／年
水型灭火器	6
干粉灭火器	10
洁净气体灭火器	10
二氧化碳灭火器和贮气瓶	12

在检查过程中，发现灭火器有下列情况之一时，必须报废：

（1）筒体、器头按《灭火器维修与报废规程》（GA 95—2019）中规定进行水压试验不合格的。

（2）二氧化碳灭火器的钢瓶按《灭火器维修与报废规程》（GA 95—2019）中规定进行残余变形率测试不合格的。

（3）筒体严重锈蚀（漆皮大面积脱落，锈蚀面积大于筒体总面积的 1/3，表面产生凹坑者）或连接部位、筒底严重锈蚀的。

（4）筒体严重变形的。

（5）筒体、器头有锡焊、铜焊或补缀等修补痕迹的。

（6）筒体、器头（不含提把、压把）的螺纹受损、失效的。

（7）筒体与器头非螺纹连接的灭火器。

（8）器头存在裂纹、无泄压结构等缺陷的。

（9）水型灭火器筒体内部的防腐层失效的。

（10）没有间歇喷射机构的手提式灭火器。

（11）筒体为平底等结构不合理的灭火器。

（12）没有生产厂名称和出厂年月的（含铭牌脱落，或虽有铭牌，但已看不清生产厂名称；出厂年月钢印无法识别的）。

（13）被火烧过的灭火器。

（14）按 GA402 规定应予以报废的 1211 灭火器。

（15）不符合消防产品市场准入制度的灭火器。

（16）按国家或有关部门规定应予以报废的灭火器。

报废灭火器或贮气瓶，必须在确认内部无压力的情况下，对灭火器筒体或贮气瓶进行打孔、压扁或锯切，报废情况应有记录，并通知送修单位。

（二）消火栓

消火栓是一种安装在消防给水管网上的固定式消防设施，主要作用是控制可燃物、隔绝助燃物、消除着火源。消火栓套装一般由消防箱＋消防水带＋水枪＋接扣＋栓＋卡子等组合而成，消火栓主要供消防车从市政给水管网或室外消防给水管网取水实施灭火，也可直接连接水带、水枪出水灭火。所以，室内外消火栓系统也是扑救火灾的重要消防设施之一。常见消火栓及其内部构造如图 3-4 所示。

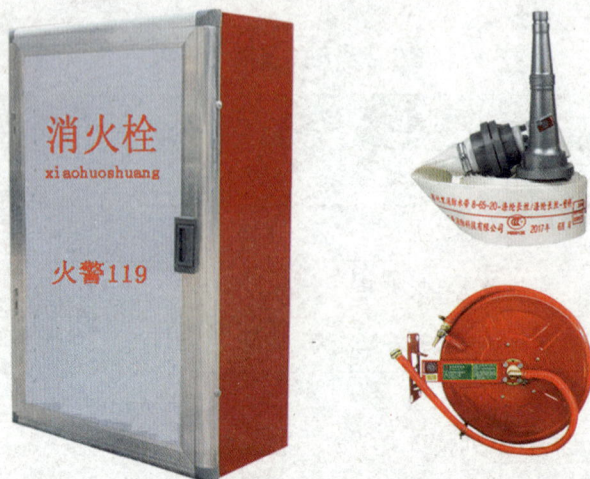

图 3-4　常见消火栓及内部构造

1. 消火栓种类

（1）室内消火栓。室内消火栓是室内管网向火场供水的、带有阀门的接口，为工厂、仓库、高层建筑、公共建筑及船舶等室内固定消防设施，通常安装在消火栓箱内，与消防水带和水枪等器材配套使用。

（2）室外消火栓。室外消火栓是设置在建筑物外面消防给水管网上的供水设施，主要供消防车从市政给水管网或室外消防给水管网取水实施灭火，也可以直接连接水带、水枪出水灭火。

（3）旋转消火栓。旋转消火栓是栓体可相对于与进水管路连接的底座水平 360° 旋转的室内消火栓，具有栓体与底座相对旋转的特点，因而可以在超薄箱体内安装，使箱体减薄成为可能。当消火栓不使用时，可将栓体出水口旋转至与墙体平行状态，即可关闭箱门；在使用时，将栓体出水口旋出与墙体垂直，即可接驳水带，便于操作。

（4）地下消火栓。地下消火栓是一种室外地下消防供水设施，用于向消防车供水或直接与水带、水枪连接进行灭火，是室外必备消防供水的专用设施，安装于地下，不影响市容、交通。由阀体、弯管、阀座、阀瓣、排水阀、阀杆和接口等零部件组成。地下消火栓是城市、厂矿、电站、仓库、码头、住宅及公共场所必不可少的灭火供水装置，尤其是市区及河道较少的地区更需装设，其结构合理、性能可靠、使用方便。当采用地下消火栓时，应有明显标志。寒冷地区多见地下消火栓。

（5）地上消火栓。地上消火栓是一种室外地上消防供水设施，用于向消防车供水或直接与水带、水枪连接进行灭火，是室外必备消防供水的专用设施，其上部露出地面，标志明显，使用方便。地上消火栓由阀体、弯管、阀座、阀瓣、排水阀、阀杆和接口等零部件组成，是城市必备的一种消防器材，尤其是市区及河道较少的地区更需装设，以确保消防供水需要。各厂矿、仓库、码头、货场、高楼大厦、公共场所等人口稠密的地区有条件都应该安装。

（6）双口双阀消火栓。双口双阀消火栓是室内消火栓的一种。《建筑设计防火规范（2018 版）》（GB 50016—2014）规定，以下情况，当设两根消防竖管有困难时，可设一根竖管，但必须采用双阀双出口型消火栓：18 层及 18 层以下的单元式住宅；18 层及 18 层以下、每层不超过 8 户、建筑面积不超过 $650m^2$ 的塔式住宅。

（7）室外直埋伸缩式消火栓。室外直埋伸缩式消火栓是一种平时收缩在地面以下，使用时拉出地面工作的消火栓。和地上式相比，室外直埋伸缩式消火栓避免了碰撞，防冻效果好；和地下式相比，它不需要建地下井室，在地面以上连接，工作方便。室外直埋伸缩式消火栓的接口方向可根据接水需要 360° 旋转，使用更加方便。

2. 消火栓使用

（1）室内消火栓使用方法

①一人打开消火栓门，按下内部火警按钮（按钮是报警和启动消防泵的）。

②两人操作，一人取出消防水带，接好枪头和水带奔向起火点。另一人接好水带和阀门口，连接水源。

③一人逆时针打开阀门，记住要慢慢拧开，大声提示另一人（水压极大，快速打开阀门时握水枪的人可能被打倒），另一人手握水枪头及水管即可灭火。

④停止旋转阀门，立即协助水枪手灭火。

⑤灭火完成后，晾干水带，按照安装方式安装到位，贴好封条。

注意：电起火要确定切断电源。

（2）室外使用方法

①携带消防水带、水枪到达火场附近消火栓。

②将消防水带展开。

③一人将消防水带向着火点展开，奔向起火点的同时连接枪头和水带，手握水枪头及水管，对准起火点。

④另一人将水带和室外消火栓连接，连接时将连接扣准确插入槽，按顺时针方向拧紧。

⑤把消防栓开关用扳手逆时针旋开，对准火源进行喷水灭火。

⑥火灾扑灭后要用扳手沿顺时针方向关闭消火栓。

注意：

①扑灭火灾后把水带晾干并恢复原状。

②电器起火要确定切断电源。

③室外消火栓使用完后，需打开排水阀，将消火栓内的积水排出。

（3）地下室外消火栓使用方法

①由于地下消火栓上覆盖厚重的井盖板，打开时一般由两个人用铁制的专用工具勾起井盖板，露出地下消火栓后再用加长的开关扳手深入地下，拧开阀门。

②打开消火栓箱门，取出消防水带，向着火点展开。向火场方向铺设消防水带时避免水带扭折。

③将水带靠近消火栓端与消火栓连接，连接时将连接扣准确插入槽，按顺时针方向拧紧。

④将水带另一端与水枪连接（连接程序与消火栓连接相同），手握水枪头及水管。

⑤用扳手将消火栓开关逆时针旋开，对准火源进行喷水灭火。

⑥火灾扑灭后要用扳手沿顺时针方向关闭地上消火栓出口。

注意：

①消防箱边上不要堆放任何物品。

②非火灾时不要使用。

③扑灭火灾后把水带晾干并恢复原状。

④电器起火要确定切断电源。

⑤冬季使用完后，切记关闭地下消火栓阀门，并将地下阀门至地上阀门之间管道内的水排尽。

（三）防烟面罩

防烟面罩是在发生火灾或有浓烟情况下使用的防护装备，可以保护被困人员的眼睛和呼吸道在应急疏散的过程中不受侵害，由面罩和滤毒罐（或过滤元件）组成。面罩包括罩体、眼窗、呼吸活门和头带（或头盔）等部件。滤毒罐用以净化染毒空气，内装滤烟层和吸着剂，也可将这两种材料混合制成过滤板，装配成过滤元件。较轻的（约200g）滤毒罐或过滤元件可直接连在面罩上，较重的滤毒罐通过导气管与面罩连通。防烟面罩具体操作步骤如下：

（1）打开包装盒，取出面罩，先检查面罩各部件是否完好，呼吸阀片和呼吸阀底是否密封，滤毒盒与主体结合是否密合，滤毒盒内的滤料是否松动。

（2）拔下滤毒罐前后两个罐塞［图3-5（a）］。切记：此步为操作重点，否则吸气口封闭导致无法呼吸。

（3）戴上头套，拉紧头带［图3-5（b）］。佩戴口罩必须保持端正，抱住口鼻，鼻身两侧不应有空隙，口罩带子要分别系牢，调整到口罩不松动，不挤压脸鼻，不漏气。

（4）检查气密性，戴好面具后由手掌堵住滤毒盒进气口用力吸气，面罩与面部紧贴不产生漏气。

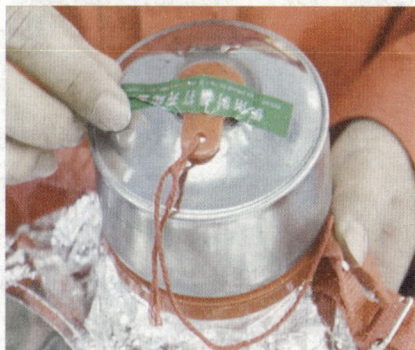

（a）拿出面罩，拔下滤毒罐前后两个罐塞　　　　　（b）戴上头套，拉紧头带

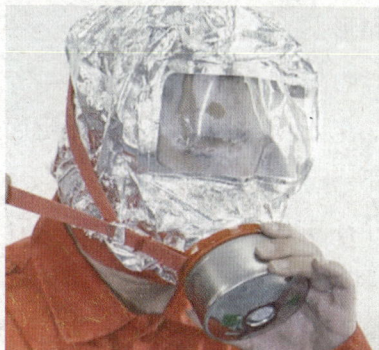

图 3-5　防烟面罩使用步骤

防烟面罩为一次性应急装备，只能在火灾或浓烟等应急情况方可使用，严禁作为日常呼吸防护装备。在使用防烟面罩时要注意必须将头发全部放进面罩内，在非烟区方可佩戴或脱卸。

（四）灭火毯

灭火毯（图 3-6）也称消防被、灭火被、防火毯，是由玻璃纤维等材料经过特殊处理编织而成的织物，能起到隔离热源及火焰的作用。灭火毯是一种质地非常柔软的消防器具，在遇到火灾初始阶段时，能以最快速度隔氧灭火，控制灾情蔓延，还可以作为及时逃生用的防护物品。只要将毯子裹于全身，由于毯子本身具有防火、隔热的特性，在逃生过程中，人的身体能够得到很好的保护。灭火毯具体操作步骤如下：

图 3-6　灭火毯

（1）将灭火毯固定或放置于比较显眼且能快速拿取的墙壁上或抽屉内。

（2）发生火灾时，双手握住两根黑色拉带，快速取出灭火毯。

（3）将灭火毯轻轻抖开，作盾牌状拿在手中，将灭火毯轻轻覆盖在火焰上，同时切断电源或气源。

（4）灭火毯持续覆盖在着火物体上，并采取积极的灭火措施直至着火物体完全熄灭。

（5）如果人身上着火，将毯子抖开，完全包裹于着火人身上扑灭火源，并迅速拨打120。

五、火场逃生与自救

当火情失控后，在浓烟、毒气和烈焰包围下非常危险，应立即放弃灭火行为，沉着冷静地运用火场自救与逃生知识，紧急疏散撤离火场，切勿盲目逃生。

（一）火场逃生原则

火场逃生原则：确保安全、迅速撤离、顾全大局、救治结合。

火灾时火势发展和烟雾蔓延有一定规律，且千变万化，被浓烟烈火围困的人员或灭火人员一定要抓住有利时机，就近利用一切可以利用的工具、物品，想方设法迅速撤离火灾危险区。在众多人员被大火围困时，一个人的正确行为往往能带动更多人的跟随，从而避免一大批人员的伤亡。因此，火灾逃生的基本原则应被大家了解和掌握，当突遇火魔侵袭时就能在熊熊大火中顺利逃生。

（二）火场逃生方法

发现被困火场时，应快速冷静分析情势，选择恰当的方法逃生自救，切勿盲目逃生。遭遇火灾时，通常有以下几种情形：

1. 周围有浓烟，未见火

若只见浓烟，未见火焰，表示邻居或附近起火，逃生时应注意防烟，同时大声提醒身边或周围的人。具体逃生方法如下：

（1）谨慎开门。开门时，先用手背碰一下门把。如果门把烫手，或门隙有烟冒进来，切勿开门。用手背先碰是因金属门把传热比门框快，手背一旦感到热就会马上缩开。若门把不烫手，则可打开一道缝观察可否出去。用脚抵住门下方，防止热气流把门冲开。如门外起火，开门会鼓起阵风，助长火势，打开门窗则形同用扇扇火，应尽可能把全部门窗关上。

（2）毛巾捂鼻（图3-7）。烟气侵入室内时，戴防烟面罩或将毛巾打湿适当拧干后，折叠3次8层捂住口鼻从楼道紧急疏散。

注意：湿毛巾起到降温及过滤的作用，过于湿润会影响毛巾透气性，导致呼吸困难。

（3）匍匐前进（图3-8）。当烟气浓度较大时，主要聚集在上部空间，逃生时尽量将身体贴近地面匍匐或弯腰前进。

图3-7 毛巾捂鼻

图3-8 匍匐前进

（4）逆风疏散。根据火灾发生时的风向确定疏散方向，迅速逃到火场上风处躲避火焰和烟气，同时也可获得更多的逃生时间。

（5）强光照明。烟气会使能见度降低，疏散时应携带强光手电，依照疏散指示标识路线撤离，防火门随手关闭。

2. 现场有火，出口未封闭

当意识到火灾发生时，周围已有火势，若火势较小，应想办法扑灭；若火势较大，超出处置能力范围，则应立即撤离，撤离的出口尚未被火势封锁时，此时疏散逃生时除了要参考上述防烟措施外，还应注意防火防高温。

棉被护身：逃生时需穿过火区时，可将浸湿过的棉被（或毛毯、棉大衣）或灭火毯披在身上，确定逃生路线后，用最快的速度冲到安全区域，千万不可用塑料雨衣作为保护。

3. 被困火场

发现已被困火场，强行疏散会十分危险，可选择固守待援或结绳逃生。

（1）火场求救。发生火灾时，可在窗口、阳台或屋顶处向外大声呼叫、敲击金属物品，白天可挥动鲜艳布条发出求救信号，晚上可挥动手电筒或白布引起救援人员的注意。

（2）毛毯隔火。将毛毯等织物钉或夹在门上，并不断往上浇水冷却，以防止外部火焰及烟气侵入，抑制火势蔓延速度，延长逃生时间。

（3）卫生间避难。当实在无路可逃时，可利用卫生间、厨房等有水源的地点进行避难。用毛巾塞紧门缝，泼湿地面降温，也可躺在放满水的浴缸里躲避。

（4）搭"桥"过渡。可在阳台、窗台、屋顶平台处用木板、竹竿等较坚固的物体搭至相邻单元或相邻建筑，以此作为跳板转移到相对安全的区域。

（5）攀爬避火。通过攀爬至阳台、窗台的外沿及建筑周围的脚手架、雨篷等突出物以躲避火势。

（6）管线逃生。当建筑外墙或阳台边上有落水管、电线杆、避雷针引线等竖直管线时，可借助其下滑至地面，同时应注意一次下滑的人数不宜过多，以防逃生途中因管线损坏而致人坠落。

（7）结绳逃生。利用绳索或床单、窗帘等逃生，可直接将其一端拴在门、窗档或重物上沿另一端爬下，尽量使用手套、毛巾将手保护好，防止顺势滑下时脱手或将手磨破。

（三）消防结绳技术

消防结绳是指通过打结使绳索之间、绳索与其他装备之间互扣连接的方法，是事故应急救援人员必备的基本技能之一。广泛应用于户外运动、消防逃生自救互救等领域。

消防结绳必须结实、易解、易调，不易滑脱。结绳技术运用是否得当，直接影响绳索使用的质量和效果，进而影响使用者的生命安全。根据绳结的用途可将绳结分为基本绳结、固定绳结、结绳绳结、保护操作绳结、收绳绳结、其他绳结。

（1）单结［图3-9（a）］：最基本的结。

（2）半结［图3-9（b）］：使各种绳结更牢固，防止滑动，或在绳子末端绽开时暂时防止继续脱线，一般不能单独使用。

（3）双重单结［图3-9（c）］：绳索中间做成绳圈的结。

（4）"8"字结［图3-9（d）］："8"字结的结目比单结大，适合作为固定收束或拉绳索的把手，即使两端拉得很紧，依然可以轻松解开。

　（a）单结　　　　　　（b）半结　　　　　　（c）双重单结　　　　　　（d）"8"字结

图3-9　基本绳结

（5）双重"8"字结（图3-10）：为了做个固定的绳圈，优点是耐力强、牢固，经常被登山人士作为救命绳结使用；缺点是绳圈大小很难调整，而且当负荷过重、绳结被拉得很紧，或是绳索沾到水时很难解开。先打单"8"字结，绳头绕过栏杆，沿着单"8"字结再绕一遍即可。

（6）蝴蝶结（图3-11）：主要用于在绳索的中间制作绳圈，在展开绳索时蝴蝶结是不可缺少的结法，也可拖拽车辆、重物。

图 3-10　双重"8"字结

图 3-11　蝴蝶结

（7）单活扣连结（图 3-12）：一般用于粗绳上系细绳采用的方法。

（8）交叉连结（图 3-13）：主要用于光滑物体的表面上系紧绳索的场合。首先将绳子一端在固定物上盘绕一圈后使绳索重叠，然后再将绳索绕一周，最后将绳子末端收集在一起。

图 3-12　单活扣连结

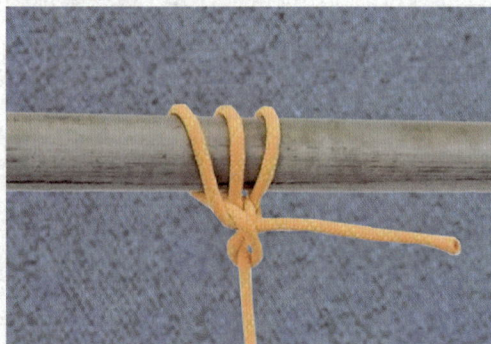

图 3-13　交叉连结

（9）锚结（图 3-14）：主要用于小型锚上系锚锁或在水桶上面系绳索等场合，操作简单，需打半结加固。在固定物上将绳的末端缠绕一圈，从固定物上穿过旋转一侧，呈"8"字形穿过勒紧。如果有余长要打成半结，绕在长绳上，以防脱落。

（10）卷结（图 3-15）：主要用于在锚固物上制作锚点捆绑物体，也可用于支点的制作。操作简单，需打半结加固。

（11）捻结（图 3-16）：打结方法简单，可用于固定。

图 3-14　锚结

图 3-15　卷结

图 3-16　捻结

（12）腰结（图 3-17）：主要用于附着人和树木等场合，是一种比较安全牢固的系法。首先将两根绳握在一起，一端制成小绳圈，另一端的绳圈放进圈内，然后将末端绳绕过长绳，再从上向下穿过勒紧。

（13）双重腰结（图 3-18）：用于救出伤员或冲击力较强的场合，以减少对身体的伤害。

（14）三套腰结（图 3-19）：作业空间比较大的场合，用于伤员被拉上或降下进行救助的场合。

（15）床单连接结（图3-20）：适合将粗细相同的两根绳、床单连接在一起。

图3-17　腰结

图3-18　双重腰结

图3-19　三重腰结

图3-20　床单连接结

（16）双重连结（图3-21）：主要用于粗细不同或潮湿绳索的连接。将绳折成两股，另一股绳自下而上穿过绳圈，并挂在食指上，然后盘绕握住的两根绳，并从食指下面穿过，再盘绕一次，左手握着的两根绳从十指下面穿过，握住两侧勒紧。

（17）渔人结：连接两根质地柔软的绳索（或其他材料）时可采用此结，此结十分容易打，但很难拆开。

（18）节节扣（图3-22）：主要用于攀登或下降时抓握。左手提绳头，右手反手抓提绳圈套进左手，重复操作，后打绳圈套里面，直至绳子打完，拉绳两端收紧即可。

图3-21　双重连结

图3-22　节节扣

（19）抓结：不受力时可在主绳上移动，受力时收紧，不可移动。

（四）应急缓降技术

随着我国工业化、城市化进程的不断加快，消防应急救援装备能力与高层建筑的快速发展严重失衡，一是装备的举高和远射能力远远落后于高层建筑的建设速度，现有消防水罐车喷水灭火能力仅仅为8层楼高，最高的云梯车举高能力也只有15层左右，对于更高的高层建筑火灾来说，这些应急救援装备只能是"望楼兴叹"；二是装备的体积庞大、机动性差，受道路交通、建筑周边环境影响严重，经常因复杂地形、障碍阻挡而延误时机；三是装备的救援能力差，现有云梯车一次升降只能营救2～3人，一旦遇上高楼火灾，不能满足现场实际救援的需要。数据显示，我国一些发达城市高层建筑火灾事故呈现加速上升态势。高层建筑发生火灾时如何应急逃生，已经成为人们高度关注的社会问题。

1. 绳索缓降技术

绳索缓降技术是被困火场等因素导致已无其他逃生办法时选择的一种相对比较简单、快捷的逃生方法。若未经过专业绳索缓降培训，通常不建议作为常规逃生手段。

绳索缓降技术需准备的物品主要有符合国家标准的安全绳、"8"字环（图3-23）、安全带（图3-24）、安全扣、防滑手套、保护头盔等。紧急情况下可以利用消防结绳技术用特定绳结代替安全带、安全扣等物件。绳索缓降的操作步骤如下：

图3-23　牛角"8"字环

图3-24　半身式安全带

（1）将绳索固定于栏杆、窗台等位置，并将绳索抛出室外。

（2）穿戴安全带、戴好手套和头盔，做好防护后检查确认。

（3）将"8"字环穿过绳索打结并用安全扣将安全绳与安全带连接，拧紧安全扣后需回半圈，防止卡死。

（4）一手握住绳索上端，一手握住绳索下端并置于背后，身体重心外移，缓慢沿绳索下降至地面。

（5）将所有装备脱卸后系在安全绳上，拉回下降位置以供下一位人员逃生，重复操作即可。

（6）假若半途需要悬停借助安全楼层逃生，则需将安全绳下半部分绕过"8"字环大环，将绳耳套入两个牛角中收紧完成打锁（图3-25、图3-26）。

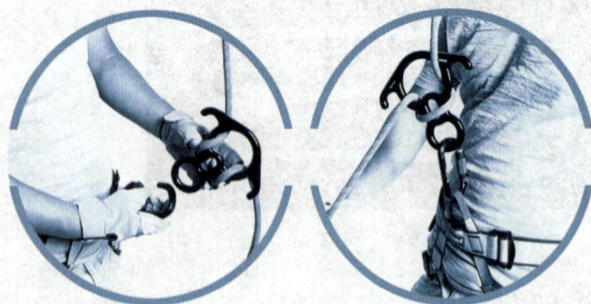

图3-25　绳索缓降技术

图3-26　缓降打锁

2. 缓降器缓降技术

应急缓降器是针对普通家庭特别是高层住宅家庭应急逃生使用的必备装备，其构造由调速器、安全带、安全钩、钢丝绳等组成（图3-27）。应急缓降器将人自身的重力通过杠杆或其他传动机构成比例地传递到阻尼装置上，使得人在缓降过程中受到的阻力与自身重力成正比，从而实现缓降的目的。

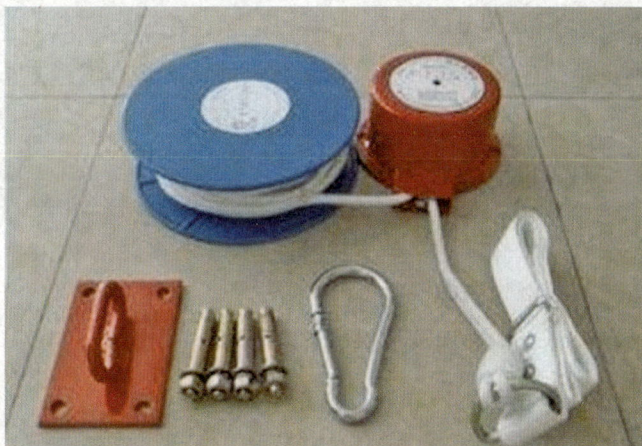

图 3-27　应急缓降器及配件

使用者先将挂钩挂在室内窗户、管道等可以承重的物体上，然后将绑带系在人体腰部，从窗户上缓缓下落降到地面。每次可以承载约 100kg 单人个体自由滑下，下滑速度为 0.5 ~ 1.5m/s，从 20 层楼降到地面约需 1min。

应急缓降器使用步骤如下：

（1）取出缓降器，把安全钩挂于预先安装好的固定架或任何稳固的支撑物上。

（2）将绳索盘投向楼外地面以松开绳索。

（3）将安全带套于腋下，拉紧滑动扣至合适的松紧位置。

（4）不要抓上升的缓降绳索，而是手抓安全带面朝墙壁缓降着落，该缓降器会匀速安全将人员送往地面。

（5）落地后匀速松开滑动扣，脱下安全带，离开现场（图 3-28）。

图 3-28　绳索应急缓降

🛡 学习小结

本次任务主要学习家庭火灾的相关知识，具体介绍了家庭火灾发生发展过程、初期灭火方法、灭火器等消防器材的操作、火灾预防措施和逃生自救方法等内容。学生通过学习，能够全面掌握家庭火灾的防火基本知识和灭火、逃生自救技能，具备根据火场现场具体情况选择恰当方法处置火灾的能力。

思考拓展

1. 当在居住的楼房中遭遇火灾时，可以打开门窗观察火情吗？
2. 在家中烹饪时油锅着火，应该怎么做？
3. 当遭遇火灾时不幸被困火场，应如何开展逃生自救？

励心笃行

中国消防员

深夜，一处房屋起火，烈焰滚滚，毒烟弥漫，可见度极低。消防员杨科璋抱着一名 2 岁的小女孩在漆黑中摸索寻找出口，却不慎踩空，从 5 楼坠落。坠楼时，人的本能是张开双手保护自己，而他却紧紧将小女孩护在怀里，用身体充当女孩的"保护垫"。队友找到他时用力才打开他的双臂，大火扑灭后，小女孩安然无恙，而杨科璋永远留在了 27 岁。他留给人间的最后一句话是："大姐，我救你女儿出去，你放心。"

2019 年春天，四川省凉山州木里县发生特大森林火灾，一队消防员第一时间冲向灾区，他们徒步 7h，抵达海拔约 3800m 的山谷。谁知转场途中，风向忽然改变，山火爆燃。30 名救火英雄瞬间被火舌吞噬，葬身火海。牺牲队员中年纪最小的是"00"后王佛军，出行前他发布了一条朋友圈：来，赌命。

消防员的事迹太多太多。太平盛世里，很少有与死亡离得如此近的职业。他们勇敢赤忱，托举起生的希望；他们不计牺牲，给了我们山一般的安全感。在平凡岗位的他们，用一生践行了最初的誓言："我志愿加入国家消防救援队伍，对党忠诚，纪律严明，赴汤蹈火，竭诚为民。坚决做到服从命令、听从指挥，恪尽职守、苦练本领，不畏艰险、不怕牺牲。为维护人民生命财产安全、维护社会稳定贡献自己的一切。"

致敬每一位逆行向险的消防员。

愿盛世太平，无需任何人以命相搏。

愿他们每次出征，都能平安归来。

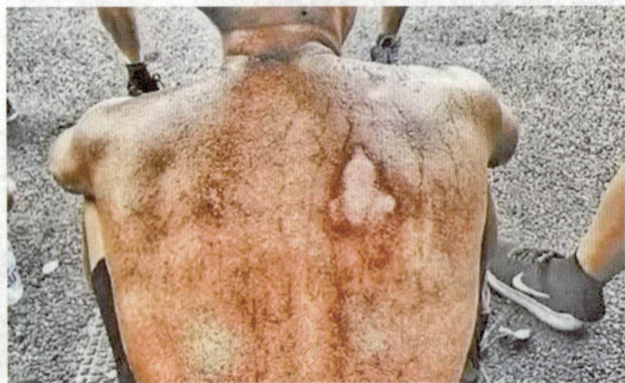

图片来源：学习强国（我是中国消防员！）

技能强化

家庭火灾逃生演习

1.训练目标

（1）熟悉家庭周围消防器材的位置，掌握消防器材的操作方法。

（2）熟悉家庭周围逃生路线，掌握火灾逃生方法和技巧。

2.训练准备

（1）准备一张简易住宅建筑平面图，标注逃生路线，约定集合点。

（2）准备灭火器一个、灭火毯一条。

（3）掌握消火栓的准确位置。

3.成果展示

（1）爸爸负责给家庭成员培训火灾逃生知识和技巧，并分配任务。

（2）演习按照发现火情、初期灭火、疏散逃生流程逐步进行，撤离时应准备两条以上路线。

（3）总结演练的经验与不足。制订后续针对性的学习计划，为下次演练做准备。

任务评价

技能要点	标准参考	分值/分	自我评价（20%）	小组互评（30%）	教师评价（50%）
火灾基础	了解家庭火灾的特点和发生发展过程	10			
火灾处置	掌握扑灭初起火灾的方法	20			
	掌握灭火器的操作技巧	20			
	掌握消火栓的操作技巧	10			
逃生自救	掌握火场逃生的方法	10			
	掌握防烟面罩等自救设备的使用方法	10			
	熟练运用多种消防绳结和缓降设备	20			
火灾预防	掌握火灾预防的方法和行为	10			
总得分		100			

任务二　触电事故应急处置

任务导入

　　随着生活水平的不断提高，电作为一种能源被我们所利用、普及并与人们的生活及设备的运转息息相关。在智能化的时代背景下，家庭电器数量与日俱增，家庭生活更加便捷。然而事物总是有两面性，电在造福人类的同时，也存在诸多隐患，用电不当就会造成灾难。触电事故、电气火灾事故时有发生，使人们的生命财产受到侵害。

📷 任务基础

一、触电的类型

人体触及或靠近带电体因电流或电弧导致受伤或死亡的现象称为触电。触电的分类方法有以下两种。

（一）按对人体的伤害方式分类

电流对人体伤害主要分为电伤和电击两种。

1. 电伤

电伤是指人体触电后因电流的热效应、机械效应和化学效应对人体外表造成的局部伤害，会留下明显伤痕。如电灼伤、电烙印、皮肤金属化、电光眼等。在不严重的情况下，电伤一般无致命危险。

（1）电灼伤。电灼伤一般分为接触灼伤和电弧灼伤两种。

①接触灼伤是由于人体直接与电流接触而导致的烧伤。通常发生在高压触电时电流经过人体皮肤的进出口处，进口处灼伤一般比出口处严重，接触灼伤的面积较小，但深度大，多为Ⅲ度灼伤。灼伤处呈现黄色或褐黑色，并可累及皮下组织、肌腱、肌肉及血管，甚至可致骨骼呈炭化状态，一般需要较长的时间治疗。

②电弧灼伤是电流通过空气介质或短路时产生的弧光、火花致伤，如带负荷误拉隔离开关、带地线合隔离开关时产生的电弧都可能引起电弧灼伤。弧光温度高达 2000 ~ 3000℃，持续时间短，其情况与火焰烧伤相似，一般为Ⅱ度烧伤，会使皮肤发红、起泡，组织烧焦、坏死。

（2）电烙印。电烙印发生在人体与带电体之间有良好接触的部位处，在人体不被电击的情况下，在皮肤表面留下与带电体接触时形状相似的肿块痕迹。电烙印边缘明显，颜色呈灰黄色。人体在触电后电烙印有时并不会立即出现，而是在相隔一段时间后才出现。电烙印一般不发臭或化脓，但往往造成局部麻木或失去知觉。

（3）皮肤金属化。皮肤金属化是由于高温电弧使周围金属熔化、蒸发并飞溅渗透到皮肤表面形成的伤害。皮肤金属化以后，表面粗糙、坚硬，金属化后的皮肤经过一段时间后方能自行脱离，对身体机能不会造成不良后果。

2. 电击

电击是指电流流经人体时造成人体内部器官发生生理或病理变化、工作机能紊乱等伤害。电击的主要部位有心脏、肺及中枢神经系统等，严重时可引起心室纤维颤动，致使心跳、呼吸停止。

电击可由雷电、触及电线或带电体等引起的闪击所致。电击是触电事故中后果最严重的一种，主要表现为全身性反应（表 3-3），严重程度从轻度烧伤直至死亡，绝大部分触电死亡事故都是电击造成的。

表 3-3　电击表现

类型	电击表现
全身表现	（1）轻者立刻出现惊慌、呆滞、面色苍白，接触部位肌肉收缩，头晕、心跳加速及全身乏力
	（2）重者出现昏迷、持续抽搐、心室纤维颤动、心跳和呼吸停止
	（3）严重电击者可能触电时症状不重，但 1 小时后可突发恶化
	（4）触电后，可处于"假死"状态

类型	电击表现
局部表现	（1）电击伤一般有一个进口和多个出口
	（2）电流进口与出口部皮肤出现水疱，严重时组织焦化，肌肉与心肌凝固、断裂及血管破裂
	（3）灼伤皮肤呈灰黄色焦皮，中心部位低陷，周围无肿、痛等炎症反应
其他表现	（1）触电时肢体肌肉强烈收缩，有时可发生骨折或关节脱位
	（2）因意识丧失或肌肉收缩跌倒或从高处坠下，导致外伤或脑震荡

（二）按电流流过人体的路径分类

1. 单相触电

单相触电是指人体的某一部位触及大地或接地的金属构件，另一部位触及任一相带电体的触电，如图 3-29 所示。统计资料显示，单相触电占触电事故的 70% 以上。

2. 两相触电

两相触电是指人体两个不同部位同时触及带电的任何两相电源的触电，如图 3-30 所示。不论中性点是否接地，人体受到的电压都是线电压，两相触电危险性大，后果往往比较严重。

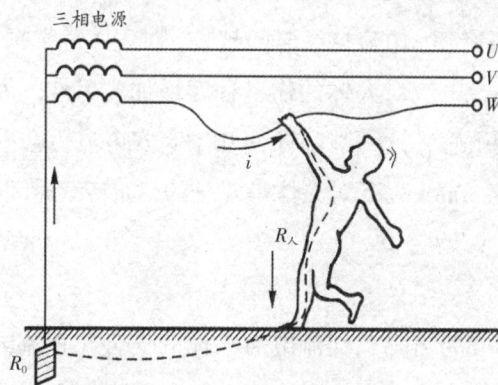

图 3-29　单相触电

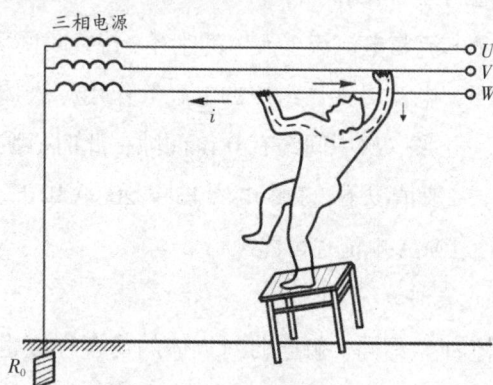

图 3-30　两相触电

3. 跨步电压触电

跨步电压触电是当有较强对地短路电流流入大地时，在接地点附近人体两脚间的跨步电压的触电。载流电线（尤其是高压线）断落触地或雷电流入地时，在导线接地点及周围会形成强电场，以接地点为圆心向周围扩散并逐渐降低，不同位置间存在电位差（电压），人、畜进入该区域，两脚间的电压称为跨步电压。高压线路接地点附近，跨步电压大，危险性也大。对地电压典型双曲线分布如图 3-31 所示。

二、电流对人体伤害程度的决定因素

电作用于人体是一个很复杂的问题，受诸多因素影响。

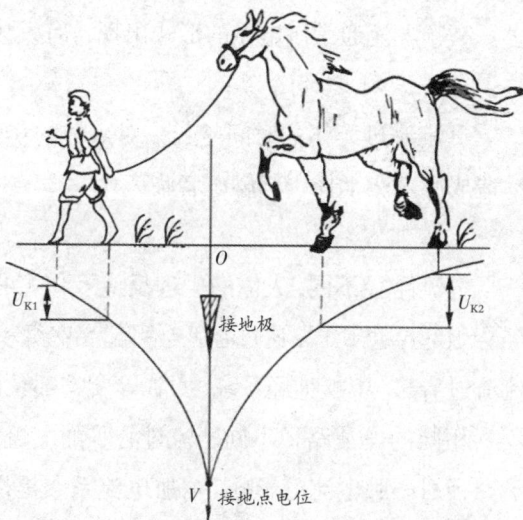

图 3-31　跨步电压触电

不同人在同样情况下产生的生理效应不同，同一个人在不同环境、生理状态下产生的生理效应也不相同。大量研究表明，电对人体的伤害主要来自电流，而电流对人体伤害的程度主要取决于电流大小、电流种类、持续作用时间、电流路径等。此外，还与人体阻抗、人体状态等诸多因素有关。

1. 电流大小

电流越大对人体伤害越严重。触电电流通常可分为感知电流、摆脱电流和致命电流三个级别。

（1）感知电流是指能引起人体感觉但不会造成伤害的电流，感知电流会使人体产生麻酥感、灼热感。通常，不同人、不同性别的感知电流也不同。成年女性、男性平均感知电流分别约为 0.7mA、1.1mA。

感知电流还与电流频率有关，电流频率增加，感知电流也相应增加。如频率从 50Hz 增至 5000Hz 时，男性感知电流也从 1.1mA 增至 7mA。

（2）摆脱电流是指人触电后可自行摆脱的最大电流。摆脱电流通过人体时，人体除感受到麻酥感、灼热感外，主要还有疼痛感、心律障碍感。成年女性、男性平均摆脱电流分别为 10.5mA、16mA。摆脱电流反映人体触电后的摆脱能力，随触电时间延长而减小。我国规定正常成年男性的允许摆脱电流为 9mA，女性为 6mA。

（3）致命电流是指人体触电后能危及生命的电流。电击致人死亡的主要原因是引起"心室纤维性颤动"。因此，致命电流也称室颤电流。人体的致命电流在 1s 时约为 50mA；0.1s 时约为 400mA，而致命电流阈值约为 50mA。

致命电流与电流流过人体的路径、持续时间等因素关系密切。电流持续时间越长，对人体危害越严重。由于出汗、电流对人体组织的电解等作用，人体电阻变小，电流对人体的伤害程度增加。另外，人的心脏收缩、舒张一次中间约有 0.1s 间隙，此时心脏对电流最敏感，这一瞬间即使几十毫安电流也会引起心室颤动。一般情况下，工频电流 15 ~ 20mA 以下、直流电流 50mA 以下对人体是安全的，如持续时间很长，即使 8 ~ 10mA 电流也可能致命。

2. 电流种类及频率

电流种类不同，触电时对人体的伤害程度也不同。由实验可知，交流电对人体的伤害比直流电大。电压 250 ~ 300V、触及频率为 50Hz 的交流电危险性比触及直流电大 3 ~ 4 倍。不同频率的交流电对人体的伤害也不同。通常，50 ~ 60Hz 交流电对人体的伤害最大，低于或高于此频率的交流电对人体的伤害小。高频电流通常以电弧的形式出现，有发生灼伤的可能。

3. 电流持续时间

电流流过人体的时间越长，对人体的伤害越严重。特别是当电流持续时间超过心脏搏动周期时，极易造成心室颤动而引起触电者临床死亡。

4. 电流路径

电流路径不同，人体的生理反应及伤害程度也不同。电流通过脊髓会使人半截肢体瘫痪；通过中枢神经会引起窒息死亡；通过心脏会引起心室颤动而致死，较大的电流还会使心脏立刻停止跳动致死。因此，电流流过脊椎、中枢神经系统、心脏等要害部位时伤害严重。心脏是人体最软弱的器官，电流对其危害性最大。

相同的电流路径不同，流过心脏的电流大小也不同，危险性也不同。可用心脏电流系数表示不同电流路径对心脏电流的影响。心脏电流系数是指从左手到双脚的致命电流与任一电流路径致命电流的比值。从胸部至左手是最危险的电流路径，其次是胸部至右手。对于经常发生触电事故的四肢来说，最危险的电流路径是从左手至左脚、右脚或双脚。从脚至脚的电流路径距离心脏较远，虽然从心脏流过的电流较小，但也不能忽视。如跨步电压触电从脚至脚，因痉挛摔倒后电流会流过其他重要部位，也会导致严重后果。

5. 人体状态

电流对人体的作用与人的性别、年龄、身体及精神状态等因素有关。一般情况下，女性比男性对电流敏感，儿童比成人对电流敏感。相同的触电条件，妇女和儿童相对更容易受伤害。此外，患有疾病（如心脏病、精神病、结核病、内分泌器官疾病等）或酒醉的人，因触电造成的伤害一般都比正常人严重；相反，身体健康的人因触电造成的伤害相对轻一些。

三、触电事故的现场应急处置

一旦发生触电事故，人体受到电流刺激会产生损害作用，严重时心跳、呼吸骤停，立即让人处于假死状态。如现场抢救及时，方法正确，呈假死状态的人就可获救。有数据显示，触电后 1min 开始救治，90% 有良好效果；触电后 6min 开始救治，10% 有良好效果；触电后 12min 开始救治，救活的可能性很小。触电急救必须争分夺秒，不能等待医务人员。为了做到及时急救，平时就要学习触电急救常识，开展必要的急救训练，具备急救能力。

触电现场急救八字原则：迅速、就地、准确、坚持，见表 3-4。

表 3-4　触电现场急救原则

原则	含义
迅速	迅速使触电者脱离电源，立即检查触电者的伤情，并及时拨打 120
就地	立即就地抢救，谨慎选择长途送医院抢救，以免耽误最佳抢救时间
准确	人工呼吸、胸外按压动作和部位必须准确；如不准确，救生无望或胸骨压断
坚持	坚持就有希望，有抢救 7 小时才把触电者救活的案例

（一）迅速脱离电源

触电后身体丧失知觉、肌肉痉挛，从而丧失摆脱能力，甚至呼吸及心跳停止，在身体上的电流出入口会有灼伤痕迹。发生触电事故后，首先要在最短时间内使触电者脱离电源。

1. 脱离低压电源

脱离低压电源的原则：拉、切、挑、拽、垫（图 3-32）。

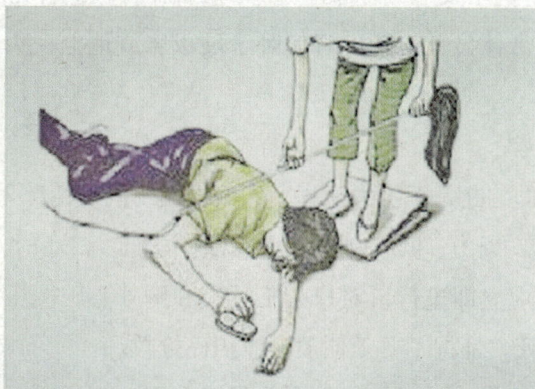

图 3-32　脱离低压电源

（1）拉。如果触电地点距离设备开关或插头很近，应迅速拔掉插头或拉开开关。此时，人体触及的导线还可能带电，不能认为已切断电源。立即打电话通知有关部门断电。

（2）切。如果触电地点距离开关很远，可用绝缘手钳，干燥木柄的斧、刀、铁锹等把电线切断，同时应防止断落导线触及人体。多芯绞合线须分相，一根一根地切断，以防短路伤人。

（3）挑。当导线搭落在触电者身上或被压在身下时，可用干燥木棒、竹竿或其他带有绝缘柄的工具，迅速将电线挑开，使触电者脱离电源。不能使用金属棒或湿的工具去挑电线，以免救护人员触电。

（4）拽。可戴上手套或用干燥的衣服、围巾等绝缘物品包缠在手上拖拽触电者，使其脱离电源。若触电者的衣裤干燥且导线未紧缠身上，可用单手（切勿用双手）抓住其不贴身的衣裤，将之拽离电源。拖拽时不能碰触触电者体肤。也可站在干燥的木板、橡胶垫等绝缘物品上，单手把触电者拽离电源。

（5）垫。若触电者因触电后痉挛，手指紧握导线或导线缠绕在触电者身上，可把干燥木板塞进触电者身下，使触电者与地绝缘来隔断电源，再用其他方法切断电源。

2. 脱离高压电源

对于高压触电事故而言，首先考虑如何让触电者快速脱离电源。

（1）发现高压触电事故时，应立即通知有关部门停电。

（2）救护人员可戴绝缘手套，穿绝缘靴，使用相应电压等级的绝缘工具，按顺序拉开电源开关、熔断器。

（3）如不能迅速切断电源开关，可抛掷裸金属线使线路相间短路接地，迫使断路器跳闸。抛掷之前，先将金属线的一端接地，再抛掷另一端。此方法危险性高，万不得已才能使用，操作不当可导致严重触电事故。

（4）抢救过程中应注意安全距离。如触电者触及坠落地面的高压导线，在未确认线路无电及未采取安全措施（如穿绝缘靴等）前，不能靠近断线点8～10m范围内，以防跨步电压伤人。

（5）触电者脱离带电导线后，应迅速将其带至断线点至少10m以外，并立即进行触电急救。

（二）脱离电源后的处理

1. 判断触电者意识

判断触电者意识：拍、按、叫、好。

轻拍触电者肩部，高声呼叫触电者，如果触电者伤势不重、神志清醒，但有些心慌、四肢发麻、全身无力，或触电者在触电过程中曾一度昏迷，但已经清醒过来，应让触电者安静休息，不要走动，对其严密观察。无反应时，立即用手指甲掐压人中穴、合谷穴约5秒钟。若触电者无苏醒迹象，急救者应大叫呼救，以获得更多的帮助。放好触电者体位，使触电者仰卧于硬板床或地上，头、颈、躯干平卧无扭曲，双手放于躯干两侧，解开紧身衣物。

2. 实施心肺复苏

触电者在解脱电源后应立即判断是否丧失意识，然后根据不同的情况采取相对应的现场急救措施。

触电者神志清醒，但感心慌、乏力、四肢麻木者，应就地休息1～2小时，以免加重心脏负担，招致危险。

若触电者心跳呼吸停止，应立即进行口对口人工呼吸和胸外心脏按压抢救生命，并且要注意伤者可能出现的假死状态，如无确切死亡证据不要随便放弃应积极抢救。

抢救时，如触电者同时有外伤，应视其伤势严重程度分别处理。对不危及生命的轻度外伤，可在心肺复苏后处理；如有严重外伤时，止血、伤口包扎等应与心肺复苏术同时处理，且尽量防止创面感染。

四、家庭用电安全

（1）不能用普通胶布代替绝缘胶布修补电线接头。

（2）保险丝选择要匹配，不能用铜线或铁丝代替。

（3）家中使用安全电器，应到正规商店购买电源插座、台灯，认准安全标识、出厂证明和检验合格证。电扇、洗衣机、电冰箱、微波炉等电器要用三相插头，且要安装地线。

（4）电闸箱一定要安装漏电保护器。

（5）发现电器电源线有破损、发热、露铜等情况时，应停止使用或更换。

（6）电熨斗通电后温度可达700℃，在熨烫衣服的间歇应竖放，不可平放，不可离人。

（7）电瓶车不可在楼道、走廊等公共区域充电，不可将电源拿回家充电。

（8）插座破损、缺件等情况应更换，否则易积累灰尘导致短路或接触不良导致触电，不可超负荷使用插座。

（9）拔插头不可拉拽电源线，不可私自更改插头形状和尺寸。

（10）手机、平板等设备不可边充电边使用。

若家中有孩童，家长应告知或注意：

（1）告诉孩子电很危险，不能玩电器，电源接线板电线不要与金属物接触。

（2）墙上的插座有电，教育孩子不能用手指等去插。

（3）电器在切断电源前，不能用湿手或湿布去擦。

（4）在室外活动时，教育孩子不要爬电线杆，不要在高压线下游戏，不能用手拉电线杆，以防触电。

（5）若家中长时间无人，应关掉所有电器电源（冰箱除外）。

（6）让孩子认识了解电源总开关，学会在紧急情况下关断总电源。教导孩子不用导电物（如铁丝、钉子、别针等金属制品）去接触、探试电源插座内部。

（7）教导孩子不用湿手触摸电器，不用湿布擦拭电器。

（8）电器使用完毕后应拔掉电源插头。

（9）不随意拆卸与安装电源线路、插座、插头等，即使安装灯泡等简单的事情，也要先关断电源。

🛡 学习小结

本任务主要学习触电事故的类型、电流对人体伤害程度的决定因素、触电事故的现场应急处置等内容，重点介绍了触电事故的现场应急处置。学生通过本任务的学习，能够掌握低压电触电事故和高压电触电事故的应急处置方法，提高安全用电的意识和技能。

🔍 思考拓展

1. 电流对人体伤害程度的决定因素有哪些？

2. 触电事故的现场应急处置程序是什么？

3. 发现有人触电后，首要任务是什么？

励心笃行

"铁腿电工"宁启水

2020年全国劳动模范和先进工作者表彰大会在北京召开，表彰了一批全国劳动模范和先进工作者，有"铁腿电工"之称的国网山阳县供电公司宽坪供电所员工宁启水荣获"全国劳动模范"荣誉称号。

参加工作20多年来，宁启水靠一双"铁腿"徒步跋涉，为万佛山、裙子沟等四个不通公路的村子、共486户群众提供用电服务。虽然用户只有486户，但全部散落在海拔2000多米的高山峡谷之间。最远的万佛山村，去一趟来回直线距离近百千米；最近的裙子沟村，一趟也在60km开外，仅巡视线路、催缴电费，每月步行的路程在380km以上，需要15天时间，早晚两头不见日头，才能走遍山山峁峁的农家，哪里黑哪里歇。其间，他曾被蛇咬过、被马蜂蜇过无数次，被捕兽夹伤过腿脚，但不论有多难，他始终没有想过放弃这份工作。

每次上山，一个背篓从来没离开过他的肩膀。背篓里除了装有必需的电工器具、电线、电表、灯泡等外，更多的是为那些留守老人和儿童免费捎带的油盐酱醋、作业本等生活必需品。每次上山后，他都抽出一定时间陪一些孤寡老人聊天，把他们需要的生活必需品记在心上，下月准时背上来，累计重量在5吨以上，穿坏了老母亲给他打的草鞋120多双，用坏了8个背篓，行程累计8万多千米。

图片来源：学习强国（宁启水：办好群众的"心头事"）

技能强化

家庭用电安全隐患排查

1. 训练目标

（1）了解家庭用电过程中的安全状况，提高公众对家庭用电安全的思想认识。

（2）提高公众排查并处置家庭隐患的能力。

2. 训练准备

（1）学习家庭常见隐患的相关内容。

（2）家庭成员认真讨论检查要点，制作家庭安全隐患检查表。

3. 成果展示

（1）可从厨房—餐厅—客厅—卧室—卫生间等空间顺序逐一排查，注意不要有遗漏。

（2）可从行为习惯、设备状态、管线布局等方面排查。

（3）根据排查结果，拟订整改措施并执行。

🎖 任务评价

技能要点	标准参考	分值/分	自我评价（20%）	小组互评（30%）	教师评价（50%）
触电事故的类型	理解电伤和电击	10			
	理解单相、两相和跨步电压触电	10			
电流对人体伤害程度的决定因素	熟悉电流大小对触电事故的影响	10			
	熟悉电流种类及频率对触电事故的影响	10			
	熟悉电流持续时间对触电事故的影响	10			
	熟悉电流路径对触电事故的影响	10			
	熟悉人体状态对触电事故的影响	10			
触电事故的现场应急处置	掌握脱离电源的方法	20			
	掌握脱离电源后的处理措施	10			
总得分		100			

任务三　中暑事故应急处置

📍 任务导入

2022 年 7 月，中央气象台连续 10 多天发布高温预警，四川、上海、浙江、江苏、河南、河北等多地最高气温超过 40℃。6 月以来，高温事件已持续 30 天，覆盖我国国土面积超过 500 万平方千米，影响人口超过 9 亿人。根据国家气候中心监测，2022 年 6 月，全球平均气温较常年偏高约 0.4℃，为 1979 年以来最高。联合国政府间气候变化专门委员会（IPCC）第六次评估报告指出，最近 50 年全球变暖正以过去 2000 年以来前所未有的速度发生，气候系统不稳定加剧。伴随着连续蹿高的气温，中暑事故发生的风险显著增加。深圳急救数据显示，2021 年 6 月 7 日至 7 月 7 日，深圳有 122 人因中暑呼叫过 120。其中，44 人经现场处置病情缓解，78 人被送进医院治疗。

📷 任务基础

一、中暑的定义

现代医学将中暑定义为在高温、高湿环境下，人体体温调节中枢功能障碍、汗腺功能衰竭和水分、电解质丢失过多而引起的以中枢神经和心血管功能障碍为主要表现的急性疾病。通俗来说，中暑是指在高温的环境中，比如气温比较高或者湿度比较大、通风比较差的室外或者室内环境中，由于人体的体温调节中枢功能障碍，汗腺功能衰竭，以及丢失了过多的水分和电解质，导致的急性热损伤疾病（图 3-33）。

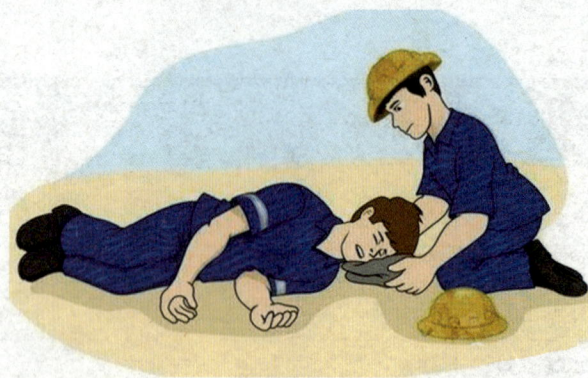

图 3-33 中暑

二、中暑的症状

根据中暑症状的严重程度，可将其分为先兆中暑、轻度中暑和重度中暑。

先兆中暑临床表现为大量出汗、口渴、头昏、耳鸣、胸闷、心悸、恶心、体温升高、全身无力。

轻度中暑临床表现除上述病症外，还有体温38℃以上、面色潮红等症状，或有面色苍白、恶心、呕吐、大汗、皮肤湿冷、血压下降等呼吸循环衰竭的早期症状。

重度中暑临床表现除上述症状外，出现昏倒痉挛、皮肤干燥无汗、体温40℃以上等症状。重度中暑又可分为三种类型。

1. 热痉挛

在高温环境下进行剧烈运动会大量出汗，活动停止后常发生肌肉痉挛，主要累及骨骼肌，持续数分钟后缓解，无明显体温升高。肌肉痉挛可能与严重体钠缺失和过度通气有关。热痉挛也是热射病的早期表现。

2. 热衰竭

常见于老年人、儿童和慢性疾病患者。严重热应激时，因体液和体钠丢失过多而引起循环容量不足所致。表现为多汗、疲乏、无力、头晕、头痛、恶心、呕吐和肌肉痉挛，有明显脱水特征：心率过快、直立性低血压或晕厥。体温轻度升高，无明显中枢神经系统损伤表现。根据病情轻重不同，检查可见血细胞比容增高、高钠血症、轻度氮质血症和肝功能异常。热衰竭可以是热痉挛和热射病的中介过程，治疗不及时有可能发展为热射病。

3. 热射病

热射病是一种致命性急症，主要表现为高热（直肠温度 ≥ 41℃）和神志障碍。早期受影响的器官依次为脑、肝、肾和心脏。根据发病时患者所处的状态和发病机制，临床上可分为两种：劳力性热射病和非劳力性（或典型性）热射病。劳力性热射病主要是在高温环境下内源性产热过多；非劳力性热射病主要是在高温环境下体温调节功能障碍引起散热减少。

三、中暑应急处置措施

夏季是中暑的高发期，由于环境温度过高、空气湿度大，体内余热难以散发，热量越积越多，导致体温调节中枢失控而发生中暑。发现中暑时，可采用以下应急处置措施。

1. 搬移

发生中暑后，迅速将患者移至阴凉、通风的地方，同时让患者平躺，解开衣裤，以利于呼吸和散热。

垫高脚部,这样有利于增加患者脑部的血液供应。

2. 降温

可用凉湿毛巾敷头部,或将冰袋、冰块置于患者头部、腋窝、大腿内侧。有条件的情况下,还可以用酒精、白酒擦拭全身,然后用扇子或电风扇吹风,以加速散热(图3-34)。注意适度,以免造成患者感冒。

注意:不要过快给患者降温,当患者体温降至38℃以下时,停止用吹风、洒冷水、冰敷等强制性降温方法。

3. 补水

等患者清醒后补充水分,应为其补充含食盐0.1%～0.3%的凉开水或小苏打清凉饮料(图3-35)。不宜大量补充水分,不然会引起腹痛、呕吐和恶心等不适症状。不宜饮用咖啡或酒精类饮料。

图3-34　降温

图3-35　补水

4. 促醒

患者若已失去知觉,可指掐人中、合谷等穴使其苏醒。若呼吸停止,应立即进行人工呼吸。

5. 转送

对重症中暑患者,必须立即送医院诊治。搬运患者时,应用担架运送,不可使患者步行,同时运送途中要注意,尽可能用冰袋敷于患者额头、枕后、胸口、肘窝及大腿根部,积极进行物理降温,以保护大脑、心肺等重要脏器。

四、注意事项

(1)不能大量饮水。中暑的人应该采取少量、多次饮水的方法,每次不超过300mL为宜。切忌狂饮不止。大量饮水不仅会冲淡胃液进而影响消化功能,还会引起反射排汗亢进,造成体内水分和盐分大量流失,甚至促使热痉挛发生。

(2)不能吃大量油腻食物。中暑后应少吃油腻食物,否则会加重胃肠负担,使大量血液滞留于胃肠道,输送到大脑的血液相对减少,人体就会感到疲惫加重,更容易引起消化不良。

(3)不能大量食用生冷瓜果。中暑的人大多脾胃虚弱,如果大量食用生冷瓜果、寒性食物,会损伤脾胃阳气,使脾胃运动无力,寒湿内滞,严重者会出现腹泻、腹痛等症状。

五、预防措施

(1)避免长时间暴露在高温、高热环境。夏天气温特别高,尽量避免待在气温特别高的地方,尽量不要在中午时段外出，若有事必须外出，出门时戴太阳帽，穿防晒外套，防止直接暴露在阳光下。应避免长时间在高温、高热环境（尤其是密闭环境）下工作、生活或运动，可以定期间断性转移到通风、透气的环境下休息。

（2）适当补充水分。不要等口渴了才喝水，室外工作者或者经常出汗的人，在饮水时应尽量选用淡盐水，也可在纯净水或茶水中添加少量食盐，既可以补充身体的水分，又可以补充体内的无机盐。

（3）着装得当。部分成年人担心孩子会感冒，便为孩子穿很多衣服。其实，儿童的新陈代谢速度更快，比成年人更怕热。在夏天，只要穿着得当就可，颜色应以浅色为宜。

（4）注意饮食。夏季温度高，人体的代谢功能增强，营养消耗比平时大，因此饮食上多食用富含蛋白质、易于消化的食物，同时应多食用新鲜水果和蔬菜，如哈密瓜、葡萄、香蕉、番茄等食物。哈密瓜含有丰富的钾，可以帮助人体抵抗炎炎烈日的危害。不饮用含酒精或高糖饮料，冷冻饮料也应尽量避免，以免造成胃部痉挛。

学习小结

本任务主要学习中暑的应急处置措施，具体介绍了中暑的定义、中暑的症状、中暑的应急处置措施、注意事项及预防措施等内容，重点介绍了中暑的症状和处置措施。学生通过学习，能够掌握对中暑的应急处置，具备相应的救护能力。

思考拓展

1. 中暑的常见症状有哪些？

2. 处理中暑事故的五项措施是什么？

3. 中暑事故处理时有哪些注意事项？

励心笃行

"双碳"目标，中国在行动

气候变暖是当前最热的全球性环境问题。为了缓解气候变化，国际社会通过各种努力制定了一系列措施。联合国政府间气候变化专门委员会（IPCC）发布基于科学家和决策者评议的全球气候变化报告，为气候谈判提供科学依据。1991年，《联合国气候变化框架公约》开启了全球关于气候变化的国际谈判。随后的《京都议定书》《巴黎协定》等都是《联合国气候变化框架公约》缔约方在不同年份提出的具有影响力的政策文本。

2021年10月，我国向《联合国气候变化框架公约》秘书处提交《中国落实国家自主贡献成效和新目标新举措》和《中国本世纪中叶长期温室气体低排放发展战略》，提出新的国家自主贡献目标：二氧化碳排放力争于2030年前达到峰值，努力争取在2060年前实现碳中和。制定长期温室气体低排放发展战略。到2060年，全面建立清洁低碳、安全高效的能源体系，能源利用效率达到国际先进水平，非化石能源消费比重达到80%以上。构建完成"1+N"政策体系。2022年6月，我国发布《国家适应气候变化战略（2035）》，为适应气候变化工作提供了重要指导和依据。党的二十大报告明确了到2035年我国发展的总体目标，其中之一是"广泛形成绿色生产生活方式，碳排放达峰后稳中有降，生态环境根本好转，美丽中国建设目标基本实现"。党的二十大报告还提出，积极稳妥推进碳达峰碳中和。

我国双碳目标的提出是基于《巴黎协定》提出的国家自主贡献，向全世界展示了应对气候变化的中国雄心和大国担当，使我国从应对气候变化的积极参与者、努力贡献者，逐步成为关键引领者。

技能强化

常备中暑药品资料收集

1. 训练目标

（1）学会识别中暑症状。

（2）了解常见中暑药品功效，学会选用合适的药品。

2. 训练准备

（1）利用网络查找常见中暑药品说明书。

（2）调研家庭常备中暑药品情况。

（3）编制适合不同情况的中暑药品清单。

3. 成果展示

（1）人丹。有祛风健胃、舒气生津、清暑醒神、避秽化浊之功，适用于夏令消化呆滞、恶心呕吐，暑热胸中烦闷、口渴多饮、头昏脑涨，或晕车晕船、水土不服等。

（2）十滴水。有清热祛暑、通窍利湿之功，适用于中暑头晕、恶心呕吐、腹痛泄泻等。孕妇忌用。

（3）藿香正气类。藿香正气类包括藿香正气丸或滴丸、藿香正气水、藿香正气液、藿香正气片、藿香正气软胶囊等，有清暑利湿、理气和中之功，适用于热伤风、中暑、胃寒腹痛、急性胃肠炎等。

（4）清凉油。有提神醒脑、解毒避秽之功，外搽太阳穴或患处可防治中暑头痛、头昏、伤风感冒、关节疼痛，并可治疗蚊虫叮咬。

（5）无极丹。有避秽开窍、镇静安神之功，适用于夏季受暑、晕车晕船、头晕胸闷、恶心呕吐等。每次服 1.5 ~ 3g，温开水送服。

（6）避瘟散。有清热解暑、避秽化浊之功，适用于小儿夏令暑热、伤风头痛、鼻塞流涕、恶心呕吐、晕车晕船等，可取少许鼻闻或搽太阳穴处，内服遵医嘱或按说明书选用。

（7）六一散。有清暑利湿之功，适用于中暑、胸闷、心烦、口渴、小便黄少或呕吐、泄泻者。

（8）风油精。有清热解毒、提神醒脑之功，适用证及用法同上。风油精用途多，除防治中暑外，对其他夏日常见病也有防治作用，但孕妇不宜选用。

任务评价

技能要点	标准参考	分值/分	自我评价（20%）	小组互评（30%）	教师评价（50%）
定义	了解中暑的含义	10			

续表

技能要点	标准参考	分值／分	自我评价（20%）	小组互评（30%）	教师评价（50%）
症状	熟悉中暑的典型症状并能区分不同严重程度	30			
应急处置措施	熟练进行中暑的应急处置	30			
注意事项	了解中暑后的注意事项	10			
预防措施	熟悉预防中暑的措施	20			
总得分		100			

任务四　溺水事故应急处置

任务导入

据卫健委和公安部不完全统计，我国每年有 5.7 万人溺亡，其中青少年占 56%，相当于平均每天有 88 个孩子因溺水失去生命。全球来看，溺水是青少年最主要非正常死亡原因之一，是 15 岁以下儿童仅次于脑膜炎和艾滋病毒的第三大杀手，每年致死 14 万人。溺水非常危险，日常生活中要提高防范溺水的安全意识。此外，不正确或不科学的施救方式极易引起事故扩大。学习科学的施救知识，可以在很大程度上减少溺水死亡的人数，从而挽救更多的生命。

任务基础

一、基本概念

溺水是指人淹没于水或其他液体中，水与污泥、杂草等物堵塞呼吸道和肺泡，或因咽喉、气管发生反射性痉挛，引起窒息和缺氧，肺泡失去通气、换气功能，使机体处于危急状态。溺水的后果可分为非病态、病态和死亡，其过程是连续的。溺水发生后患者未丧失生命则称为近乎淹溺。溺水后窒息合并心脏停搏则称为溺死，如心脏未停搏则称为近乎溺死。

二、典型症状

1. 轻度溺水症状

吸入或吞入少量液体，患者有反射性呼吸暂停、意识清楚、血压升高、心率加快、肤色正常或稍苍白。

2. 中度溺水症状

水可经呼吸道或消化道进入体内，由于反射依然存在，引起剧烈呛咳、呕吐，患者出现意识模糊、烦躁不安、呼吸不规则或表浅、血压下降、心率减慢、反射减弱。

3. 重度溺水症状

表现为昏迷、面色青紫或苍白、肿胀、眼球突出、四肢厥冷、血压测不到、口腔及鼻腔充满血性泡沫、抽搐；呼吸、心搏微弱或停止；胃扩张，上腹膨隆。

三、溺水事故发生的原因

溺水事故导致死亡的案例在日常生活及工作中屡见不鲜，引起社会的广泛关注。根据诸多溺水事故案例，归纳其原因主要有以下几个方面。

1. 安全防护装置缺失或故障

溺水事故发生的原因比较复杂，普遍存在的一个原因是溺水的可能发生位置或区域缺少防护栏杆、盖板等安全防护装置，也未设置明显的安全警示标志。如果作业过程中或路过时不小心，均有可能发生溺水事故。

2. 安全意识淡薄，缺乏安全知识技能

较多溺水事故案例表明，单位未严格组织制订并实施安全生产教育和培训计划，安全生产教育和培训缺失或不到位，工人不具备必要的安全生产知识和岗位安全操作技能。如工作时站位不当，不慎掉入池中造成溺水事故；工作时信息联系不当，在进入冲水沟作业过程中启动高压泵，将作业人员冲入池中，导致溺水事故等。

3. 缺乏事故应急能力

社区或单位应急演练、培训不到位，民众缺乏溺水事故应急能力，以致发生溺水事故时不知道应该如何处理，错失最佳应急救援时间，导致溺水事故发生。

四、溺水事故的特点

溺水事故在发生的过程中，具有以下特点：

1. 应急救援时间紧迫

发生溺水事故时，溺水者在短时间内就可能出现生命危险：溺水者因吸水入肺导致缺氧，在 0.5 ~ 2min 之内就可失去意识，丧失本能呼吸功能，进入假死状态；一般 4 ~ 7min 就可导致心脏骤停。因此，溺水事故救援时间十分紧迫。

2. 溺水死亡率高

溺水者可能因强烈的心理恐慌、急性心律不齐、脑溢血等导致手脚不能动弹，很快沉入水中。溺水时，轻者脸色苍白、口唇青紫、恐惧、呼吸心跳减弱等，但神志清楚。重者面部青紫肿胀、口腔带有血色或充满泡沫、四肢冰凉、上腹膨胀、昏迷、抽搐、呼吸心跳停止等。溺水事故如得不到及时的应急处理，溺水者死亡率高。

3. 救援时间长

溺水事故发生后，从发现事故到救援人员赶到溺水现场，需要一定的时间；救援人员到达后，溺水者大都处于淹没状态，找到待救者具体位置的难度较大，搜救行动持续时间较长，特别是在流动水域，水深或水流快等因素直接提升了救援行动难度。

4. 救援行动要求高

溺水现场救援人员需经过专门的技术培训，专业性强，技术含量高，操作要求高。需要潜水作业时，还必须由专业潜水人员着潜水服下水施救。对于溺水事故，常用的救援装备有消防艇、冲锋舟、救生衣、救生圈、救生发射枪、搜索定位装置、救生网、漂浮担架、安全绳、安全带、照明灯、望远镜等。

五、溺水事故现场应急处置

（一）自救

1.落水自救

当发生溺水事故、人员掉入水中时，可采取以下自救措施：

①首先不要害怕沉入水中，当人落水后或发生溺水时，会对自己沉入水中产生极大的恐惧，因此会本能地通过各种挣扎措施（如双手上举或胡乱划水等）试图使自己上浮，殊不知这样做只能适得其反。

②立即屏住呼吸，放松全身，去除身上的重物，同时睁开眼睛，观察周围情况。如果身体沉入水中，就让它沉，因为水有浮力，且浮力与水深有关，水越深液体压强就越大，浮力也就越大，故沉到一定程度，多数情况下没有负重的人体就会停止下沉并自然向上浮起。

③一旦身体停止下沉并上浮时，落水者应立即采取以下动作：双臂掌心向下，从身体两边像鸟飞一样顺势向下划水。注意划水节奏，向下划要快，抬上臂要慢；同时双脚像爬楼梯那样用力交替向下踢水，或膝盖回弯，用脚背反复交替向下踢水，这样就会加速自身上浮。当身体上浮时应冷静地采取头向后仰，面向上方的姿势，争取先将口鼻露出水面，一经露面，立即进行呼吸，同时大声呼救。

④呼气要浅，吸气宜深，尽可能保持自己的身体浮于水面，以等待他人救援。还可实施踩水技术，以避免自己下沉。

⑤不会游泳及踩水的人不要试图不让自己再次下沉，更不能将手上举或拼命挣扎，这样不但消耗体力，而且更容易使人下沉。如果再次下沉就照原样再做一次，如此反复。

⑥一定要全身放松，这一点非常重要，这样才能保存更多的体力，坚持更长的时间。

⑦如果在水深2～3m的游泳池或在底部坚硬的水域或河床发生溺水，由于底部坚硬，落水者可在触底时用脚蹬地加速上浮，浮出水面立即呼救，同样不要害怕再次下沉。如此反复，坚持到救援人员到来。

⑧用踩水的方法防止下沉。

2.抽筋自救

游泳及水下作业者突然发生的肌肉痉挛性收缩俗称抽筋，这种情况似乎并不罕见，临床表现为某处肌肉突发性痉挛，局部肌肉发硬并有剧痛。导致抽筋的原因多为水凉、疲劳、过度呼吸（呼吸性碱中毒）、服用某些药物以及体内某些物质不足（如钙不足）等。比较常见的抽筋部位为小腿肚（腓肠肌痉挛），其他部位如手指、脚趾、大腿、上臂等处也时有发生。

突发的抽筋将给人带来突发疼痛，并能严重影响游泳、踩水的动作，还有可能造成恐慌及呛水，甚至导致溺水发生，因此需要及时采取应对措施。抽筋发生后的自救方法及注意点如下：

①首先要冷静，千万不要惊慌失措。应立即呼救并告诉自己的同伴，同时向岸边转移。抽筋属于肌肉痉挛性收缩，因此按摩、伸展、拉长、放松该处肌肉，即可缓解。

②手指抽筋可按摩患处，同时将手握拳，然后用力张开，迅速反复多做几次，直到抽筋停止。

③脚趾抽筋可先深呼吸后屏气，不要在乎身体下沉，抓住抽筋的脚趾，用手将脚趾向抽筋的反方向伸展，即可缓解。

④小腿肚抽筋可先深呼吸后屏气，用抽筋肢体对侧的手握住抽筋肢体的脚趾，并用力向身体方向拉，同时用同侧的手掌压在抽筋肢体的膝盖上，帮助抽筋腿伸直。大腿抽筋可同样采用拉长抽筋肌肉的方法处理，然后迅速划水上浮呼吸。

⑤腹部抽筋应反复鼓肚子,同时用手用力按摩局部。

⑥反复抽筋时,一次发作缓解后,同一部位可能再次抽筋,故应再次采用相同方法处理,同时对疼痛处充分按摩并慢慢向岸上游去,上岸后最好再次按摩和热敷患处,也可饮用热饮料。

3. 呛水自救

呛水是指吸气时不慎将水吸入气管内。发生呛水时应保持冷静,时刻知道自己的口鼻是否在水平面之上,以避免在呛咳时再次吸入水分。此时应克制咳嗽感,先在水面上闭气静卧片刻,再把头抬出水面,边咳嗽边调整呼吸,待气管内的水分被排除后呼吸就会恢复正常。

4. 被水草及杂物缠身自救

被水草或水下杂物缠住时最重要的就是冷静,应深吸气后屏气钻入水中,睁眼观察被缠绕之处,同时用双手慢慢解脱缠绕,切勿挣扎,否则越挣扎缠得越紧。此时还要特别注意全身放松,放松后身体需氧量减少,能延长水下耐受时间。

5. 遭遇漩涡自救

流速较快的水流遇到障碍物时会产生漩涡,通常位于障碍物的下游。小漩涡不会导致伤害,大漩涡则十分危险。大漩涡的危害在于首先能把水中人拽入水底,如果人不能及时浮出水面将造成严重缺氧;其次是漩涡可以通过巨大的旋转能量把人撞到附近的障碍物上,导致严重创伤,甚至造成意识丧失,这些都可致人死亡。特别是人一旦进入漩涡,想摆脱它则非常困难。

应对漩涡的方法:尽量远离障碍物,由于漩涡多是障碍物造成,故接近障碍物(如水坝、河道突然变窄等)时应非常小心。如果已经接近漩涡,应立刻放平身体俯卧浮于水面上,沿着漩涡边,用爬泳的方法借力顺势快速摆脱漩涡。由于漩涡边缘处吸引力较弱,不容易卷入面积较大的物体,所以身体必须平卧在水面上,切不可直立踩水或潜入水中。如果已经不慎进入漩涡并被拽入水下,则应立即屏气,然后尽量蜷缩身体,双手抱头,尽可能避免要害部位撞到障碍物上。当旋转解除后立即在水下睁眼观察周围情况,并迅速划水使自己上浮。

6. 驾驶落水自救

驾驶过程中不慎溺水,需要采取以下措施:

①沉着冷静。只有冷静才能清醒,才能实施正确的自救方法。切勿惊慌,惊慌就会失措,失措就会错失良机,带来严重的后果。

②迅速求助外援。在第一时间拨打救援电话(如120、110、119等),告诉对方自己的方位,使自己尽快得到救助。拨打电话越早越好,特别是发生大型事故或自然灾害时,在短时间内会有大量电话出现,将造成呼救系统崩溃,因此迅速拨打电话呼救是当务之急。

③避免被困车内。落水后车门无法打开的原因大致有二:其一,自动门锁将车门锁死,而车辆进水后电路短路,无法打开车门。对此,当车辆落水时不要过于依赖车辆自动化的性能,最好选择手动操作,提前打开门锁及车窗,以免作茧自缚。其二,车门无法打开是由于车辆内外的压力差造成的。这种压力差不是一成不变的。由于车辆刚刚落水,车内外的大气压几乎相等,故此时压力差很小,车门很容易打开,而车辆刚刚全部没入水中时,由于车内相对为真空,故此时的压力差最大,推测车门承载的压力有数百公斤,因此无法打开车门。随着车辆逐渐进水,车内真空的程度越来越轻,车内外的压力差就会越来越小,当车辆即将被水灌满时,车内外的压力差几乎相同。因此,被困者应该利用压力差的物理特征逃生。

最好应该在车辆刚刚入水时打开车门逃生，不要错过宝贵的机会。

④从被困车内逃生。如果车门已经无法打开，说明车内外的压力差很大，此时千万不要强推车门，那样不仅无济于事，还会消耗体力。可设法打碎玻璃出逃，千万不要采用无效方法，如用头部撞击车窗玻璃等。应寻找车内重物，如工具箱中的榔头、千斤顶等加以利用，把车窗砸碎逃生。砸玻璃时要选择较大的车窗角部，该处相对薄弱。不要砸车窗中间的部位，那样砸车的动能将很快向四周扩散并被吸收，造成局部无法形成足够的破坏力，因此无法砸破玻璃。此外要反复砸一个地方，反复猛砸就可砸破，不要这里敲一敲，那里敲一敲，那样效果差，还浪费了体力和时间。如果无法砸碎车窗玻璃，应抬高头部，便于得到空气，同时放松身体，平静呼吸，保存体力，冷静等待，直到车辆进水几乎达车顶时再打开车门逃生。逃生时首先深吸一口气，然后屏住呼吸，睁开眼睛出逃，不要闭眼，以免无法看清周围物体（如玻璃碎渣等）而受伤。

（二）互救

1. 第一目击者救援

溺水事故发生时，第一目击者在早期营救中发挥着非常关键的作用。但第一目击者也常常在营救中受伤或死亡，特别是冲浪、急流及水塘、海边等自然水域。非专业救生人员尽量不要实施下水营救。

（1）当发生溺水事件时，现场的第一目击者应立刻启动现场应急救援程序。首先应呼叫事故现场周围人员援助，有条件时应尽快通知附近的110、消防人员或专业水上救生人员。

（2）第一目击者在专业救援到来之前，可向溺水者投递竹竿、衣物、绳索、漂浮物等。

①如溺水者离岸较近，告诉溺水者尝试抓住竹竿、衣物等救援物；如溺水者离岸较远，向溺水者抛掷绳索或供其漂浮的物品；如必须下水营救，应借助专用浮力救援设备等接近溺水者。

②不推荐非专业救生人员下水应急处置。

③两人一同下水救援比单人更安全，但不推荐多人手拉手下水救援。人手的握力有限，多人手拉手下水救援经常会因脱手导致施救者溺死，特别是急流、冲浪、水塘、海边等自然水域。

④救援时，切勿将头扎进水里跳水救人，救援人员可能会失去与溺水者的视觉接触，还有可能增加脊柱损伤。

（3）第一目击者直接入水救援注意事项：不要从正面去救援，否则会被溺水者抱住，让救援者无法游动，导致双方下沉；要从溺水者后方进行救援；用一只手从其腋下插入握住其对侧的手，也可以托住其头部，用仰游方式将其拖至岸边；拖带溺水者的关键是让他的头部露出水面（图3-36）。

图3-36　溺水事故救援

（4）现场应急救援的同时，应尽快拨打120急救电话。打电话时应言简意赅，特别要讲清楚具体地点，最好约定明显标志物等候，一旦急救车到来可迅速引领医疗人员到事故现场。呼叫者应服从调度人员的询问程序，如有可能，可在调度指导下对溺水者进行现场应急处置。如溺水者出现心搏和呼吸骤停，需要进行心肺复苏。

2. 专业人员水中救援

（1）在进行水中救援时，专业救生员会先进行溺水者的存活判断。若溺水者心跳和呼吸停止，专业救生员应尽早开始心肺复苏，可增加溺水者的复苏成功率。专业救生员可借助漂浮救援设施实施水中通气。不建议非专业救生人员在水中实施人工呼吸。

（2）若在深水区发现溺水者无反应时，可实施水中通气，溺水者可能会有反应；若无反应，救生员需根据具体情况决定尽快将溺水者带往岸边还是继续在原地实施水中通气，直至救援船或直升机到达接管应急救援。

（3）一旦将溺水者救出，除非有明显的不可逆死亡证据，均应立即进行心肺复苏（图 3-37），并在保持按压质量的前提下尽快转送至医院治疗。

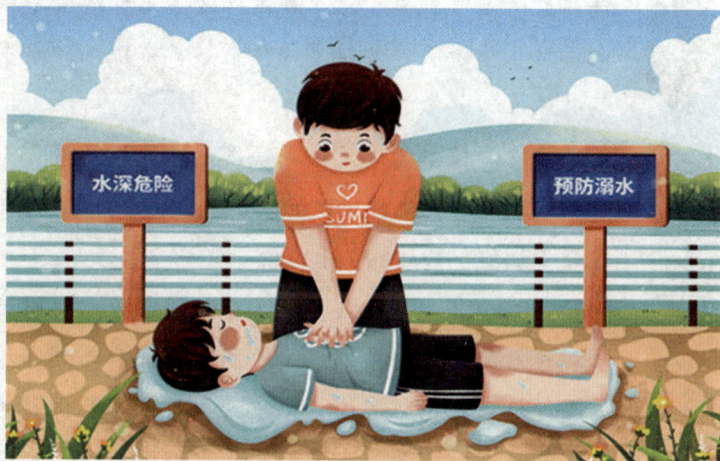

图 3-37　心肺复苏

（4）溺水者颈椎损伤的概率很低，不必要的颈椎固定可能影响气道开放，甚至导致并发症，延误呼吸复苏。

（5）在不影响心肺复苏的前提下，尽可能去除溺水者身上的湿衣服，并擦干身体，防止溺水者出现体温过低（低于 32℃）。

3. 岸边基础生命支持

基础生命支持应遵循的顺序为放置伤员、判断意识及呼吸（脉搏）、胸外按压、开放气道、人工通气。

溺水者接受胸外按压或人工呼吸时，可能出现呕吐。研究数据表明，65% 接受单纯人工呼吸、86% 接受胸外按压和人工呼吸的溺水者都出现呕吐。若溺水者呕吐应立即将其翻转至一侧，用吸引器、手指等清除呕吐物，防止溺水者窒息。

溺水者有了心跳和呼吸后，要赶紧脱掉身上的湿衣服，以免身体热能被带走，造成低温伤害，然后做好保暖复温，尽快送医。

学习小结

本任务主要学习溺水事故的概念、溺水事故发生的原因、溺水事故的特点、溺水事故现场应急处置等内容，重点介绍了溺水事故现场应急处置的措施。学生通过本内容的学习，能够掌握溺水事故的应急处置，具备对溺水事故的救援能力。

思考拓展

1. 第一目击者发现有人落水后该怎样处理?

2. 对落水者施救过程中,如何维持落水者的基础生命?

励心笃行

"时代楷模"王红旭

图片来源:学习强国("父亲"的抉择——追记重庆市大渡口区育才小学教师王红旭)

2021年6月1日下午,在重庆市大渡口区万发码头江边玩耍的两名儿童意外落水,现场目击群众大声呼救,带小孩到江边玩耍的王红旭、许林盛听见呼救声,急忙跑到江边。王红旭毫不犹豫第一个跳入江水中向落水儿童游去,紧接着许林盛第二个跳入江水中参与施救,后来张广荣也跳入江中参与施救。

事发江段水流湍急,在事发地江边的马波、王显才等人则迅速组织在江边玩耍的其他群众以手拉手、搭人墙的方式,自岸边延伸至江水中,配合王红旭、许林盛、张广荣开展施救。

马波与贺琴琴、夏欢、张亚、张学峰、李珊珊、余洪等人主动组成手拉手人墙,王显才因年事已高未下水参与到人墙。王红旭先救起一个女孩递给后面的许林盛、张广荣等人,转身再游向已被江水冲远的另一个男孩,在救起男孩回游中,王红旭因体力严重透支,将生的希望留给了孩子,耗尽全力将小孩推给同伴。

最终,两名儿童被成功营救上岸,游在最后的王红旭因体力不支被江水吞没,消失在了江水中。

2021年6月15日,教育部印发决定,追授重庆市大渡口区育才小学教师王红旭"全国优秀教师"荣誉称号,号召全国广大教师和教育工作者向王红旭同志学习。2021年9月16日,中共中央宣传部决定追授王红旭"时代楷模"称号。

技能强化

溺水事故案例收集

1. 训练目标

(1)学习溺水救援相关知识,提高安全意识。

(2)总结救援成功或失败经验,能根据实际情况科学救援。

2. 训练准备

(1)利用手机、电脑,从网络收集相关溺水救援案例。

(2)从教材中整理溺水自救互救相关内容。

(3)学习游泳技能,增强实战本领。

3. 成果展示

案例一:17岁少年同母亲到桂林解放桥处玩耍,少年溺亡。

案例警示：该少年与母亲从外地到桂林游玩，对事发水域不熟悉。因水底呈"V"字形，导致底部水流速度比水面快，形成向下的吸力，一旦应对不及时，就可能发生溺水。所以，不能到正规浴场、场馆之外的水域游泳，更不能到陌生的户外水域游泳。

案例二：重庆市开州区大德镇四个孩子不幸溺亡。

案例警示：四个孩子，年龄最小的 5 岁，是靠大人看护的年龄。溺水事件再次警示家长，一定要落实监护责任，不要心存侥幸，意外可能在瞬间发生。

案例三：四川彭州市龙门山镇龙漕沟山洪灾害中，7 人死亡，包括一名小孩。

案例警示：现场有防护栏，有警示牌。家长带孩子外出，应该教导孩子遵守规则，重视现场的警示提醒。教训应该汲取，但不该是生命的代价。

案例四：湖南娄底，一名男孩在游泳馆溺亡。

案例警示：监控显示，男孩下水后大力扑打水面，但无人注意，当救生员发现并施救时为时已晚。这名男孩在家人陪同下来到游泳馆，下水后家长没引起重视。家长与现场救生员都应提高警惕，认真看护。家长要认识到，家长是孩子安全的第一责任人，不能依赖他人看护。

任务评价

技能要点	标准参考	分值 / 分	自我评价（20%）	小组互评（30%）	教师评价（50%）
溺水事故发生的原因和特点	熟悉溺水事故发生的原因和特点	10			
溺水事故自救方法	熟悉各类溺水事故自救的方法	30			
溺水事故互救方法	掌握第一目击者发现溺水事故后的应急处置办法	20			
	掌握专业人员如何水中救援	20			
	掌握岸边对落水者基础生命的支持措施	20			
总得分		100			

任务五　异物卡喉应急处置

任务导入

据统计，我国每年有近 3000 名儿童因食管或气管异物阻塞引起窒息死亡。年龄最小的只有 1 个月。近几年因人口老龄化加快，中老年人气管异物窒息的案例也呈现上升趋势。

异物卡喉是生活中常见的意外事故，一颗豆子、一粒花生米都可能造成严重的后果。一旦发生异物卡喉，短时间内不及时抢救处理，极易导致窒息死亡。那么，遇到突发情况时，在没有医疗设备的情况下该怎么办呢？海姆立克急救法是目前较常用、简单易学的解决呼吸道异物梗阻的方法。本任务将和大家共同学习异物卡喉的科学应急处置方法。

📷 任务基础

一、海姆立克急救法介绍

海姆立克教授是美国的一位外科医生。在临床实践中，他被大量因食物、异物窒息造成呼吸道梗阻致死的病例震惊了。在急救急诊中，医生常采用拍打患者背部，或将手指伸进口腔咽喉去取的办法排除异物，其结果不仅无效反而使异物更深入呼吸道。他经过反复研究和多次动物试验，终于发明了利用肺部残留气体形成气流冲出异物的急救方法。1974 年，他做了关于腹部冲击法解除气管异物的首次报告。

很快就有人反映采用海姆立克教授介绍的方法取得了成功，救下了许多生命。而这些救人者常常是没接受过正规急救培训的人，说明这是一种普通人也能掌握的救命术。

1975 年 10 月，《美国医学会杂志》以他的姓氏将这一技术命名为"海姆立克急救法"。

1985 年，美国公共卫生部将"海姆立克急救法"称为最佳急救法。从此之后，"海姆立克急救法"成为全世界抢救气道异物梗阻患者的标准方法。

二、气道异物梗阻发生原因及临床表现

（一）发生原因

异物进入呼吸道后，大的异物多停留在气道，小的异物易嵌于支气管。较大的、表面不光滑的或植物性异物（如豆类、花生米）对气管黏膜刺激强，黏液分泌增加，植物性异物易被黏液浸泡而膨胀，加剧病情。因此，对气道异物的梗塞急救应引起重视。

1. 饮食不慎

成年人大多发生在进餐时，因进食急促、过快，尤其是在摄入大块的、咀嚼不全的食物时，若同时大笑或说话，很容易使一些肉块、鱼团、菜梗等滑入呼吸道。

2. 酗酒

大量饮酒时，由于血液中酒精浓度升高，使咽喉部肌肉松弛而吞咽失灵，食物团块极易滑入呼吸道。

3. 咳嗽

个别老年人因咳嗽、吞咽功能差，或不慎将假牙或牙托误送入呼吸道。

4. 其他

儿童有口含异物的习惯，且因防御咳嗽力弱，反射功能差，一旦嬉笑或啼哭时，可因误吸气而将口腔中的物品吸入呼吸道，如异物不能咳出，则病情严重，预后较差。

患者发生昏迷时，因舌根后坠，胃内容物和血液等反流入咽部，也可阻塞呼吸道入口。

此外，企图自杀的人或精神疾病患者，故意将异物送入口腔而插进呼吸道也会引起气道梗阻。

（二）临床表现

常见的呼吸道异物有糖果、花生米、药片、西瓜子及纽扣等。值得注意的是，因为这类意外事故常发生在进餐时，尤其是原来患有冠心病者，易误诊为冠心病发作。发生气道异物梗阻后，患者常见的临床表现主要如下所述。

（1）特殊体征。当异物吸入气管时，伤病人员会突然刺激性咳嗽、反射性呕吐、声音嘶哑、呼吸困难。

由于异物吸入气道时会使人感到极度不适，伤病人员常常不由自主地以一手呈"V"字状紧贴颈部，以示痛苦和求救。这成为一个特殊典型的体征（呼吸窘迫手势），如图3-38所示。

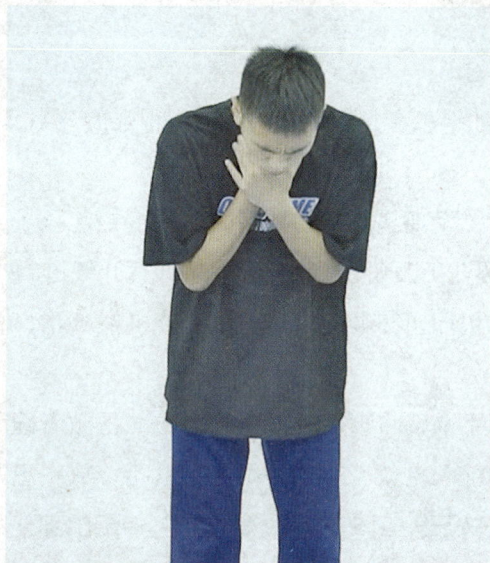

图3-38 呼吸窘迫手势示意图

（2）呼吸道部分阻塞。伤病人员症状有咳嗽、喘气或咳嗽弱而无力，呼吸困难，吸气时带有高声，梗塞患者手呈"V"体征，面色苍白，发绀。

（3）呼吸道完全阻塞。不能说话，不能咳嗽，不能呼吸，面色灰暗，紫绀，失去知觉，昏倒在地，严重者丧失生命。

（4）昏迷患者在呼吸道被打开后，仍无法将空气吸入肺内。

三、海姆立克急救法现场应用

海姆立克急救法主要是利用腹部-膈肌下软组织被突然的冲击产生向上的压力，压迫两肺下部，从而使肺部残留空气形成一股气流。这股带有冲击性、方向性的长驱直入于气管的气流，就能将堵住气管、喉部的食物硬块等异物驱除，使人获救。

现场急救程序概况如下：

（1）简单询问／观察病情。初步确定异物的种类、大小等，检查患者意识是否清楚，面色是否苍白、发绀等。

（2）判断气道梗阻程度。通过观察患者是否有呼吸、咳嗽，能否说话，以及气体交换是否充足等，确认气道是否完全阻塞。

（3）现场急救处理。根据患者年龄、意识等特征，选择适当的海姆立克急救法开展施救，同时结合实际情况及时拨打120急救电话。

判断人员是否存在气道异物梗阻时，可采用如下方法：

（1）急救者见到伤病员抓自己的脖子（"V"形呼吸窘迫手势）。

（2）可以询问患者："你被东西卡住了吗？"如果患者点头表示"是"，可立刻实施抢救；如果患者无法回答，可通过下述征象判断。

①气体交换不良或无气体交换。

②微弱、无力的咳嗽或完全没有咳嗽。

③吸气时出现尖锐的噪声或完全没有噪声。

④呼吸困难。

⑤面部发绀。

出现上述情况，立即施救。如果患者是轻度阻塞，出现很强的咳嗽，不要干预其咳嗽和呼吸。

1. 婴儿梗阻

当患者为 1 岁以下的孩子时，发现气道异物梗堵时，马上抱起孩子，将婴儿骑跨在一侧前臂，同时手掌固定后颈部，用另一手固定婴儿下颌角，使头部轻度后仰打开气道。两手前臂将婴儿固定为俯卧位（可放置在抢救者大腿上），用手掌根叩击婴儿肩胛骨连线中点 4 ~ 5 次，检查口腔，如异物咳出，迅速用手取出异物，如图 3-39 所示。

若异物仍没有吐出来，则两手前臂将婴儿反转为仰卧位，抢救者跪下或立于其足侧，或取坐位，并使患儿骑在抢救者大腿上，面朝前。抢救者以手的中指和食指，放在患儿胸廓下和脐上腹部（婴儿两乳头连线下一拇指处），快速冲击按压 4 ~ 5 次，约 1 次/秒，压迫深度为患者胸廓的 1/3 ~ 1/2。检查口腔，如异物咳出，则迅速用手取出。如异物未能咳出，重复背部叩击和胸部冲击多次。具体手法如图 3-40 所示。

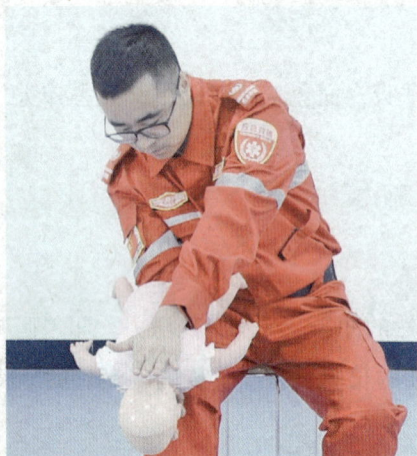

图 3-39 婴儿施救手法   图 3-40 婴儿施救手法

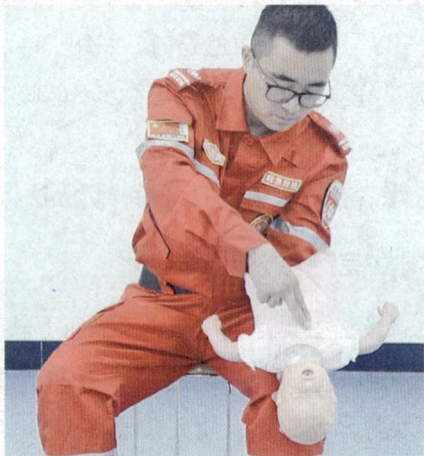

2. 成人梗阻

若患者意识清醒，取立位，急救者应弓步位于患者身后，使患者弯腰，头部前倾，以双臂环绕其腰，一手握拳，拳心朝下，使拇指倒顶住其腹部正中线肚脐略向上方，远离剑突尖。另一手紧握此拳，以快速向内向上冲击，将拳头压向患者腹部，连续 6 ~ 10 次（约 1 次/秒），以造成人工咳嗽，驱出异物，每次冲击应是独立、有力的动作，注意施力方向，防止胸部和腹内脏器损伤（图 3-41）。

若患者意识不清，应采用卧位腹部冲击法。此法也可用于抢救者身体矮小、不能环抱清醒者的腰部时。

首先将患者置于仰卧位，使头后仰，开放气道。急救者骑跨在患者大腿上或在患者两边，以一手的掌根平放在其腹部正中线肚脐的略上方，不能触及剑突。另一手直接放在第一只手背上，两手重叠，一起快速向内向上冲击患者腹部，连续 6 ~ 10 次（约 1 次/秒），检查异物是否排出在口腔内，若已经排出在口腔内，用手取异物法取出；若无，可再冲击腹部 6 ~ 10 次后进行检查（图 3-42）。

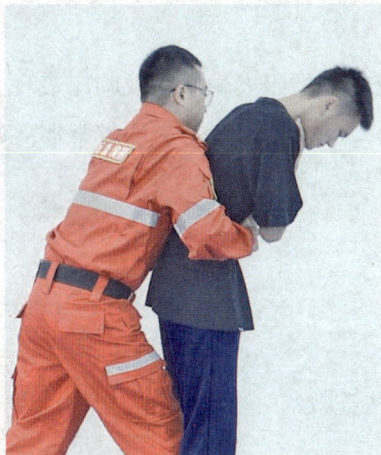

图 3-41　意识清醒的成人施救手法

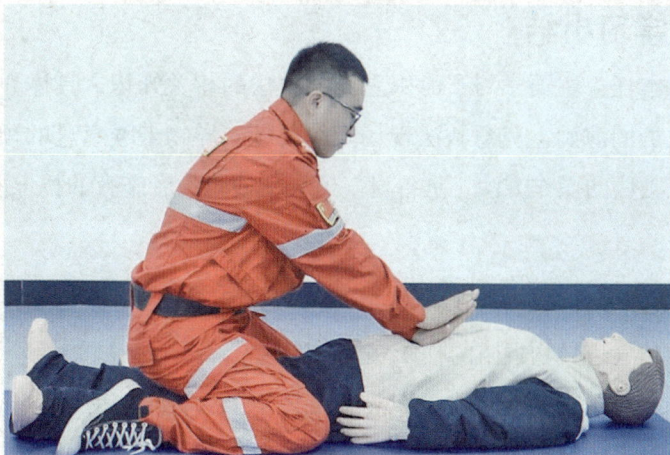

图 3-42　失去意识的成人施救手法

3. 个人自救

若发生时只有本人在场，我们可以利用自己的拳头和另一只手掌猛捅，或用圆角或桌椅背快速挤压腹部。任何钝角物件都可以用来挤压腹部，使阻塞物排出（图 3-43）。

注意，海姆立克急救法不适用于已经失去意识的患者，如果患者完全无反应，已经失去心跳呼吸，应立即拨打 120 急救电话，同时给予心肺复苏。

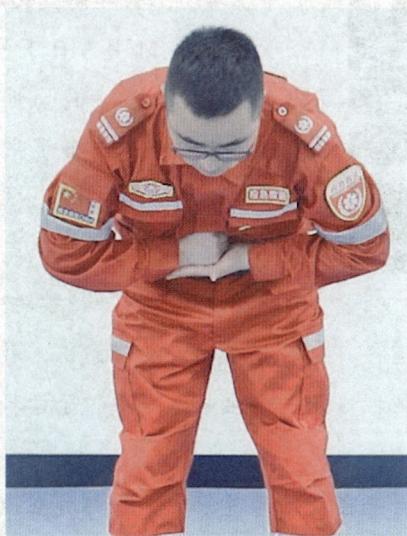

图 3-43　个人自救施救手法

四、异物卡喉窒息的预防

生活中，如何预防异物卡喉导致的窒息事故呢？首先尽量在就餐时将食物切成细块并充分咀嚼；若口中含有食物，应该避免大笑、讲话、行走和跑步，养成良好的用餐习惯；注意照看儿童，不允许儿童将小玩具、纽扣等放在口中。容易使老人和小孩发生气道梗堵的食物有果冻、麻花、糖果、花生酱（黏稠度过高）、坚果类、小巧水果（龙眼、葡萄、樱桃等）、鱼刺等，所以在生活中应注意进食规律并养成良好的用餐习惯，以防异物卡喉而导致窒息事故。

学习小结

本任务主要学习了海姆立克急救法的相关知识，具体介绍了气道异物梗阻发生原因及临床表现、不同人群的海姆立克急救法现场操作要领、异物卡喉窒息的预防等内容。学生通过学习，能够掌握海姆立克急救法的操作方法，具备对气道异物梗阻患者施救的技术能力。

思考拓展

1. 气道异物梗阻的临床表现有哪些？

2. 对于成人的急救，若患者意识清楚，应如何运用海姆立克急救法施救？

3. 患者出现何种情况时，海姆立克急救法不适用？

励心笃行

万米高空，跪地救援

图片来源：中国民用航空网

2020 年 11 月 3 日，在一架飞机上上演了一场危情急救。一名幼儿被葡萄干卡喉，情况十分危急，空姐高空紧急施救的事在网络上引起高度关注。

2020 年 11 月 3 日下午，在由西安飞往广州的 HU7857 航班上，一名 1 岁多的幼儿因吞食葡萄干导致气道梗阻，呼吸困难。飞机上的乘务员张女士用海姆立克法进行急救，在她的不懈努力下孩子吐出了刚吃的奶和葡萄干，使全场所有人松了一口气。脱离生命危险后，其他乘务员快速帮助家长为小朋友清理干净并持续对小朋友进行照料。

回想起当时的情景，张女士说道："当时孩子已经没有意识，就一个软趴趴的小身体在我的怀里。我当时只有一个想法：一定要救活他！这是一个生命，一个孩子牵扯到至少三个家庭，如果一个孩子没有了，这些家庭需要经历什么？"

当时事出紧急，孩子又小，张女士在救助的过程中全程都跪在地上。事后家属对张女士表示感谢，说自己一辈子都不会忘记张女士救了自己的孩子。

人生百态，大爱无疆。在日常生活中，总会有大大小小的意外发生，有些事情自己可以解决，而有些事情自己不能解决。这时，总会有一些人伸出援手，帮助自己解决问题，令人暖心。

技能强化

海姆立克急救训练

1. 训练目标

（1）掌握现场海姆立克急救法的操作程序和注意事项。

（2）能够正确运用海姆立克急救法进行现场施救。

2. 训练准备

（1）准备好海姆立克急救模拟假人若干个（成人、婴儿）。

（2）准备地垫、一次性口罩等物品。

3. 成果展示

第一步：发现患者

（1）简单询问/观察病情。初步确定异物的种类、大小等，检查患者意识是否清醒，面色是否苍白、发绀等。

（2）判断气道梗阻程度。通过观察患者是否有呼吸、咳嗽，能否说话，以及气体交换是否充足等，确认气道是否完全阻塞。

第二步：现场急救处理

根据患者年龄、意识等特征，选择适当的海姆立克急救法开展施救，同时结合实际情况及时拨打 120 急救电话（模拟）。

任务评价

技能要点	标准参考	分值/分	自我评价（20%）	小组互评（30%）	教师评价（50%）
海姆立克急救法操作	正确使用婴儿海姆立克急救法	40			
	正确使用成人（站立位）海姆立克急救手法	20			
	正确使用成人（仰卧位）海姆立克急救手法	20			
	正确使用海姆立克急救法自救	20			
总得分		100			

任务六　道路交通事故防范与应急处置

任务导入

根据国家统计局数据，2020 年全国交通事故发生数总计 244674 起，交通事故死亡人数总计 61703 人，交通事故受伤人数总计 250723 人，交通事故直接财产损失总计 13.13 亿元。

数据的背后，是一例例血泪史。由于交通事故的发生不仅造成大量人员伤亡，给无数家庭带来不幸，而且严重影响经济发展和社会稳定，引起了各级政府的高度重视和关注。人们在谈"故"色变的同时，开始意识到交通安全的重要性。

📷 任务基础

一、交通事故的特点

1. 后果的严重性

一旦发生交通事故，轻则损物受伤，重则致人残废、家破人亡，甚至数十人一起遭殃，给亲人带来撕心裂肺的痛苦，造成永远无法弥补的损失，故有"交通事故猛于虎""交通事故是一场没有硝烟的战争"之说（图3-44）。

图 3-44　某车祸现场

道路交通事故的后果既然如此严重，无论行人、非机动车驾驶员还是机动车驾驶员，在任何情况下都应将交通安全放在头等重要的位置，绝不能掉以轻心，一定要警钟长鸣。要做到思想不能有丝毫麻痹，行为不能有丝毫越轨，动作不能有丝毫闪失。俗话说，"不怕一万，只怕万一"，哪怕只存在万一的危险，也要引起警惕，采取措施，防患未然。否则，悔之晚矣。

2. 行为的违法性

分析交通事故的原因，绝大多数都是由当事人的违法行为造成的，诸如疲劳驾驶、酒后驾驶、超速驾驶、超载、超限、超员行驶、违法超车，还有不按规定会车、避让、占道、抢道等，都是发生交通事故的"罪魁祸首"。

交通违法行为与交通事故两者之间是因果关系。因此要预防道路交通事故的发生，先要从遵守交通法规做起。俗话说"没有规矩，不成方圆"，这就要求交通参与人从自身做起，严格遵守交通法规，彻底告别一切交通违法、违章行为，并在思想上要严格要求自己，筑起防止道路交通事故发生的藩篱。

3. 事发的突然性

道路交通事故往往发生在一刹那间。在极短的1秒甚至0.1秒内发生，在事主认为不会发生的时候发生了，让人猝不及防。

因此在参与道路交通时，市民应当随时保持对事故的警惕，提醒自己：一个小小的闪失，就有可能带来无法弥补的损失；不经意间也有可能付出生命的代价。不要因为眼前一切正常或凭经验觉得平安无事就放松警惕，或者任凭交通违法行为发生。要知道，道路上什么事情都有可能发生，失之毫厘，差之千里，这种教训比比皆是。

二、道路交通事故应急处置程序

1. 立即停车

停车后按规定拉紧手刹制动，开启危险报警闪光灯，妨碍交通又难以移动的，应当按照规定在开启危险报警闪光灯后在车后 50 ～ 100m 处设置警告标志（图 3-45），夜间还应同时开启示廓灯和后位灯，以防后车追尾。

图 3-45　设置警告标志

2. 及时报案

当事人应及时将事故发生的时间、地点、肇事车辆及伤亡情况打电话（交通事故报警电话：122）或委托过往车辆、行人向附近的公安机关或执勤民警报案。同时可向附近的医疗单位、急救中心求救（医疗急救求助电话：120）。

如果事故现场发生火灾，还应通知消防部门（火灾求救电话：119），同时告知引燃原因、火势大小及被困人员情况。

3. 抢救伤者或财物

确认受伤者的伤情后，应采取紧急抢救措施，尽最大努力救助，并设法送至附近医院抢救治疗。除未受伤或虽有轻伤但本人拒绝去医院诊断情况外。

一般可以拦搭过往车辆或通知急救部门、医疗单位派救护车前往抢救。对于现场物品或被害人的钱财应妥善保管，防止被盗被抢。

4. 保护现场

保护现场的原始状态，包括其中的车辆、人员、牲畜、遗留的痕迹并确保散落物不被随意挪动位置。

抢救伤者，应在其原始位置做好标记，不得故意破坏、伪造现场。当事人在交管人员到达之前，可用绳索等材料设置警戒线，保护好现场。

5. 做好防火防爆措施

当事人首先应关掉车辆引擎，消除火灾隐患。事故现场禁止吸烟。如果载有危险物品的车辆发生交通事故，需要将此情况报告交管部门及消防人员，同时做好防范措施。

6. 协助现场调查取证

当事人必须如实向公安交通管理机关陈述事发经过，不得隐瞒交通事故的真实情况，应积极配合、协助警方做好善后处理工作。

7. 投保机动车强制保险或商业保险的应及时报案

（1）车主第一时间需要拨打电话给自己的保险公司，如果在发生交通事故的过程中涉及人伤，还需要拨打交警部门的电话，然后进行责任划分，否则保险公司是不会理赔的。

（2）在保险公司相关工作人员到达现场之后，车主就需要出具自己的相关证件。

（3）在相关工作人员核实后，保险公司工作人员就会让车主填写一份报案表。不过在填写的过程中，一定要把事故发生的前因后果写得详详细细，同时还要写清自己的一些个人信息。

（4）相关工作人员也会根据车主的描述情况，来对现场进行核实并拍照作为证据。

（5）相关工作人员也可以选择到4S店进行定损核验零部件的维修价格，经过核验之后就会通知车主核实后的金额，如果车主对理赔同意的话，保险公司即开展理赔工作。

（6）不仅如此，保险公司工作人员也会将理赔资料上交给相关部门，待审核通过，车主就可以拿到自己应有的赔偿费用了。

特别说明：酒后驾车、无证驾驶，行驶证、驾照没年检的不理赔：以上这些情形中，司机并不具备上路行驶的资格，严重违反交通法规。此外，驾驶员与准驾车型不符、实习期上高速等情形，保险公司也会拒绝赔付。

三、道路交通事故处置要点

1. 当事司机

（1）将车辆停到安全地带，打开双闪，车后方放置标示，提醒后方司机注意安全。

（2）拨打报警电话。

（3）保护事故现场。有人员受伤的，先抢救伤员，伤员有移动的应标记其位置后再移动。

注意不要肇事逃逸。轻微交通事故后，司机应在拍照、录像取证后，将事故车辆移到不妨碍道路通行的地方，等待交警处理，不可长时间占道影响通行。

2. 受伤人员

（1）受伤人员意识清醒时，应告知救援人员可能受伤的部位。

（2）有骨折时，待骨折位置固定后再移动。

（3）保持心情平和，不要激动，在等待救援过程中，尽量不要入睡。

（4）在高速公路上遭遇车祸时，不要继续待在车上，尽快从高速公路上转移至安全区域。

3. 围观群众

（1）发生交通事故后，不围观不聚集。

（2）需要时，协助拨打救援电话。

（3）协助转移受伤人员。

（4）作为目击者、证人，协助警方调查事故。

（5）不造谣不传谣，不散布不实信息，保护个人隐私。

四、道路交通安全注意事项

1. 步行安全

（1）步行时走人行道，并靠右侧行走。

（2）横穿马路要走人行横道。行走时先看左侧车辆，后看右侧车辆。

（3）设有交通信号灯的人行横道，绿灯亮时可通行，红灯亮时禁止通行。

（4）设有自助式交通信号灯的人行横道，要先按人行横道使用开关，等绿灯亮、机动车停驶后再通过，红灯亮或显示"等待"信号时，禁止通过。

（5）设有过街天桥或地下通道的区域，不得横穿马路。

（6）无人行横道与通过设施的区域，横穿马路时要先确认安全后再通过。

（7）不在机动车道、非机动车道上打闹、猛跑。

（8）不跨越各种交通护栏、护网与隔离带。

2. 乘车安全

（1）车辆靠站停止前，不要向车门方向涌动。待车辆停稳后，先下后上，按顺序上下车。

（2）上车后扶好或坐好，不故意拥挤。

（3）乘车过程中，不把身体的任何部位伸向车外，不向车外抛洒物品。

（4）乘车过程中保管好自己的财物。

（5）不携带易燃、易爆、强腐蚀性等违禁物品乘车。

五、交通事故逃生技巧

1. 成功逃生的三个必要

（1）正确驾姿。背臀紧贴座椅，做到身体与座椅无缝隙。

（2）系好安全带。安全带下部应系在胯骨位置，不系在腹部；上部置于肩的中间，大约锁骨位置。一定要将安全带下部拉紧，系好安全带，听到"咔嗒"声后，还应再次确认。

（3）头脑冷静，清晰判断。

2. 翻车后的逃生方法

（1）熄火。这是最首要的操作。

（2）调整身体。不急于解开安全带，应先调整身姿。具体姿势是：双手先撑住车顶，双脚蹬住车两边，确定身体固定后，一手解开安全带，慢慢把身子放下来，转身打开车门。

（3）观察。确定车外没有危险后再逃出车门，避免汽车停在危险地带，或被旁边疾驰的车辆撞伤。

（4）逃生先后。如果前排乘坐了两个人，副驾人员应先出，因为副驾位置没有方向盘，空间较大，易出。

（5）敲碎车窗。如果车门因变形或其他原因无法打开，应考虑从车窗逃生。如果车窗是封闭状态，应尽快敲碎玻璃。由于前挡风玻璃的构造是双层玻璃并含有树脂，不易敲碎，而前后车窗则是网状构造的强化玻璃，敲碎一点即整块玻璃就全碎，因此应用专业锤在车窗玻璃一角的位置敲打。

3. 汽车入水后的逃生方法

（1）汽车在入水过程中，由于车头较沉，所以应尽量从车后座逃生。

（2）如果车门不能打开，手摇的机械式车窗可摇下后从车窗逃生。

（3）对于目前多数电动式车窗，如果入水后车窗与车门都无法打开，这时就要保持头脑冷静，将面部尽量贴近车顶上部，以保证足够空气，等待水从车的缝隙中慢慢涌入，车内外的水压保持平衡后，车门即可打开逃生。

学习小结

本任务主要学习了交通事故的特点、道路交通事故应急处置的程序、道路交通事故处置要点、道路交通安全注意事项，以及交通事故逃生技巧等知识。学生通过本节内容的学习，能掌握日常道路交通的安全事项，学会处置道路交通事故，具备交通事故逃生的技巧。

思考拓展

1. 汽车掉入水中，司机为什么不能立马打开车门或者破窗逃生？

2. 为了防范交通事故的发生，你认为应如何让公众掌握更多的逃生技能？

励心笃行

"文明出行，从我做起"倡议书

同学们：

遵守交通法规、保护自然环境、营造文明风尚，不仅关系到每个家庭的幸福，更关系到整个社会的和谐稳定。为了进一步提升青少年文明素质，弘扬和培育社会文明风尚，在此呼吁大家开展"文明出行，从我做起"的倡议。本次倡议围绕公共文明礼仪教育，从"文明在我口中""文明在我手中""文明在我脚下""文明在我心中"等方面入手，着力培养良好的文明行为习惯。为了充分发挥学校、家庭、社会"三位一体"的教育作用，提高活动实效，特向同学们郑重倡议：

1. 从我做起，做文明出行志愿服务的参与者。崇尚"奉献、友爱、互助、进步"的志愿服务精神，踊跃加入文明出行志愿者行列，积极参与文明和谐交通建设，自觉履行文明行为规范。

2. 从我做起，做遵守交通法规的践行者。树立文明交通意识，自觉维护交通秩序，文明礼让，和谐出行，骑车按标志标线，各行其道；行车不闯红灯，不违法变更车道，不争道抢行，提醒家长开车不违法鸣笛，不酒后驾驶，不乱停乱放；遇有道路施工时，自觉服从交通临时管制，不翻越道路隔离设施。

3. 从我做起，并通过自己提醒家长也做文明出行的垂范者。提醒家长学习道路交通安全法律法规知识，和同学一起学会保护自己，避免交通意外的伤害。提醒家长要以身作则，做文明行路、文明骑车、文明乘车的榜样，遵守交通规则，不骑车带人，不逆向行驶，不闯红灯，不乱穿马路，不翻越护栏，自觉服从警察叔叔的指挥。

亲爱的同学们，为了我们共同的家园，为了我们家园的美好明天，让我们携起手来，为营造文明出行环境贡献自己的一份力量。

技能强化

高速公路上发生追尾事故如何处置

1. 训练目标

（1）学习交通事故的处置流程。

（2）学习高速公路上发生道路交通事故的注意事项。

2. 训练准备

（1）网上查找高速公路发生车祸的视频，并进行学习。

（2）认真整理本任务的内容，找出交通事故发生后的处置要点和注意事项。

3. 成果展示

（1）立即停车。立即将车停在应急车道，开启危险报警闪光灯，在车后150m设置危险警告标志。将车中人员全部疏散到高速路防护栏以外的安全区域。

（2）及时报案。当事人应及时将事故发生的时间、地点、肇事车辆及伤亡情况打电话（交通事故报警电话：122）或委托过往车辆、行人向附近的公安机关或执勤民警报案。同时可向附近的医疗单位、急救中心求救（医疗急救求助电话：120）。

如果事故现场发生火灾，还应通知消防部门（火灾求救电话：119），同时告知引燃原因、火势大小及被困人员情况。

（3）抢救伤者或财物。确认受伤者的伤情后，应采取紧急抢救措施，尽最大努力救助。

（4）保护现场。保护现场的原始状态，包括其中的车辆、人员、牲畜、遗留的痕迹并确保散落物不被随意挪动位置。

抢救伤者，应在其原始位置做好标记，不得故意破坏、伪造现场。当事人在交管人员到达之前，可用绳索等材料设置警戒线，保护好现场。

（5）协助警方调查取证。当事人必须如实向公安交通管理机关陈述事发经过，不得隐瞒交通事故的真实情况，应积极配合、协助警方做好善后处理工作。

（6）及时向保险公司报案。

任务评价

技能要点	标准参考	分值/分	自我评价（20%）	小组互评（30%）	教师评价（50%）
交通事故的特点	了解后果的严重性、行为的违法行为、事故的突发性	10			
道路交通事故应急处置程序	掌握应急处置的五个步骤： （1）立即停车 （2）及时报案 （3）抢救伤员或财物 （4）保护现场 （5）做好防火防爆措施	25			
道路交通事故处置要点	学会以下三个处置要点： （1）当事司机处置要点 （2）受伤人员处置要点 （3）围观群众处置要点	25			
道路交通安全注意事项	掌握以下两个注意事项： （1）如何做到步行安全 （2）如何做到乘车安全	20			
交通事故逃生技巧	掌握以下三个逃生技巧： （1）成功逃生三必要 （2）翻车后的逃生方法 （3）汽车入水后的逃生方法	20			
总得分		100			

任务七　燃气泄漏事故防范与应急处置

🅿 任务导入

　　燃气与百姓们的生活密不可分，烧水做饭等都需要燃气助力。然而，燃气一旦泄漏将有可能引发严重的安全事故。当燃气在空气中的含量达到一定浓度后会使人窒息。燃气不像一氧化碳那样具有毒性，它本质上对人体无害，但当其处于高浓度状态时，可使空气中的氧气不足以维持人体生命所需，将致人窒息甚至死亡。作为燃料，当燃气在空气中的浓度达到其爆炸极限时，遇到外界引火源，将会发生爆炸进而造成人员伤亡。

　　燃气在给我们生活带来便利的同时，又给我们带来了极大的安全隐患。生活中一旦发生燃气泄漏，应采取怎样的方法去有效应对呢？通过对本节任务的学习，可使学生了解家用燃气常见隐患类型，掌握预防燃气泄漏日常维护方式和燃气泄漏现场应急处置措施。

📷 任务基础

一、燃气基础知识

　　燃气通常是对天然气的简称。天然气蕴藏在地下多孔隙岩层中，包括油田气、气田气、煤层气、泥火山气和生物生成气等，也有少量出于煤层。天然气是优质的燃料和化工原料。

　　天然气的主要用途是作燃料，可制造碳黑、化学药品和液化石油气，由天然气生产的丙烷、丁烷是现代工业的重要原料。天然气主要由气态低分子烃和非烃气体混合组成，组分有甲烷（85%）、乙烷（9%）、丙烷（3%）、氮（2%）和丁烷（1%）。天然气也是制造乙醛、乙炔、氨、碳黑、乙醇、甲醛、烃类燃料、氢化油、甲醇、硝酸、合成气和氯乙烯等化工产品的原料，通常被压缩成液体进行储存和运输。煤矿工人、硝酸制造者、发电厂工人、有机化学合成工、燃气使用者、石油精炼工等均有机会接触天然气。

　　改革开放至今，我国天然气探明储量已达 48 万亿立方米，探明储量仅次于美国、俄罗斯和伊朗，排名世界第四。探明储量主要集中在 10 个大型盆地，依次为渤海湾、四川、松辽、准噶尔、莺歌海 - 琼东南、柴达木、吐 - 哈、塔里木、渤海、鄂尔多斯等。中国气田以中小型为主，大多数气田的地质构造比较复杂，勘探开发难度大。

　　虽然天然气比空气轻且易扩散，但是在房屋或帐篷等密闭环境里极易发生聚集，一旦天然气浓度在空气中达到其爆炸极限，在外界点火源作用下，就会触发威力巨大的爆炸。爆炸将会夷平整座房屋，甚至殃及邻近建筑。

　　应急管理部安全协调司司长在 2022 年 1 月 20 日发布会上介绍，近年来，随着我国城镇化进程的快速发展，全国城镇燃气使用规模增长迅猛，目前全国用气人口已超 6.67 亿人，全国城镇燃气使用普及率已达 97.87%，可以说燃气与广大人民群众的生产生活密不可分。使用燃气给人们带来便利的同时，燃气安全风险日益凸显。

二、家用燃气使用常见隐患

　　燃气泄漏易引发爆炸事故，爆炸将严重威胁家庭成员及邻近人员的生命财产安全。目前，千家万户供热、做饭、烧水都需使用燃气，因此更应加强人们的燃气安全使用意识。家用燃气常见隐患主要有下述几个方面。

1. 燃气胶管破裂、脱落

（1）胶管两端未打卡子或卡子松动。

（2）胶管超期使用，老化龟裂。

（3）使用易腐蚀、老化的劣质胶管（图3-46）。

（4）疏于防范，被老鼠咬坏、被尖锐物体刮坏等。建议使用寿命长、安全性能高的金属软管。

图3-46 软管老化

2. 户内燃气管道损坏

（1）长期接触水或腐蚀性物质，导致管道腐蚀。

（2）家庭装修、管壁悬挂物品等外力作用，使管道接口松动。

（3）管线防腐漆（层）脱落后未及时补刷，金属与空气长期接触，导致管线腐蚀（图3-47）。

3. 燃气表损坏

（1）超期使用，内部构件老化，导致燃气泄漏（图3-48）。

（2）外力破坏引起燃气表表体或接头损坏而导致泄漏。

图3-47 燃气管线内、外侧腐蚀

图3-48 燃气表腐蚀

4. 燃气灶具点火失败

（1）风门没调好，进空气口太大，空气太多。

（2）打火触点形成污垢或是微动开关失灵。

（3）电池没电，电路接触不良。

（4）管道堵塞。

（5）点火针位置不当。

5. 忘关燃气阀门

（1）缺乏关阀意识。

（2）紧急出门或有紧急事件处理，离人未关火。

（3）老人容易忘记关阀。

（4）停气后短期未供气。

6. 燃气阀门接口损坏

（1）长期频繁开关阀门，阀门松动，连接处泄漏（图 3-49）。

（2）年久失修。

（3）阀门被腐蚀。

7. 燃气灶具损坏

（1）燃气灶本身年久失修。

（2）燃气灶质量不合格。

（3）人为外力碰触和摩擦导致的灶具损坏。

图 3-49　阀门松动

8. 私改燃气管线

（1）为了室内美观，私自改造燃气管线。

（2）为了增加燃气设施，自行增设三通，延长管线。

（3）贪图小利益，为燃气表不计量或少计量，偷改管线。

9. 燃气热水器隐患

（1）烟道式、强排式热水器违规装在浴室内。

（2）超期使用。《家用燃气燃烧器具安全管理规则》（GB 17905—2008）中指出，燃具从售出当日起，使用人工煤气的快速热水器的判废年限应为 6 年，使用液化石油气和天然气的快速热水器的判废年限应为 8 年。

（3）排气管线未通向室外。

三、家用燃气泄漏事故防范

1. 产品合格，安装规范

家庭配置的液化气钢瓶、灶具减压阀、燃气软管等必须为符合国家有关规定的合格产品。

2. 正确安装管线

（1）燃气管道不得穿过卧室和卫生间，禁止将燃气主管及燃气表密封，如装饰，必须通风良好，便于维修和安检。

（2）若暗藏管线，则必设在不受外力冲击和温度变化大的部位，暗埋埋深不小于 10mm，必须做好标记并有稳妥的安全保护措施，暗藏部分不得有机械接头。

（3）管道、管件、阀门等应采用经国家相关部门检验合格的产品；安装前进行清扫保证清洁；管道隐蔽前务必试压合格，隐蔽施工时不得伤害管路。

（4）连接燃气器具的软连接管建议使用国标不锈钢波纹管丝扣连接，若采用橡胶或塑料类软管，不超 2m 宜固定，请定期 1 年左右更换，以防老化。

（5）燃气热水器烟道必须伸至室外，避免出现一氧化碳中毒。

3. 勤检查防泄漏

（1）定期检查室内燃气设施，确保完好。

（2）常用肥皂水检查室内燃气管道及专用软管是否漏气（图3-50）。

图 3-50　肥皂水测漏

（3）用气完毕、关闭阀门。

（4）燃气灶的连接胶管须定期检查，更换使用时间不超过 18 个月。冬季胶管更易硬化老化、龟裂松动，应立即更换。建议使用金属波纹管。

（5）超过使用年限（不得超过 8 年）的燃气灶具应及时更新。

4. 使用注意

（1）使用燃气时，打开窗户和排风扇，注意通风换气，避免缺氧。

（2）人走火灭。使用时需有人看管，防止汤水外溢浇灭火焰或被风吹灭火焰引起燃气泄漏。

（3）使用后及时关闭灶具开关和液化气阀门。

（4）建议安装家用可燃气体报警器（图3-51），以便及时发现燃气泄漏。

（5）燃气器具必须由具备资质的单位和人员安装，不得私自安装、改装。

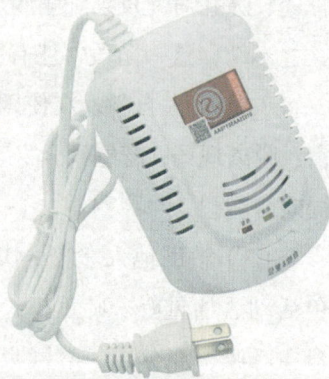

图 3-51　可燃气体报警器

四、家用燃气泄漏事故处置

1. 泄漏识别与检查

（1）特殊的臭味。燃气在输送到最终用户之前，为有助于泄漏检测，会添加臭味剂给燃气增加气味。可通过闻空气中有无特殊臭味判断燃气是否泄漏。

（2）涂抹肥皂水。在管道连接处，或发出"呲呲"声音的区域涂抹洗洁精水或肥皂水，如有气泡产生，则已发生气体泄漏。注意：不能用明火检查泄漏。

（3）看燃气表。在未使用燃气的情况下，如果燃气表的数值有变化，可判断燃气有泄漏。家中如已安装报警器，一旦发生燃气泄漏，报警器会报警。

2.泄漏现场应急处置

（1）关闭燃气总阀，切断气源。一旦在家里闻到刺鼻性气味，怀疑家里燃气泄漏时，应迅速关闭燃气表表前总阀，及时阻止燃气进一步泄漏；如果当时正在做饭，一定要立刻关掉灶具上的明火；如果正在洗澡，关掉燃气热水器，以免造成火灾。

（2）轻开门窗通风换气。在关掉总阀门之后，迅速开门、开窗通风，使家中聚集燃气尽快散去，降低室内燃气浓度。

（3）不可开闭电器。不要开关任何电器。各种电器开关、插头与插座的插接都会产生火花。

（4）不要使用电话。打电话时，电话机内会产生瞬间高电压，机内的叉簧接点会产生火花。

（5）不穿脱衣物。尤其是干燥天气（秋冬季），厚衣服也多为化纤材质，穿脱衣物时很容易产生静电火花。

（6）迅速撤离现场，拨打燃气抢修报警电话，请专业人员进行处理。

3.燃气管道失火应急处置

（1）关阀门。关闭燃气阀门时，要逐渐关小开闭器，将火焰逐步降到最小，再关闭阀门，防止回火爆炸。

（2）扑灭火源。采用干粉灭火器或湿布、湿被将火扑灭。

（3）迅速逃离。迅速逃离室内并拨打119火警电话。

（4）及时告知周围居民，并撤离至室外空旷区域。

4.人员中毒应急处置

（1）中毒症状。早期症状表现为剧烈头痛、头晕、心慌、面部潮红、口唇呈现樱桃红色、全身乏力、恶心、嗜睡、意识模糊、视物不清、感觉迟钝、出现幻觉等症状；中度症状表现为呼吸困难、意识丧失、昏迷、瞳孔对光反射和角膜反射迟钝等。中毒症状为深昏迷、瞳孔对光反射和角膜反射消失、呼之不应、推之不动，这一阶段常伴有脑水肿、肺水肿、休克等严重的并发症，死亡率极高。

（2）个人自救。在使用煤炉、炭盆取暖或使用热水器洗澡时，如有头晕、胸闷症状，须尽快打开门窗，脱离现场；若感到全身乏力不能站立，可在地上匍匐爬行（一氧化碳比空气轻），迅速打开门窗逃生，同时呼救。

（3）救助他人。应尽快让患者离开中毒环境，并立即打开门窗，使空气流通；患者应安静休息，避免活动后加重心、肺负担，增加氧的消耗量；松解衣扣，保持呼吸道通畅，清除口鼻分泌物，保证患者自主呼吸，充分给予氧气吸入；对中毒较轻的患者，可让其喝浓茶、鲜萝卜汁和绿豆汤等；对神志不清的中毒患者，应让其平躺，快速检查患者呼吸、脉搏情况，根据实际情况进行紧急处理；当中毒者呼吸心跳停止，立即实施心肺复苏术，及时拨打120求助。

🛡 学习小结

本节任务主要学习了家庭燃气泄漏事故的相关知识，具体介绍了家庭燃气使用常见隐患、燃气泄漏事故的防范方法及现场应急处置等内容。通过本节内容的学习，学生能够掌握预防家庭燃气泄漏事故的基本知识，具备家庭燃气泄漏事故的处置能力。

思考拓展

1. 家用燃气使用过程中常见的隐患有哪些？
2. 燃气泄漏的现场处置措施有哪些？

励心笃行

开县井喷事故

2003年12月23日深夜21时55分，重庆市开县（今开州区）高桥镇罗家寨发生特大井喷事故，富含硫化氢的天然气猛烈喷射30多米高，失控的有毒气体随空气迅速向四周弥漫，距离气井较近的4个乡镇6万多灾民急需紧急疏散转移。事故导致243人因硫化氢中毒死亡、2142人因硫化氢中毒住院治疗、65000余人被紧急疏散安置，直接经济损失高达6400多万元人民币。

图片来源：新华社 重庆12·23井喷事故分析

遵章守纪，尽职尽责：作为一名专业技术人员，应当立足岗位，肩负岗位职责，时刻绷紧安全之绳，严格按照操作规程开展日常生产工作。事故调查认为该井产生溢流到井喷的直接原因之一是作业人员在起钻过程中违章操作，钻井液灌注不符合规定；井喷失控的直接原因是钻具组合中去掉了回压阀，致使起钻发生井喷时钻杆内无法控制，由井喷演变成为井喷失控。

以人为本，安全第一：作为事故抢险现场负责人，应本着"以人为本，安全第一"的理念，以广大人民群众的生命财产安全为出发点，保障抢险现场救援有序进行。事故发生初期，现场抢险负责人因情况不明拒绝主任工程师的点火请求，加之不及时督促或指派人员进行现场勘查，致使大量含有高浓度硫化氢的天然气喷出扩散，造成事故扩大，致使重大人员伤亡。

技能强化

家用燃气灶泄漏现场处置

1. 训练目标

（1）掌握家用燃气灶泄漏预防措施。

（2）掌握家用燃气灶泄漏现场处置措施。

2. 训练准备

（1）了解家用燃气灶工作原理。

（2）了解家用燃气灶使用习惯，各零部件使用时间、更换周期。

（3）了解厨房消防应急物资储备情况、厨房通风情况。

3. 成果展示

（1）家用燃气灶零部件。

家用燃气灶零部件及结构图如图 3-52 所示。

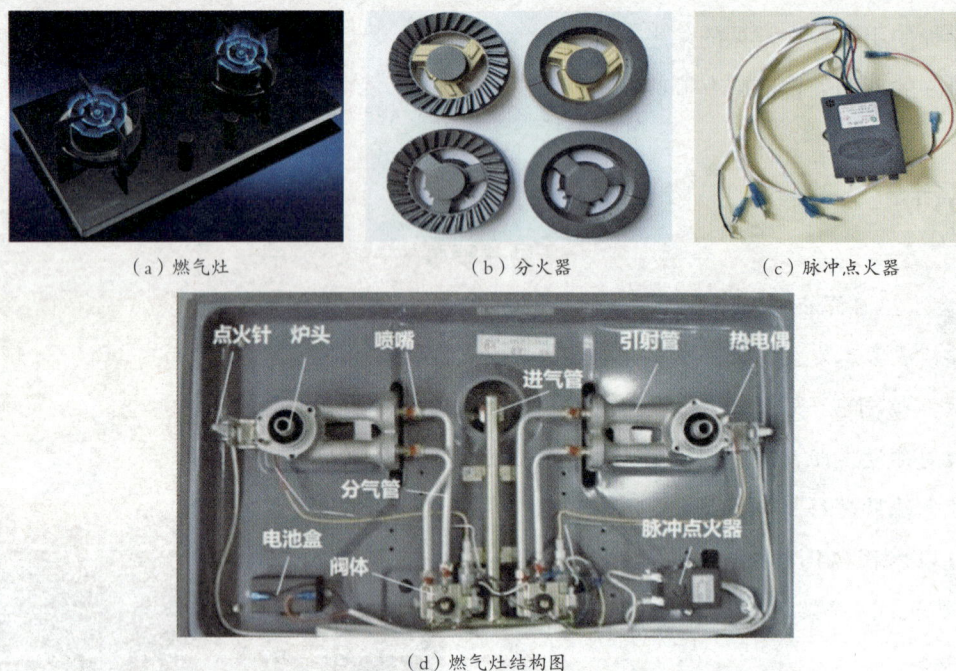

（a）燃气灶　　　　　　　　（b）分火器　　　　　　　　（c）脉冲点火器

（d）燃气灶结构图

图 3-52　家用燃气灶零部件及结构图

（2）家用燃气灶泄漏现场应急处置措施

家用燃气灶泄漏现场应急处置措施见表 3-5。

表 3-5　家用燃气灶泄漏现场应急处置

家用燃气灶泄漏	应急处置措施
泄漏检测	（1）如安装有报警器，当泄漏发生时会发出报警信号； （2）通过嗅觉检测，如空气中出现臭味，应考虑是否为燃气泄漏； （3）将肥皂水或洗洁精水涂抹在零器件连接处和管道破损处，如有泄漏则会出现起泡现象。
泄漏处理	（1）迅速关闭进气阀门，切断气体来源； （2）打开门窗，加强通风； （3）禁止开或关任何电器； （4）撤离至室外开阔场地； （5）拨打电话，请燃气公司专业人员前来处理。

任务评价

技能要点	标准参考	分值/分	自我评价（20%）	小组互评（30%）	教师评价（50%）
燃气基础知识	了解我国燃气储量及分布区域，掌握燃气泄漏爆炸的危害性	20			
家用燃气泄漏应对措施	掌握家用燃气使用过程中的常见隐患	20			
	掌握家用燃气日常防范措施及使用注意事项	30			

续表

技能要点	标准参考	分值/分	自我评价（20%）	小组互评（30%）	教师评价（50%）
家用燃气泄漏应对措施	掌握家用燃气泄漏事故发生后的应急处置	30			
总得分		100			

任务八　电梯事故防范与应急处置

任务导入

作为现代化城市必备的垂直交通运输工具，电梯已经逐渐成为人们生活中必不可少的重要组成部分。目前，我国电梯产品的产量、销量均居全球首位，已成为全球最大的电梯生产和消费市场。电梯是机电类特种设备，与汽车和其他机器设备一样，在日常使用运行过程中产生故障是不可避免的。一旦出现故障，可能发生乘客被困、坠落等危险事故。因此，亟须普及安全乘坐电梯知识，培养安全乘梯意识，提高电梯事故应急处置能力。

任务基础

一、电梯概述

电梯是指动力驱动，利用沿刚性轨道运动的箱体或者沿固定线路运行的梯级（踏步）进行升降或平行运送人、货物的机电设备，包括载人（货）电梯、自动扶梯、自动人行道等。19世纪中期开始出现液压电梯，至今仍在低层建筑物上应用。1852年，美国的E.G.奥蒂斯研制出钢丝绳提升的安全升降机。19世纪80年代，驱动装置进一步改进，如电动机通过蜗杆传动带动缠绕卷筒、采用平衡重等。19世纪末，采用摩擦轮传动，大大增加电梯的提升高度。20世纪末，电梯采用永磁同步曳引机作为动力，大大缩小了机房占地，并且具有能耗低、节能高效、提升速度快等优点，极大地助推了房地产向超高层方向发展。

二、电梯的系统组成

现代电梯主要由曳引机（绞车）、导轨、对重装置、安全装置（如限速器、安全钳和缓冲器等）、信号操纵系统、轿厢与厅门等组成。这些部分分别安装在建筑物的井道和机房中。通常采用钢丝绳摩擦传动，钢丝绳绕过曳引轮，两端分别连接轿厢和平衡重，电动机驱动曳引轮使轿厢升降。电梯要求安全可靠、输送效率高、平层准确和乘坐舒适等。

1. 曳引系统

曳引系统的主要功能是输出与传递动力，使电梯运行。曳引系统主要由曳引机、曳引钢丝绳、导向轮、反绳轮组成。

2. 导向系统

导向系统的主要功能是限制轿厢和对重的活动自由度，使轿厢和对重只能沿导轨做升降运动。导向系统主要由导轨、导靴和导轨架组成。

3. 轿厢

轿厢是运送乘客和货物的电梯组件，是电梯的工作部分。轿厢由轿厢架和轿厢体组成。

4. 门系统

门系统的主要功能是封住层站入口和轿厢入口。门系统由轿厢门、层门、开门机、门锁装置组成。

5. 重量平衡系统

重量平衡系统的主要功能是相对平衡轿厢重量，在电梯工作中能使轿厢与对重间的重量差保持在限额之内，保证电梯的曳引传动正常。系统主要由对重和重量补偿装置组成。

6. 电力拖动系统

电力拖动系统的功能是提供动力，实行电梯速度控制。电力拖动系统由曳引电动机、供电系统、速度反馈装置、电动机调速装置等组成。

7. 电气控制系统

电气控制系统的主要功能是对电梯的运行实行操纵和控制。电气控制系统主要由操纵装置、位置显示装置、控制屏（柜）、平层装置、选层器等组成。

8. 安全保护系统

保证电梯安全使用，防止一切危及人身安全的事故发生是使用电梯的首要原则。安全保护系统由电梯限速器、安全钳、夹绳器、缓冲器、安全触板、层门门锁、电梯安全窗、电梯超载限制装置、限位开关装置等组成。

三、电梯可能发生的事故

1. 轿厢失控，超速运行

由于电磁制动器失灵，减速箱的蜗轮、蜗杆的齿轮、轴、销等折断以及曳引绳在曳引轮上打滑等情况发生时，正常的制动手段已无法使电梯停止运行，轿厢失去控制，造成运行速度超过极限速度（即额定速度的115%）。

2. 终端越位

由于平层控制电路出现故障，轿厢运行到顶层端站或底层端站时，不停而继续运行或超出正常的平层位置。

3. 冲顶或蹲底

由于上终端限位装置失灵造成电梯冲向顶部，称为冲顶；由于下终端限位装置失灵或电梯失控，造成电梯轿厢跌落井道地坑，称为蹲底。这类事故是电梯的制动器发生故障所致，制动器是电梯十分重要的部件，如果制动器失效或带有隐患，电梯将处于失控状态，无安全保障，后果不堪设想。为有效地防范冲顶事故发生，企业除要加强标准的完善外，还要加强对制动器的检查、维修和保养。

4. 不安全运行

由于限速器失效，层门、轿门不能关闭或关闭不严、超载、电动机断相、错相等状态下运行。

5. 非正常停止

控制电路出现故障，安全钳错误动作或电梯停电等原因，都会造成在运行的电梯突然停止。

6. 关门障碍

电梯在关门时，受到人或物体的阻碍，使门无法关闭。门系统事故之所以发生率最高，是由电梯系统的结构特点所决定的。因为电梯的每一次运行都要经过两次开门动作过程，两次关门动作过程，使门锁工作频繁，老化速度快，久而久之，造成门锁机械或电气保护装置动作不能安全正常进行。若维修更换不及时，电梯带隐患运行，就很容易发生事故。

四、电梯紧急情况的应急处理

（一）自救

1. 手扶电梯自救方法

（1）在扶梯上遭遇任何紧急事故，都应该第一时间按停紧急按钮。通常在电梯上下方向的头尾两侧，自动扶梯都有红色的紧急停止按钮，长度较长的扶梯中部也设置有紧急按钮，按钮位置通常选择在不会被轻易触发的地方，但只要仔细留意比较容易找到。在确认有人被卷入电梯时，周围的人应迅速找到这个按钮，并果断将其按下。但是，在非紧急情况下，千万不要误按该按钮，或者觉得好玩儿而按，否则突然停机也容易造成乘客摔倒、翻落或是踩踏。

（2）做好自我保护。除了按紧急按钮，乘客还应该做好自我保护，通常乘坐电梯要遵循左行右立的原则，握紧扶梯扶手，在不慎发生踩踏或者拥挤事故时要保持身体重心，不慎倒地时，两手十指交叉相扣、护住后脑和颈部，两肘向前，护住双侧太阳穴。双膝应尽量前屈，护住胸腔和腹腔的重要脏器，侧躺在地。当发现前面有人突然摔倒了，要马上停下脚步，同时大声呼救，告知后面的人不要向前靠近。

2. 升降电梯自救方法

（1）被困电梯自救。

①如果突然被困电梯中，千万不要慌张，可用电梯内的电话或对讲机向有关方面求救，或者拨打110求救，还可按下标盘上的警铃报警。

②如不能立刻找到电梯技工，可请外面的人打电话请消防员帮助。消防员通常会把电梯绞上或绞下到最近的一层楼，然后打开门。就算停电，消防员也能用手动器将电梯绞上绞下。

③困在电梯里的人无法确认电梯的所在位置，因此不要强行扒门，这样会带来新的险情。

④电梯顶部均设有安全窗，但是该安全窗仅供电梯维修人员使用，所以不要扒撬电梯轿厢上的安全窗，因为从这里爬出电梯会更加危险。

⑤拍门叫喊，或脱下鞋子，用鞋拍门，发信号求救。如无人回应，需安静等待，观察动静，保持体力，等待营救，不要不停地呼喊。

⑥在深夜或周末被困在大厦的电梯里时，就有可能几个小时甚至几天也没有人走近电梯。在这种情况下，最安全的做法是保持镇定，伺机求援。注意倾听外面的动静，如有行人经过，设法引起他们的注意。如果不行，就等到上班时间再拍门呼救。

（2）电梯下坠自救。

电梯下坠时保护自己的最佳动作：

①马上按下电梯内每一层楼的按键。因为当紧急电源启动时，电梯便会停止继续下坠。

②如果电梯有手把，一只手紧握手把。这样可帮助你固定所处位置，减轻因重心不稳而摔伤。

③由头到背部紧贴电梯墙壁，身子尽量紧贴电梯墙壁，利用电梯壁作为脊椎的防护。

④弯曲膝盖。韧带是人骨中最具弹性的组织，弯曲膝盖可借助韧带而不是骨头来承受压力。

⑤把脚跟提起，就是踮起脚尖。电梯中人少的话最好将两臂展开扶住扶手或电梯壁（图3-52）。

图3-52　电梯下坠时自救保护姿势

（二）救援

1. 盘车放人操作

电梯运行供电中断、电梯故障等原因而突然停驶，将乘客困在轿厢内时，电梯维修人员应安慰乘客，让他们安静等待，不要擅自行动，以免发生伤害，为解救乘客，修理人员应进行盘车放人操作。

盘车放人的方法：

（1）操作前先通知被困人员，盘车操作已经开始，请乘客予以配合。

（2）盘车放人一般由2人在机房进行，操作前必须切断总电源开关，一人用开闸扳手打开制动器，另一人盘车。当轿厢盘至最近楼面时（轿门地坎应不高于或低于厅门地坎600mm），应停止盘车，使制动器复位。

（3）电梯操作工用厅门钥匙打开紧急门锁，协助乘客脱困。

（4）盘车时应缓慢进行，尤其在轿厢轻载状态下往上盘车时，防止因对重侧重造成溜车，当对无齿轮曳引机的高速电梯进行盘车时，应采用渐进式，一步步松动制动器，以防止电梯失控。

2. 电梯湿水处理

电梯的结构与建筑物紧密相连，当建筑物因某种原因漏、渗水而影响电梯运行时，除从建筑设施上采取堵漏措施外，还应采取应急措施。

（1）当底坑出现少量进水或渗水时，应将电梯停在二层以上，停止运行，断开总电源。

（2）当楼层发生水淹而使井道或底坑进水时，应将轿厢停于进水层的上二层，停梯断电以防轿厢进水。

（3）当底坑井道或机房进水很多时，应立即停梯，断开总电源开关，防止发生短路、触电事故。

（4）对湿水电梯应进行除湿处理，如采取擦拭、热风吹干、自然通风、更换线管等方法。在确认湿水消除、绝缘电阻符合要求并经试梯无异常后，方可投入运行。对计算机控制的电梯，更需仔细检查，以免烧毁线路板。

（5）电梯恢复运行后，要详细填写湿水检查报告，对湿水原因、处理方法、防范措施记录清楚并存档。

3. 发生火灾、地震时处理

（1）发生火灾时的处理措施。

①发生火灾应立即停止电梯运行。

②及时与消防部门取得联系。

③对于有消防功能的电梯，应立即按动消防按钮，使电梯进入消防运行状态，供消防员使用。对于无此功能的电梯，应立即将电梯直驶到基层并切断电源或将电梯停于火灾尚未蔓延的楼层。

④使乘客保持镇静，疏导乘客离开轿厢，并关闭厅门和切断总电源。

（2）发生地震时的处理措施。

①一旦有震感应就近停梯，乘客离开轿厢，如被困在轿厢内则不要外逃，保持镇静等待救援。

②地震过后应对电梯进行检查和试运行，正常后方可恢复正常使用。

五、乘坐电梯的注意事项

乘坐电梯时，为了确保安全，需要注意以下几点：

（1）查看电梯是否有安全检验合格标志。超过检验日期或带故障的电梯，存在安全隐患。

（2）没有看清电梯轿厢是否停靠在本层的情况下，不盲目进入。

（3）候（乘）电梯时，不要踢、撬、扒、倚层（厅）门。

（4）电梯满员时，请耐心等待下一次电梯。

（5）电梯超载报警时，不要挤入轿厢或搬入物品。

（6）不要用手、脚或物品阻止轿厢门的关闭。

（7）进出电梯时，行动不要太慢，不要长时间一脚踩楼层一脚踩轿厢。

（8）在电梯运行时尽量离开门口站立，可以利用轿厢内的扶手，站稳扶好。

（9）电梯到站停止后如果不开门，可以按开门按钮打开轿厢门，不可强行打开轿厢门。

（10）不要在运动的电梯内嬉戏玩耍、打闹、跳跃和乱按按钮。

六、电梯的一般保养

无论有无电梯操作工，维护人员每天应查看机房 1 ~ 2 次。除保持机房的整洁外，要闻一下有无异味，摸一下电动机、曳引机等温升是否过高，听有无异响和异常震动。

每周检查一次抱闸间隙（间隙要小于 0.7mm，间隙过大应予调整），曳引机安全钳、极限开关等钢丝绳和连接情况，轿厢内各项设备的工作情况。

每月对电梯的减速器和各种安全装置、井道设施、自动门结构、曳引轮导向轮的滑动轴承间隙等进行认真细致的检查。

每季度对各传动部分（曳引机、导向轮、曳引绳、门传动结构），各安全装置（电磁制动器、限速器张紧装置、安全钳），各电控系统（接触器、继电器、熔断器、行程开关、电阻等）调整一次，清除各元件上的灰尘和油污，发现有问题的部件能修则修，不能修则换，坚决杜绝带病工作。

　　每年对电梯进行一次全面的技术检查,由专业技术人员进行,对电梯的机械、电器、各安全装置的现状,主要零部件的磨损度进行全面详细的检查、修理。调换磨损超过允许值的零部件,测量电器的绝缘电阻和接地装置的接地电阻值。检查电梯的供电线路,损坏的立即修复。

　　经过全面检查后的电梯,运行试验合格后方可投入正常使用。

学习小结

　　本任务主要学习电梯事故防范与应急处置相关知识,具体介绍了电梯常见故障及应急处置、乘梯注意事项及电梯保养要求等内容。学生通过本节内容的学习,能够掌握电梯事故的防范与处置技能。

思考拓展

　　1.什么是电梯,电梯有哪些类别?

　　2.电梯可能出现的故障类型有哪些?

　　3.被困电梯时应如何自救?

励心笃行

蔡剑云——电梯行业的"大国工匠"

　　蔡剑云是浙江飞亚电梯有限公司安装部副经理、高级技师。他主要从事电梯维修、调试、研发等工作,进入电梯行业已有18年,凭借不懈的努力和不服输的精神,成长为如今的行业翘楚。长期奋斗在一线的他,多次在电梯维修工职业技能大赛中夺冠,曾获"全国五一劳动奖章""浙江省首席技师""浙江省劳动模范""浙江省青年岗位能手"等荣誉。

　　作为一名电梯维修工,他每天都要面对复杂的线路图和上百个微小的零部件。刚开始工作时他很多都不懂,于是便拼命学习,看很多图纸,记住每个部件的作用,遇到不能解决的问题就虚心请教师傅,更不会放过任何一个实操锻炼的机会。

　　蔡剑云喜欢翻看图纸,电梯每一个部件的作用和工作原理都要搞清楚,细小到一颗螺丝、一根电线。电梯由上千个零件组成,他认为每一个零件都有重要的作用,维修保养时必须注重每一个细节,才能保证电梯的安全运行。

　　在电梯维修过程中遇到"疑难杂症"时,他会在电梯机房蹲守几天,反复检查和推敲,直到把问题解决。研发电梯项目时,他会在现场待三四天,经历几百次上上下下的试验、调整和不断的性能优化,直到调试出自己最满意的结果。

　　他认为,师傅只是引路人,教会你方法,但成事要靠自己。正是凭着自己对工作的热情和坚持,他渐渐成为公司的骨干力量。普通维修工遇到处理不了的故障时,都会打电话请教他。此外,他还潜心研究专利、撰写论文,并获得国家发明专利3项,在《中国电梯》杂志上发表两篇论文。

　　他说,今后想继续学习新知识来提高自身本领,以适应这个科技高速发展的时代,同时要在研发项目上继续下功夫,在为公司创造效益的同时也让百姓乘坐更舒适的电梯。他还希望带徒传艺,培养更多的年轻人,把技能发扬和传承下去。

技能强化

编制电梯事故应急处置方案

1. 训练目标

（1）掌握电梯事故应急处置方法。

（2）增强电梯事故应急救援能力，提高安全管理水平。

2. 训练准备

（1）利用网络，了解电梯事故案例，收集电梯事故现场处置方案。

（2）学习应急预案相关知识，了解现场处置方案主要内容。

（3）团队协作，分工编制。

3. 成果展示

电梯事故现场处置方案见表 3-6。

表 3-6　电梯事故现场处置方案

具体事故现场	电梯	具体事故类型	人身伤害、设备损坏	编制（修改）部门	安全管理科	编制时间	2022 年 3 月
事故特征	电梯事故是指在电梯使用、维修、维护保养、改造或检验过程中因设备自身或外在（人为）因素导致发生损毁、失效、故障而造成人员伤亡、财产损失或者造成重大影响等后果的突发事件的总称。 1. 人身伤害事故 包括坠落、剪切、挤压、撞击、缠绕和卷入、滑倒和绊倒、电击、烧伤等。 2. 设备损坏事故 绝缘损坏、短路、火灾、水浸、零部件断裂或破碎、疲劳破坏、过度变形等。						

现场应急处置（保障）人员	姓名	联系电话	所属部门	职务	应急职责
			行政科	科长	全面负责指挥现场处置工作
			行政科		负责现场指导，对外应急联络及相关物资的筹备
			微型消防站	站长	负责组织消防队员开展事故应急，并准备消防救援物资、器材

现场应急处置（保障）地点	人员出发地点	人员现场集合地点		人员现场应急处置地点
	办公楼	事故应急现场		事故现场

现场应急装备器材	名称	性能	数量	所属部门	联系人员	联系电话
	急救箱	医疗救助	1	微型消防站	王××	133××××××××

续表

现场应急处置（内容应具体、简单、针对性强）	事故现场处置的基本措施
	1. 电梯火灾事故
	1.1 电梯服务的楼层发生火灾
	（1）当大楼发生火警时，底层大厅的值班人员或电梯管理人员应立即拨动消防开关，不论电梯处于何种运行状态，均应立即自动返回底层，开门将乘客放出，切断电源，并将情况报告行政科科长。
	（2）设法使乘客保持镇静，组织疏导乘客离开。将电梯置于"停止运行"状态，关闭层门并切断总电源。
	1.2 电梯井道或轿厢内发生火灾
	（1）立即在就近的楼层停靠，即刻疏导乘客撤离。
	（2）切断电源，使用灭火器灭火。
	（3）共用井道中有电梯发生火灾时，其余电梯应立即停于远离火灾的位置，防止火灾蔓延，并交消防人员灭火使用。
	2. 电梯水浸事故
	（1）当底坑内出现少量进水或渗水时，应将电梯停在二层以上，停止运行，断开总电源。
	（2）当楼层发生水淹而使井道或底坑进水时，应将轿厢停于进水层站的上二层，停梯断电，以防轿厢进水。
	（3）当底坑井道或机房进水很多时，应立即停梯，断开总电源开关，防止发生短路、触电等事故。
	（4）发生水浸时，应迅速切断漏水源，设法使电器设备不进水或少进水。
	3. 电梯剪切事故
	3.1 首先断开电梯主电源开关，以避免在救援过程中突然恢复供电而导致发生意外，同时通报市急救中心。
	3.2 有足够的救援人员且先行救援不会导致受伤人员进一步伤害的情况下，可在市急救中心专业急救人员到来之前进行救援，否则应根据市急救中心急救人员的指示进行前期救援准备工作并在市急救中心急救人员到来后配合救援工作。
	3.3 轿厢内人员或层站乘客在轿厢被剪切
	（1）如果可以通过打开电梯门直接救出乘客，则应在保证安全的前提下，用层门钥匙打开相应层门，救出被困乘客。
	（2）如果不可通过打开电梯门直接救出乘客，安保人员在受伤乘客所在楼层留守，报告电梯专业维修人员进行紧急救援，并且保持与留守在受伤乘客所在楼层的人员通信。
现场安全注意事项	电梯运行中如果出现故障，请乘客不要惊慌，应按对讲按钮或警铃按钮通知维修人员救援，不要乱动乱按，等待是保障安全的明智选择。
演练要求	每半年至少组织一次演练，演练可包括桌面演练、功能演练或全面演练等形式。

🏅 任务评价

技能要点	标准参考	分值／分	自我评价（20%）	小组互评（30%）	教师评价（50%）
电梯概述	了解电梯的概念和发展历程	10			
电梯的组成系统	了解电梯的组成系统	10			
电梯的事故类型	熟悉电梯常见的风险和事故类型	20			
电梯紧急情况的应急处理	熟悉不同紧急情况下的自救和应急处置	30			
乘坐电梯的注意事项	了解乘坐电梯的注意要点	10			
电梯的一般保养	了解电梯的保养要求	20			
总得分		100			

项目四
自然灾害应急避险

📖 学习导读

　　自然灾害是人类的敌人，它具有强大的破坏力，不仅会危害人类的生命安全，还会在经济上给我们带来无法估量的损失。2020年全年，各种自然灾害共造成1.38亿人次受灾，591人死亡失踪，10万间房屋倒塌，176万间房屋损坏，农作物受灾面积1995.77万公顷，直接经济损失3701.5亿元。所以说防灾减灾非常重要。我们要在思想上高度重视，筑牢防灾减灾防线，尽量减少灾害造成的损失，让人民的生命财产安全得到坚实有效的保护。

　　面对海啸地震、滑坡泥石流、大风雷电、暴雨洪水、雪灾极寒等自然灾害，如何科学避险至关重要。面对灾害时，强大的心理素质、有效的避险能力和及时的救助都不可缺少，如何做到临危不惧、有效撤离、保护好生命和财产安全都是我们平常要随时积累的经验。

　　本项目主要学习地震灾害应急避险、洪涝灾害应急避险、雷雨天气应急避险、泥石流灾害应急避险等内容，旨在培养学生在面对突发自然灾害事件时能够从容做好与应急相关的防护、避险、自救互救等能力，有效减少事故损失。

学习目标

知识目标

1. 了解我国自然灾害现状和特点。
2. 熟悉我国常发自然灾害的种类及危害。
3. 掌握易发自然灾害的逃生、自救与互救知识。

技能目标

1. 具备易发自然灾害的逃生能力。
2. 具备易发自然灾害自救和互救能力。

素养目标

1. 养成良好的思维能力。
2. 具备乐于助人、勇敢果断的品格。
3. 具备专业、敬业、吃苦耐劳的工作精神。

任务一　地震灾害应急避险

任务导入

我国地处世界上最强大的环太平洋地震带和欧亚地震带之间，构造复杂，地震活动频繁，是世界大陆地震最多的国家。20 世纪的统计数据表明，我国大陆人口占世界的 1/4，不仅大陆地震次数占全球大陆地震次数的 1/3，而且地震造成的人员死亡数量占全球地震致死人数的 1/2。2000—2019 年的统计数据表明，我国大陆因地震造成的人员死亡人数仅占全球的 12%。

2008 年 5 月 12 日 14 时 28 分，四川省发生 8 级强烈地震，全国大半地区有明显震感，震中位于阿坝藏族羌族自治州汶川县，地震造成了严重的生命和财产损失。据报道，截至 2008 年 9 月 22 日 12 时，四川汶川特大地震已确认 69227 人遇难，374643 人受伤，17923 人失踪，累计解救和转移 1486407 人。

目前人类尚不能阻止地震的发生，所以掌握防灾减灾和自救互救技能非常重要。本任务将和大家共同学习地震灾害应急避险知识，提高面对地震灾害时的自救互救能力。

任务基础

一、地震发生前兆

地震发生时有一些宏观前兆，只要我们掌握了这些前兆，就可以提前做好防御措施，减轻地震带来的损害。地震前兆主要有以下几个方面。

1. 地下水异常

地下水包括井水、泉水等，主要异常有发浑、冒泡、翻花、升温、变色、变味、突升、突降、泉源突然枯竭或涌出等。

2. 动物异常

许多动物的某些器官特别灵敏，它们能比人类提前知道灾害事件的发生。伴随地震产生的物理、化学变化（振动、电、磁、气象、水氡含量异常等），往往能使一些动物受到刺激而发生异常反应。

地震时，生物异常现象表现为牛、马、驴、骡惊慌不安、不进厩、不进食、乱闹乱叫、打群架、挣断缰绳逃跑、蹬地、刨地、行走中突然惊跑等，鱼狂游乱跳、头尾碰出血等。

我国历次震例表明，动物提前发生异常反应的时间多数在24小时左右，震前11小时动物异常的频率会有所提高，震前2～3小时达到高潮。

需要注意的是，震前动物异常确实在有些地震发生前存在，但是也有很多地震之前没有或者并不明显。动物异常的因素多种多样，比如气候、天气、环境等都会引起动物异常反应，也就是说动物异常并不一定是地震前兆，特别是一直流行的蛤蟆成群出现就会地震的谣传。已有动物学家考察过蛤蟆成群出现的现象，大都发生在蛤蟆产卵期，与地震无关。自然界和动植物都会有各种各样的异常，因素很复杂，我们不能草木皆兵，认为只要异常就是要地震了，更不能没有根据就传播。

3. 地光、地声异常

地光异常指地震前来自地下的光亮异常，其颜色多种多样，可见到日常生活中罕见的混合色，如银蓝色、白紫色等，但以红色与白色为主；其形态也各异，有带状、球状、柱状、弥漫状等。一般地光出现的范围较大，多在震前几小时到几分钟内出现，持续几秒钟。

地声异常是指地震前来自地下的声音异常，有的如炮响雷鸣，也有的如重车行驶、大风鼓荡等。当地震发生时，有纵波从震源辐射，沿地面传播，使空气振动发声，由于纵波速度较大但势弱，人们只闻其声，而不觉地动，需横波到后才有动的感觉。所以，震中区往往有"每震之先，地内声响，似地气鼓荡，如鼎内沸水膨胀"的记载。如果在震中区，3级地震往往可听到地声。地声是地下岩石的结构、构造及其所含的液体、气体运动变化的结果，有相当大部分地声是临震征兆。

二、地震灾害紧急避险原则

1. 伏而待定

这是我国古代地震中总结出的一条重要经验。地震不同于爆炸，房屋倒塌存在时间过程。一般情况下，破坏性地震的发生过程要持续几十秒钟，而从感觉到震动到建筑物被破坏，大约为12s，而建筑物的牵动性破损和倒塌一般还会有数秒至一二十秒的时间。

因此，在地震刚刚发生的12s时间内，千万不要惊慌，最好先不要动，而是努力保持站立姿势，保持视野和机动性，以便相机行事，根据所处环境迅速做出能够保障安全的决定。

面临大地震，人们往往来不及逃跑，最好就近找个安全角落，蹲下或坐下，尽量蜷曲身体，降低身体重心，注意保护头部和脊柱，等待震动过去后再迅速撤离到安全的地方。简单地说，就是"伏而待定"。

2. 因地制宜

地震时，我们每个人所处的环境、状况千差万别，避震方式也不可能千篇一律，要具体情况具体分析。

例如，我国北方农村地区大多为平房，房间内大部有土炕和条柜，院落比较开阔，周围也没有高大建筑物。地震发生时，应当行动果断，或就近躲避在土炕边、条柜旁，或紧急逃离。绝不能瞻前顾后，犹豫不决。

从平房逃出去后，不要站在院子里，最好的去处是马路旁边或宽阔的空地。如果有可能，可以抱住一棵树，因为树根会使地基牢固，树冠可以防范落物。

如果住在楼房，地震发生时最好不要离开房间。应就近迅速寻找相对安全的地方避震，震后再迅速撤离。

在城市地震应急中，暖气管道大有用处。因为其承载力大，不易断裂；通气性好，不易造成人员窒息；管道内的存水还可以延长被困者的存活期；此外，被困人员还能通过击打暖气片向外界传递信息。

3. 寻找三角空间避险

地震自救的防范目标十分明确。必须针对落顶和呛闷来采取自救措施，切勿因躲避一般落物而干扰自己的动作。一句话，宁可受伤不能丧命。

不要在意室内电灯、重物和设备的掉落，城市房间的高度一般仅比人高出1m多，即使被砸伤也不会致命。针对天花板的塌落，我们应该在看准位置后迅速躲靠，即躲靠在支撑力大而自身稳固性好的物件旁边，如铁皮柜、立柜、暖气、大器械旁边，最好靠近狭小的地方，如浴室、储物间。因为这些地方都建有承重墙，能抵抗一般的坠落性重物。

这样做的目的是，利用房顶塌落时坠落的水泥板与支撑物之间所形成的"三角形自然空间"，在这个空间既容易呼吸，又便于他人救助。这也提醒我们，平时应当观察哪些地方能形成这样的三角空间。

必须注意的是，只能靠近支撑物，而不能钻进去，更不能躺在里面。因为人一旦钻进桌椅床柜等狭小空间，就丧失了机动性，不但视野被阻挡、四肢被束缚，还很容易遭受连带性的伤害。这样，不仅会错过逃生机会，也会给灾后的救援工作带来极大不便。

用躺卧的姿势避震更不可取，因为人体的平面面积加大，被击中的概率也随之加大，而且躺卧时也很难机动变位。室内避震如图4-1所示。

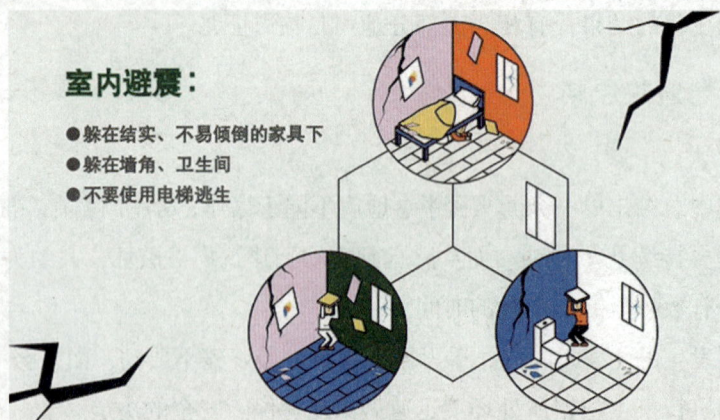

室内避震：
- 躲在结实、不易倾倒的家具下
- 躲在墙角、卫生间
- 不要使用电梯逃生

图 4-1　室内避震示意图

图片来源：中华人民共和国应急管理部官方网站（防灾减灾宣传周｜应对自然灾害，这90秒自救知识请牢记！）

4. 近水不近火，靠外不靠内

不要靠近炉灶、煤气管道和家用电器，以避免遭受失火、煤气泄漏、电线短路的直接威胁。靠近水源，是保证生命的直接需要。不要选取建筑物的内侧位置，而应尽量靠近外墙，但是应避开房角和侧墙等薄弱部位。

以上4条避震原则，是躲避地震时应遵循的最基本原则。当然，最重要的还是当事人当机立断的反应能力，依据所处的实际环境果断采取相应的避险措施。

5.特殊场所的避震方法

如果在野外遭遇地震，一般应当尽量避开山边的危险环境，避开山脚、陡崖，以防山崩、滚石、泥石流、地裂、滑坡等。

如果遇到地震引发的山崩、滑坡，要向垂直于滚石前进的方向跑，切不可顺着滚石的方向往山下跑；为避险，也可躲在结实的障碍物下，或蹲在地沟、坎下，此时，特别要保护好头部。

如果汽车正在行驶，司机应尽快减速，逐步刹车，打开双跳灯，避开十字路口靠边停车，待震动结束后下车寻找安全地带躲避；乘客应当抓牢扶手，以免摔倒或碰伤，同时降低重心，躲在座位附近，护住头部，紧缩身体并做好防御姿势，待地震过去后再下车。如果地震发生时处于高架或大桥上，车辆应待震动平息后寻找就近的匝道口下桥；隧道内的车辆应尽快驶离隧道，如已无法通行，则应尽快下车寻找隧道内的逃生门离开。

如果在行驶的地铁中，应当牢牢抓住拉手、柱子及座位等，下蹲身体，同时保护好头部，一定要努力保持冷静，不要拥挤，避免摔倒、冲撞和踩踏。除严重危及人身安全、乘客不得不进行自救外，不得擅自拉下车厢内的紧急制动停车装置。如有疑问，可通过按压车厢内的紧急对讲装置红色按钮与司机或工作人员进行通话。待地铁停稳后，按照地铁工作人员的指示有序疏散至安全的地点。

如果上课时发生地震，教师绝不可带头乱跑，而是应当指挥学生迅速抱头、闭眼，躲在各自的课桌旁边。震后要按照平时的逃生训练，在老师安排下有序向教室外面转移。撤离过程中，在楼梯转角处最容易发生踩踏事件，要有序通过。在操场或室外时，可原地不动蹲下，双手保护头部，注意避开高大建筑物或危险物。

如果地震时，正在工厂车间、影剧院、商场、学校等公共场所，在时间允许的条件下，可依次迅速撤离。来不及撤离时，可就近躲藏在车床、桌子、椅子、舞台等旁边，最忌慌乱拥向出口。

三、地震灾害自救与互救

震前震后都不要听信和传播谣言。人们平时要熟悉地震知识，掌握基本的避震方法。地震预警后，应准备好食物、水、手电筒、收音机、毛巾、简便衣物、塑料布和简易帐篷。对煤气、电闸等做好关闭的应急准备。要听从当地政府的指挥，按指定地点和路线疏散。

如果发生创伤，首先应止血，抬高伤肢，同时呼救。对骨折患者，不应做现场复位，一般用清洁纱布覆盖创面，做简单固定后再进行运转。有条件的情况下，应尽快送医院作进一步处理。在处理挤压伤时，应设法尽快解除重压。对大面积创伤和严重创伤者，要保持创伤面清洁，用干净纱布包扎创伤面，还可口服糖水或盐水，预防休克发生。

1.震中被埋压的自救

如果在地震中被埋压，要设法避开身体上方不结实的倒塌物、悬挂物或其他危险物品，用砖石、木棍等支撑残垣断壁，以防余震时再被埋压。同时，还可搬开身边的砖瓦等杂物，以扩大活动空间。如果搬不动，千万不能勉强，防止周围杂物再次倒塌。不要随便动用室内设施，包括电源、水源等。不使用明火。

　　地震时，粉尘、烟雾和有毒气体的弥漫将会十分严重，这是造成人员伤亡的重要原因。所以，我们在地震避险时，如果闻到有异味或灰尘太大时，应当设法用湿衣物捂住口鼻。

　　要保持强烈的求生欲望。如果有一定的活动空间，应尽可能向有光亮、透气的地方转移，并设法钻出废墟。如果找不到出路，应设法向外呼救，尽可能使用能够找到的各种器具。例如，可以利用声音，不定时地呼叫、把闹钟弄响、击打家具和水管等；也可以利用光，如把手电筒打开，利用手电筒光向外呼救。可能的情况下，还可以拨打手机向外界报告自己的情况。

2. 被困地下室或井下的自救

　　如果地震时被困在地下室和井下，提醒自己不要慌张。因为，地下建筑物相对地面建筑比较安全。应尽可能查找并保护好水源、食品，尽量保持体力，在必要的情况下，还应当收集尿液维生，以防长时间被困地下。即使恐惧，也不要乱喊乱叫，保持体力，听到有救援人员到来时再设法进行呼救。

3. 地震灾害互救

　　地震专业救援队和当地政府，以及部队组织的搜救队伍是地震救援的重要组成力量。但是，在地震发生到救援队伍到来之前的这段时间，受灾群众和居民及时避险和自救互救往往更能有效地躲避灾害或解救遇险者。

　　地震救援时应遵循的原则就是"先易后难"，先抢救建筑物边沿瓦砾中的幸存者和那些容易获救的幸存者。因为被抢救出来的轻伤幸存者，可以迅速充实扩大互救队伍，更合理地展开救助活动。此外，应特别注意先抢救医院、学校、旅馆等人员密集的地方。

　　救助被埋压人员要注意的事项：

　　（1）必须学会寻找被埋人员。根据知情人提供的情况，进行有目的地搜索定位，留意遇难人发出的呼救信号及信息，如手电筒光、警哨、敲击声、呼喊声、呻吟声等。

　　（2）通过辨认血迹和瓦砾中人员活动的痕迹追踪搜索。条件允许的话，还可利用训练有素的搜救犬进行快速搜索定位。

　　（3）在营救被埋压人员时，根据房屋结构进行抢救。不要破坏被埋压人员所处空间周围的支撑条件，这样会引起新的垮塌，使被埋压人员再次遇险。正确的处理办法是：有计划、有步骤地利用瓦砾堆中已有的空隙进行支撑和加固；然后爬到被压人员所在的地点，救出伤员。或者在侧墙凿开缺口，进入被埋人员所在房间。也可以在瓦砾堆外的地面上开凿竖井，下到一定深度后再水平掘进到预定地点。作业时，需配备空气压缩机和风钻、风镐及支撑器材。

　　（4）在营救被埋人员时，不要用利器刨挖，以保证被埋人员的安全。营救时还应特别注意以下几点：

　　①如尘土太大，应喷水降尘，以免被埋人员窒息。

　　②尽快打开被埋压人员的封闭空间，使新鲜空气流入；尽快将被埋人员的头部暴露出来，清除其口鼻内的尘土，以保证其呼吸畅通。

　　③对受伤严重、不能自行离开埋压处的人员，应该先设法小心地清除其身体上和周围的埋压物，再将被埋压人员抬出废墟，切忌强拉硬拖。对饥渴、受伤、窒息较严重的，埋压时间较长的人员，救出后要用深色布料蒙住眼睛，避免强光刺激。救援人员要根据伤势轻重，对伤者进行包扎，或送医疗点进行抢救治疗。对于颈椎和腰椎受伤人员，要在暴露其全身后用硬木板担架固定，然后再慢慢移出，并及时送到医疗点。对于气息尚存的危重伤员，应尽可能在现场进行急救，然后迅速送往医疗点或医院。

④如果营救被埋压在较高处的人员，可以使用专业的搬运工具，通过绳子平滑地将人员转移到平地，或者利用梯子慢慢地将人员放到低处。如果没有专业工具，也可以就地取材，寻找床板等物制成简易工具运送人员。

⑤救援时不可急躁，要特别注意埋压人员的安全。以往地震中曾发生过救援人员盲目行动，踩踏被埋压者头上的房盖，砸死被埋人员的事件。因此，在营救过程中要有科学的分析和行动，才能收到良好的营救效果。盲目行动往往会给营救对象造成新的伤害。

⑥对于不慎落入井下的人员，救援人员将使用井下探测抢救设备展开救援。

4. 震后防疫

灾后野生动物和媒介生存环境遭受严重破坏，民居房屋倒塌后，废墟下有大量食物，形成鼠类新的栖息地，废墟下生活污水滞留，形成蚊虫孳生地，所以灾后自然疫源性疾病的防控是灾后防疫的重点。与地震灾害相关的自然疫源性疾病主要有流行性出血热、钩端螺旋体病、乙脑、疟疾、鼠疫、炭疽、布鲁菌病等。

为防范疫病流行，在地震灾害发生后，必须及时开展大规模的卫生防疫工作。防疫医疗队要及时巡诊救治伤员、接种疫苗、喷洒各类消毒剂。当地群众和救援队伍要立即开始恢复供水系统、垃圾运输和污水排放系统以及其他各项卫生设施。

（1）加强健康监测。重点监测发热、腹泻、皮疹、结膜炎等症状体征；密切关注灾区同期自然疫源性疾病流行情况。

（2）做好健康教育。教育大家在野外作业不得随意坐卧，不得接触野生动物，发现鼠类野生动物异常增多或死亡情况应立即报告。卫生人员在严密做好个人防护的条件下进行鼠、蚤、蜱、蚊类的杀灭工作。

（3）环境治理。指导居民选择合适地点，清除营区周边杂草、生活垃圾，填平小水坑。利用就便材料，建应急厕所，储便坑加盖防蝇网。炊事单元要建临时垃圾坑、渗水坑并搭设防蝇网，及时填埋厨余垃圾和生活垃圾。

（4）物理及化学防治。配发蚊帐，餐厅、宿营帐篷加装纱帘和纱窗，教育大家随时关闭好纱帘纱窗。配备酊剂、霜剂、液剂蚊虫驱避剂，适当使用电蚊香、灭蚊片等灭蚊药剂。蚊虫密度大时，定期对厕所、垃圾坑、猪圈、马厩、渗水坑、垃圾桶用菊酯类杀虫剂进行滞留喷洒。

四、家庭防震准备

（1）明确疏散路线和避难地点，制订最快捷、最安全的路径。

（2）加固并合理布置室内家具，如大件家具摆在墙体薄弱处；桌下、床下不放杂物。

（3）清晰了解室外环境条件。

（4）准备避难和营救物品，家庭每个成员都应准备防震袋（或避难袋）。

（5）准备一些简单的营救工具，如撬棍、锤子、斧子、小钢锯等，放在震后能随手拿到的位置。

（6）学会基本的医疗救护技能，如人工呼吸、止血、包扎、搬运伤员和护理方法等。

（7）每人身上装一个小急救卡片，注明姓名、住址、电话号码、血型、紧急联系人姓名等内容，便于他人营救时参考。

（8）适时进行家庭应急演习，以弥补避震措施中的不足。

学习小结

本任务主要学习了地震发生前兆、地震灾害紧急避险原则、地震灾害自救与互救、家庭防震准备等内容。学生通过本节内容的学习，能够提高面对地震灾害时的紧急避险与自救互救能力。

思考拓展

1. 地震避险的基本原则有哪些?

2. 普通家庭如何做好防震措施?

励心笃行

中国古代重要科技发明创造——地动仪

中国古代有哪些发明创造? 大家都知道造纸术、印刷术、指南针、火药这"四大发明"。但"四大发明"远不足以全面概括中华民族的科技成就。中国科学研究院相关研究组经过近三年的研究，遴选出 88 项中国古代重大科技发明创造，于 2016 年 7 月 14 日正式向社会公布。

地动仪是中国东汉时期科学家张衡创造的传世杰作。世界上第一台地震仪的发明人、英国地震学家米尔恩地震仪的"悬垂摆式"工作原理，张衡早在 1800 多年前就发现了。张衡的地动仪曾经启发过米尔恩，因为米尔恩是第一个将《后汉书·张衡传》翻译成英文的人，他曾经进行过大量实验来验证张衡的地动仪，并且宣称："人类历史上第一个地震仪是中国的张衡发明的"。

图片来源："学习强国"学习平台（中国古代重要科技发明创造：地动仪）

张衡一生不为功名，不求利禄，在太史令的职位上兢兢业业工作了十几年，获得了好几项世界发明第一人的头衔。张衡高尚的品德，既是取得重大成就的条件，也是为人处世的美德。

济世情怀。张衡殚精竭虑，力排阻力制造候风地动仪，是为了百姓少遭受自然灾害之苦。

忧国情怀。张衡没有官欲，但并非冷淡政治。他有着敏锐的政治眼光，清醒的政治头脑，炽热的政治情怀，为改变社会风气担起了一个文人应有的政治担当。

嫉仇情怀。张衡嫉恶如仇，面对横行乡里的豪族恶徒，不惧怕，不退让，实施坚决打击。举国上下一时风清气正，体现出非凡的治理能力。

技能强化

校园地震应急避险训练

1. 训练目标

（1）掌握地震时应急避险的方法。

（2）能够组织和制订地震应急疏散计划。

2. 训练准备

（1）演练人员准备。

（2）演练脚本准备。

3. 成果展示

（1）室内避险。听到地震警报后，处于教学楼内的师生立即停止教学活动，教师告诉学生不要慌乱，并指挥学生将身体尽量缩成一团，迅速抱头、闭眼，躲在各自的课桌下，靠外墙的学生尽量往里靠。

（2）室外避险。在操场或其他户外地方的师生，应该到室外空旷场地或到疏散区去躲避，原地不动蹲下，双手保护头部。注意避开高大建筑物或危险物，如围墙、电线杆等，千万不要回到教室去。

（3）紧急疏散避险。主震结束后，为了防止较大的余震，应该立即进行有秩序的疏散，到安全的地方去躲避余震。疏散路线根据各自实际情况预先设定。集中地应选择坚实、平坦的开阔地，如操场或远离高大建筑物的场地。

①有顺序地疏散，从就近楼梯下楼，下楼时走楼梯内弯，不允许在楼梯或走廊内拥挤，避免跌倒。

②相关老师应在每层楼梯把守，指挥学生有秩序地疏散，学生和疏散人员要听从指挥有序疏散。

③疏散过程中行动迅速，排队有秩序地前进，不要争先恐后、慌乱奔跑。下楼梯时必须走，在平地上可以有秩序地小跑，迅速转移到指定位置。

④疏散过程中可以用书包、双手等护头，以防被砸伤。

⑤疏散途中尽可能不要穿过建筑物，要尽量避开建筑物和电线。

⑥各班学生到达集中地后，立即原地蹲下，保护头部。等到疏散结束后，以班为单位集队，各班立即清点人数，并向老师报告。

任务评价

技能要点	标准参考	分值／分	自我评价（20%）	小组互评（30%）	教师评价（50%）
地震灾害应急处置	熟悉地震灾害紧急避险原则	15			
	掌握特殊场所的避震方法	15			
	掌握地震自救与互救	20			
	熟悉震后防疫	30			
	熟悉家庭防震准备措施	20			
	总得分	100			

任务二 洪涝灾害应急避险

任务导入

洪水灾害是世界上最严重的自然灾害之一，是仅次于地震灾害的第二大自然灾害。洪水往往分布在人口稠密、农业垦殖度高、江河湖泊集中、降雨充沛的地方，如北半球暖温带、亚热带。中国、孟加拉国是世界上洪水灾害发生最频繁的地区，美国、日本、印度和欧洲的洪水灾害也较严重。

中国幅员辽阔，地形复杂，季风气候显著，是世界上水灾频发且影响范围较广泛的国家之一。全国约有 35% 的耕地、40% 的人口和 70% 的工农业生产经常受到江河洪水的威胁，并且因洪水灾害造成的财产损失居各种灾害之首。

在人类历史上洪水灾害每年都会发生，导致的人、财、物的损失不计其数，这是自然灾害，我们无法避免，但可以预防。

📷 任务基础

一、洪涝灾害相关知识

凡超过江河、湖泊、水库、海洋等容水场所的承纳能力，造成水量剧增或水位急涨的水文现象就称为洪水。

洪水给人类正常生活、生产活动带来的损失和祸患，简称洪灾（图 4-2）。

图 4-2　洪灾现场图

图片来源：新华网（河南特大洪涝灾害影像纪实，新华社记者李安摄）

洪水是怎么来的？按照洪灾成因可以分为下述六种。

①暴雨洪水：因降大雨、暴雨引发的洪水。

②溃坝洪水：堤坝溃塌形成的洪水。

③融雪洪水：气温或降雨使雪山积雪融化形成。

④冰川洪水：气温升高使冰川融化形成的洪水。

⑤冰凌洪水：河道里的冰凌突破堤防后形成的洪水。

⑥其他洪水：由其他原因形成的洪水。

我国受洪水威胁的主要地区分布在长江、黄河、淮河、海河、珠江、松花江、辽河等七大江河下游和东南沿海地区。

洪涝灾害多发的季节是夏季和春季，春季多见融雪洪水，夏季多见暴雨洪水。

需要说明的是：洪水是一种自然水文现象，只有当洪水威胁到人类平安和影响社会经济活动并造成损失时，才称为洪水灾害。

洪水也分三六九等，根据洪水的重现期划分，洪水分成四个等级，见表4-1。

表 4-1 洪水等级划分标准

等级	划分标准
一般洪水	重现期小于 10 年
较大洪水	重现期 10 年至 20 年
大洪水	重现期 20 年至 50 年
特大洪水	重现期超过 50 年

二、洪水灾害的预防

（1）处于洪水多发区的人们在雨季要多收听洪水预报，并了解水面可能上涨的高度和可能影响的区域。

（2）如果收听到洪水预警，在确保自身安全的条件下，可用沙袋在门槛外垒起一道防水墙，然后用旧地毯、旧棉絮等堵塞门窗的缝隙。

（3）降暴雨时，要时刻观察房屋周围的溪水水位有无异常，注意山体有无变形、裂缝，排水是否通畅。特别是晚上，更应十分警觉，随时做好安全转移的准备。

（4）观测到可能引发洪水、滑坡的降雨量，要立即采取鸣锣或打电话等预先设定的报警措施，迅速向可能受威胁的人员传递警报信息。

（5）发生大暴雨时，要加强对水位、渗漏等情况的观测，如有异常，要迅速转移受威胁人员。

（6）如果你身处山谷，当洪水迅速上涨时，不要沿着河谷跑，应向河谷两岸高处跑。山体滑坡时，不要沿滑坡体滑动方向跑，应向滑坡体两侧跑。

（7）得知洪水来临时，如果时间充裕，应按照预定路线有组织转移至安全区域。

（8）洪水到来时，不能及时转移的人员应就近迅速向楼房、山坡、避洪台等高地躲避，或者立即爬上大树、高墙、屋顶等高的地方暂避。

（9）如已被洪水包围，千万不要慌张，应设法尽快与当地政府防汛部门取得联系，报告自己的方位和险情，积极寻求救援。

（10）如不小心被水冲走或落入水中，一定要保持镇定。尽量抓住水中漂流的箱子、木板、衣柜等任何入水可浮的物品。并学会发求救信号，如大声呼救、晃动树枝或衣物等。切勿盲目游动，以免体力消耗殆尽。

三、暴雨洪水发生前的措施

（1）及时关注天气信息。

（2）备足生活必需品，食品、打火机，衣物、饮用水等生活日用品和必要的医疗用品都需要。妥善安置家庭贵重物品，将不便携带的贵重物品做防水捆扎后，埋入地下或放到高处，票款、首饰等小件贵重物品可缝在衣服内随身携带。

（3）保存好通信设施。手机、手电筒、蜡烛、哨子等工具一样都不能少。

（4）收集木盆、木制家具、漂浮材料等用绳子捆扎在一起，制作救生设备。

（5）生活在偏僻地区的人，一旦交通受阻，救援人员一两天内难以赶到，只能自救，准备饮用水、食物、保暖衣物以及烧水的用具。如果没有轻便的用具，可以改吃干粮充饥。还要携带火柴或打火机，必要时用来生火。

四、洪水灾害暴发时的自救措施

（一）原地待救

水灾的发生，都是灾害能量积累到一定程度的结果，因此在洪水到来前，洪灾区群众应利用这段有限的时间尽可能充分地做好准备。

有条件者可修筑或加高围堤；无条件者选择登高避难之所，如基础牢固的屋顶、在大树上筑棚、搭建临时避难台。蒸煮可供几天食用的食品，宰杀家畜制成熟食；将衣被等御寒物放至高处保存；扎制木排，并搜集木盆、木块等漂浮材料加工为救生设备以备急需；将不便携带的贵重物品做防水捆扎后埋入地下或置放高处，票款、首饰等物品可缝在衣物中；准备好医药、取火等物品；保存好各种尚能使用的通信设施。

（二）避难逃生

处于水深 0.7 ~ 2m 的淹没区内，或洪水流速较大难以在其中生活的居民，应及时采取避难措施。因避难主要是大规模、有组织的避难，所以要注意：

一要让避难路线家喻户晓。让每一个避难者弄清洪水先淹何处、后淹何处，以选择最佳路线，避免造成"人到洪水到"的被动。

二要认清路标。在那些洪水多发的地区，政府可能会修筑避难道路。一般说来，这种道路应是单行线，以减少交通混乱和阻塞。在那些避难道路上，设有指示前进方向的路标，如果避难人群未能很好地识别路标，盲目地走错路，再往回折返，便会与其他人群产生碰撞、拥挤，产生不必要的混乱。

三要保持镇定的情绪。掌握"灾害心理学"实际上也是一种学问。国内某一个拥有 150 万人口的滞洪区，曾做过一次避难演习，仅仅是一个演习，竟因为人多混乱挤塌了桥，发生死伤事故。在洪灾中，避难者由于自身的苦痛、家庭的巨大损失，已经人心惶惶，如果再受到流言蜚语的蛊惑、避难队伍中突然发出的喊叫、警车和救护车警笛的乱鸣这些外来的干扰，极易产生不必要的惊恐和混乱。

（三）避难场所

避灾专家认为，避难场所的选择不容忽视。避难场所一般应选择在距家近、地势较高、交通较为方便处，应有上下水设施，卫生条件较好，与外界可保持良好的通信、交通联系。在城市中大多是高层建筑的平坦楼顶，地势较高或有牢固楼房的学校、医院，以及地势高、条件较好的公园等。

农村的避难场所大体有两类：一是大堤上，但那里卫生条件差，缺少上下水设施，人们只是将洪水沉淀一下、撒些漂白粉直接饮用；加之人畜吃喝、排泄都在这里，生活垃圾堆积，时间一长，极易染上疾病。二是村对村、户对户，邻近村与受灾村结成长期的"对手村"关系。在洪水多发的乡村，政府通过发放卡片方式形成"对手户"，这是我国人民长期与洪水斗争保留下来的良好传统。

（四）防洪入室

房屋的门槛、窗户是进水部位，为防止洪水涌入屋内，首先要堵住大门下面的所有空隙。堵塞门的缝隙，如旧地毯、旧毛毯等都是理想的材料。还可以用胶带纸密封所有的门窗缝隙。

用沙袋、土袋在门槛和窗户处筑起防线。沙袋可用麻袋、草袋或布袋、塑料袋，里面塞满沙子、泥土、碎石。如预料洪水会涨得很高，那么底层窗槛外也要堆上沙袋。

（五）落水逃生

（1）当发生洪水时，涉水越过水流很危险。假如非过河不可，尽可能从桥上通过。

（2）涉水前先选好一个着脚点，用竹竿或木棍先试探前路，在起步前先扶稳竹竿，并向水流垂直方向前进。

（3）万一掉进水里，要屏气并捏住鼻子，避免呛水，试试能否站起来。

（4）如水太深，站不起来，又不能迅速游到岸上，就踩水助游。在水中要及时脱掉鞋子，减少阻力，将头露出水面，调整呼吸。

（5）如不会游泳，可按以下两种办法行动：一是仰泳，即面朝上，头向后仰，双脚交替向下踩水，手掌拍击水面，让嘴露出水面，呼出气后立刻使劲吸气；二是迅速观察四周是否有露出水面的固定物体，并向其靠拢。

（6）多人同时渡水，可以手拉手，用牵制力共同抵御洪水。

（7）及时躲避旋涡及水中夹带的石块、断木等可能危及身体的重物。

（8）抓住身边漂浮的任何物体，如木板、柴火秸秆、家具等作为救生物品。

（9）发现树木、坝坎、岸沿等高地，要想方设法靠上去。

（六）开车逃生

（1）当处在峡谷或山地，要迅速驶向高地。

（2）当在开阔地带驾车遇上洪水时，应把车迎着洪水开过去，并闭紧窗户。如果让洪水冲到车的侧面，洪水会把车掀翻并卷走。

（3）即使是最安全的汽车，也很难应付暴虐的洪水，最安全的方法依然是留意天气预报，在洪水到来之前弃车前往安全地带避险。

（七）野外逃生

（1）在野外，山洪暴发时如果来不及转移，要就近迅速向山坡、高地、避洪台等地转移，山区要选择没有山体滑坡危害的安全地带，等候救援人员营救。

（2）不要沿着行洪道方向跑，而要向两侧快速躲避。

（3）千万不要轻易涉水过河。假如非过河不可，尽可能找桥，从桥上通过。假如无桥，非涉水不可，不要选择最狭窄地方通过，要找宽广的地方，溪面宽的地方通常都是最浅的地方。

五、洪涝灾害后的防疫

洪水发生后，应到医疗防疫部门寻求救治，同时还可去灾民集中安置区设置的固定医疗点索取防疫治病的药品。

洪涝灾害后，被污染的水源容易引发流行病，食用水时不要饮用被污染的水。及时清洁自己的居住环境。

洪水过后，有关部门要做好各项卫生防疫工作，预防疟疾、霍乱等疫病的流行。

学习小结

本任务主要学习了洪涝灾害的相关知识，洪水灾害的预防措施，洪水灾害发生前、发生时、发生后的措施、自救方法和防疫措施，重点讲述了洪水灾害暴发时需要注意的七项自救措施。学生通过本节内容的学习，能够采取正确的洪涝灾害预防措施，具备洪涝灾害的自救和互救能力。

思考拓展

1. 为预防洪水灾害，普通家庭应该准备哪些防灾物资？
2. 洪涝灾害发生前可能会出现哪些现象？

励心笃行

大禹治水

图片来源："学习强国"学习平台（红绿彩现代瓷器——大禹治水摆盘）

大约在4000多年前，中国的黄河流域洪水为患，尧命鲧负责领导与组织治水工作。鲧采取"水来土挡"的策略治水。鲧治水失败后由其独子禹主持治水大任。

禹首先就带着尺、绳等测量工具到中国的主要山脉、河流做了一番严密的考察。大禹在河北东部、河南东部、山东西部、南部，以及淮河北部考察。一次，他们来到河南洛阳南郊。这里有座高山，属秦岭山脉的余脉，一直延续到中岳嵩山，峰峦奇特，犹如一座东西走向的天然屏障。高山中段有一个天然的缺口，涓涓细流就由隙缝轻轻流过。

他发现龙门山口过于狭窄，难以通过汛期洪水；还发现黄河淤积，流水不畅。于是，禹大刀阔斧，改"堵"为"疏"，疏通河道，拓宽峡口，让洪水更快速地通过。禹采用"治水须顺水性，水性就下，导之入海""高处就凿通，低处就疏导"的治水思想。他根据轻重缓急定了一个治的顺序，先从首都附近地区开始，再扩展到其他各地。

大禹集中治水的人力，在群山中开道。艰苦的劳动损坏了一件件石器、木器、骨器工具；人的损失就更大了，有的被山石砍伤了，有的上山时摔死了，有的被洪水卷走了。可是，他们仍然毫不动摇，坚持劈山不止。在这艰辛的日日夜夜里，大禹的脸晒黑了，人累瘦了，甚至连小腿肚子上的汗毛都被磨光了，脚趾指甲也因长期泡在水里而脱落，但他还在操作着、指挥着。在他的带动下，治水进程进展神速，大山终于豁然屏开，形成两壁对峙之势，洪水由此一泻千里，向下游流去，江河从此畅通。

大禹率领民众与自然灾害中的洪水斗争，最终获得了胜利。面对滔滔洪水，大禹从鲧治水的失败中汲取教训，改变了"堵"的办法，对洪水进行疏导，体现出他具有带领人民战胜困难的聪明才智。大禹为了治理洪水，长年在外与民众一起奋战，置个人利益于不顾，"三过家门而不入"。大禹治水13年，耗尽心血与体力，终于完成了治水的大业。

🔧 技能强化

落水后的逃生自救与互救

1. 训练目标

（1）学习落水后逃生的自救知识。

（2）具备水中逃生的自救互救技能。

2. 训练准备

（1）利用手机、电脑，发挥互联网优势，从网络获取相关内容。

（2）学习落水救人的案例，从成功案例中总结经验，从失败案例中总结教训。

3. 成果展示

（1）若发现有人溺水，首先应该大声呼救，叫人来帮忙。

（2）如果溺水者离岸边不远，可以就近寻找绳子或竿子或衣物把人拉上岸。

（3）需要下水救人时，一定要大声告诉他，不要惊慌，有人在救你。

（4）营救时最好绕到溺水者的身后，切勿迎面施救，以免被溺水者抱死。

（5）施救时用手托起溺水者，让他呼吸空气，然后将其推向岸边。

图片来源：学习强国（溺水自救与互救这些救援技巧必须知道）

🏅 任务评价

技能要点	标准参考	分值/分	自我评价（20%）	小组互评（30%）	教师评价（50%）
洪涝灾害相关知识	知道什么是洪水，什么是洪灾，洪水是怎么形成的，哪些地区易发洪灾	5			
洪水灾害的预防	知道如何采取措施预防洪灾	10			
暴雨洪水发生前的措施	知道洪水灾害发生前，需要准备的防灾物资	10			

续表

技能要点	标准参考	分值/分	自我评价 （20%）	小组互评 （30%）	教师评价 （50%）
洪水灾害 暴发时的 自救措施	掌握洪水灾害中如何原地待救	10			
	掌握洪水将至，应该如何逃生	10			
	掌握哪些避难场所比较安全	10			
	掌握怎样防止洪水涌入室内	10			
	掌握人落入水中的逃生方法	10			
	掌握驾车遇上洪水该怎么办	10			
	掌握野外遭遇洪水后的逃生	10			
洪涝灾害 后的防疫	—	5			
总得分		100			

任务三　雷雨天气应急避险

🛡 任务导入

　　夏季，除了高温酷热天气让我们难以忍受，叫苦连天之外，同时也是雷雨天气多发季节，一般7—9月最为强烈。进入夏季后，连续雷雨天气袭击容易造成洪水浸城的天灾。

　　2021年7月，河南省郑州市遭遇连续暴雨袭击引发网友关注。7月19日21时59分，郑州市气象局已发布暴雨红色预警信号，20日上午气象局局长连续签发至少3份暴雨红色预警信号。7月20日18时许，积水冲垮出入场线挡水墙进入正线区间，造成郑州地铁5号线列车在海滩寺站和沙口路站隧道停运。18时10分，郑州地铁下达全线网停运指令，组织力量，疏散群众，共疏散群众500余人，其中12人经抢救无效死亡，5人受伤。

　　此次强降雨给河南造成了严重损失。农作物受灾面积104.85万公顷，成灾面积52.73万公顷，绝收面积19.82万公顷；倒塌房屋1.80万户5.76万间，严重损坏房屋4.64万户16.44万间，一般损坏房屋13.54万户61.88万间。

　　2021年8月2日下午，第十场"河南省防汛救灾"新闻发布会报告，截至8月2日12时，郑州市遇难292人，失踪47人……

　　在日常生活中，面对强雷雨天气，你知道该如何防范应对吗？本任务将和大家共同学习雷雨天气应急避险的知识和方法，提高应急处置能力。

任务基础

一、雷雨天气主要危险

雷雨是空气在极端不稳定状况下所产生的剧烈天气现象。它常夹带强风、暴雨、闪电、雷击，甚至伴随有冰雹或龙卷风出现，严重影响人们日常生活，对生命财产将造成极大损害。

1. 直接危害

（1）短时间内大量积水造成房屋等建筑淹没，直接造成财产损失并危害人们生命安全。

（2）路边积水严重，阻碍交通并可能导致交通事故发生。

（3）地下室、地下停车场进水，车辆受损，造成财产损失。

（4）造成雷击事故。雷击的主要表现形式为闪电。直接雷击时，高达几万到十几万安培的电流直袭人体，电流通过的瞬间就可导致身体组织损伤或致人死亡。雷击伤幸存者常遗留身体虚弱、头晕和记忆力减退等症状。在临床上，雷击伤可分电击伤、电热灼伤和闪电烧伤 3 种。

（5）淹没农田，造成农作物减产减收。

2. 次生灾害

（1）导致山体滑坡、泥石流等地质灾害。

（2）造成城市严重内涝。

（3）导致漏电触电事故发生。

（4）物品霉变、蚊蝇孳生，导致食物中毒等其他公共卫生事件。

二、雷雨天气安全注意事项

暴雨发生尤其是发布了暴雨黄色以上预警信号后，相关人员要采用一定防御手段，谨防事故发生。关于雷电防护，有一个"30—30 原则"，即：第一个"30"表示从看到闪电到听到雷声的时间如果少于 30s，说明雷电在 10km 以内，此时即便头顶没有打雷下雨也建议尽快寻找避雷场所；第二个"30"表示 30min，建议最后一次听到雷声 30min 后再出门，以确保安全。具体防护注意如下。

1. 作业人员

应密切关注降雨趋势，随时检查排水、防涝器材是否齐全，必要时停止架空线路、杆塔和变压器等高压电力设备的作业；停止在山梁、山顶、空旷地带作业和行走，以防雷击；不要沿河道山谷低洼处行走，警惕山洪、滑坡、泥石流等地质灾害；当听到土石崩落、洪水咆哮等异常声响时，要迅速向沟岸两侧高处跑，选择土石完整的缓坡或无流水冲刷的地段避险；停止户外广告、脚手架等高架设备作业，防止大风造成设备倒塌伤及人、物；要学习、掌握一定的气象观测和预报预警知识，并及时通过景区显示屏、气象灾害警示牌、移动设备以及相关管理人员、护林员等获取气象预报预警信息，适时调整行程。

2. 中小学生

小学和幼儿园学生上、下学应由成人带领，采取适当措施，保证学生和幼儿的人身安全；农村中小学生可根据路段情况采取依托家长、周边农户和学校分段负责接送的方式，保证学生安全；获知橙色、红色暴雨预警信号或降雨很强时，根据中小学、幼儿园提前或推迟上学、放学时间或停课等要求，学校和家长应加强对中小学生的看护和管理，确保学生安全；老师或家长在护送学生上学、放学途中，应随时注意雨情变化，当降雨突然加大、出现积水或其他突发事件时，应就近选择安全场所暂避。

3. 行人

不要在路况不明的积水中行走。如确须在积水中行走时要细心观察周围的警示标志和路况，防止跌入窨井、地坑、沟渠之中；蹚水行走时，要注意积水面的变化，遇有旋涡，务必绕行，以免被吸入失去井盖的下水道。老弱病残幼人群尽量不要外出，必须外出时务必由监护人陪同；应尽量避开前往桥下（尤其是下凹式立交桥下）、涵洞等低洼地区；当地铁、地下商场、过街通道等地下空间积水时切勿进入，切勿在高楼、广告牌下躲雨或停留；远离易涝区、危房、边坡、简易工棚、挡土墙、河道、水库等可能发生危险的区域；防范山洪，避免渡河，不要沿河床行走；水库泄水河道周边的人员应密切关注水库泄洪预警信息，当遇洪水来袭时，不要沿泄洪道方向奔跑，要向两侧迅速躲避，或向高处转移；如发现高压线铁塔倾倒、电线低垂或断折，要远离避险，不可触摸或接近。

4. 驾驶人员

要及时了解路况和雨情等信息，开启警示灯，避免将车辆停放在低洼易涝等危险区域，遇到积水道路特别是有积水的立交桥时应绕行，避免穿越积水道路和区域。雨大时可暂时停驶，将车辆停靠在地势较高处或安全位置，关掉引擎、音响系统、收音机等，关闭所有门窗，使车辆形成一个完全封闭的空间；当车辆在积水处抛锚被困水中时，车内人员或周边知情人员应立即拨打相关救助电话；如积水上涨且未能得到及时救助时，应果断寻找工具（汽车安全锤、普通锤子、方向盘锁、拖车钩、座椅头枕、铁棍等）凿开车窗，弃车逃生，一般前后挡风玻璃最厚实，前车窗玻璃厚于后车窗玻璃，故优先考虑从车的后侧窗破窗逃生；暴雨预警发布后，应尽量减少车辆外出。在外行驶车辆时，应为应急救援车辆让行，不要占用应急车道。

5. 室内人员

检查房屋或院落可能漏雨、渗水处，提前做好防范和排水准备；及时采取关闭和紧固门窗等防御措施，防止雨水侵入室内。有雨水漫入室内危险或已经有雨水漫入时，应立即切断电源。同时，用挡水板和沙袋等方式防止雨水进一步侵入；检查电路、炉火、煤气阀等设施是否安全，切断低洼地带有危险的室外电源；必要时将危险地带人员和危房居民转移到安全场所避雨。

此外，雷电天气要留意做好以下几点工作：

（1）注意关闭门窗，室内人员应远离门窗、水管、煤气管等金属物体。

（2）关闭家用电器，拔掉电源插头，防止雷电从电源线入侵。

（3）在室外时，要及时躲避，不要在空旷的野外停留。在空旷的野外无处躲避时，应尽量寻找低洼之处（如土坑）藏身，或者立即下蹲，降低身体的高度。远离孤立的大树、高塔、电线杆、广告牌。

（4）立即停止室外游泳、划船、钓鱼等水上活动。

（5）如多人共处室外，相互之间不要挤靠，以防被雷击中后电流互相传导。

（6）雷电交加时，勿打手机或有线电话，应在雷电过后再拨打，以防雷电波沿通信信号入侵，造成人员伤亡。

（7）雷雨天气时，不宜靠近建筑物的裸露金属物，如水管、暖气、煤气管等，不宜使用沐浴器；远离专门的避雷针（带）引下线。

（8）部分民房在屋顶设置金属电视天线、晒衣铁线引入室内，或在室内乱拉电源线、电话线、电视天线等金属导线。雷雨天线时，雷电总是沿着这些路进入室内，因此，人在室内要远离这些线路和开关、

插座灯头 (必须距离人体 1.5m 以外)。

（9）不宜携带金属物品工具，不宜在旷野肩扛或高举木 (竹) 杆、锄头、铁锹、扁担、雨伞等工具物体。

（10）不宜在旷野开摩托车、骑自行车、骑牛背或奔跑。

（11）不宜进行户外球类运动 (足球、篮球、高尔夫球等)，不宜把羽毛球拍、高尔夫球杆等金属物扛在肩上。

三、雷雨天气突发事故应急处置

雷雨天气，容易导致的事故主要包括雷击触电、车辆遇水抛锚及人员溺水。

1. 雷击触电事故应急处置

人在遭受雷击前，会突然有头发竖起或皮肤颤动（刺痛）的感觉，这时应立刻蹲下，尽量将身体贴近地面，越靠近地面，被雷击中的概率就越低，但是切记不能躺在地上。用手捂住耳朵防止即将在你身边落下的雷爆发出的巨大声响让你听力受损。

保持脚跟部分接触并离开地面，记住你身体唯一和地面接触的部分只能是脚尖，雷电击中地面后会进入人的身体，与地面接触面越小，被电到的可能性越小。如果电流进入人体，脚尖、脚跟、地面三者之间直接形成回路，电流会经由脚尖流出，避免经过身体其他要害部位造成致命伤害。正确防止雷击姿势如图 4-3 所示。

图 4-3　正确防雷击姿势图

受雷击被烧伤或严重休克的人，身体并不带电。救助者应立即让其躺下，扑灭伤员身上的火，并进行抢救。若伤员呼吸或心跳已停止，应迅速对其进行心肺复苏，并第一时间拨打 120 求救电话，为抢救生命赢得时间。

若有烧伤和外伤，要尽快进行止血包扎。即使看似没有受伤，也要找医务人员检查，以确定伤情。

如果发现供电线路断落在积水中，要及时打电话通知供电部门紧急处理。一旦发现有人在水中触电倒地，必须在采取应急防护措施后才能对触电者进行抢救。

2. 车辆遇水抛锚及人员溺水事故应急处置

（1）保持冷静。如果车熄火后停在水中，水没有没过车窗时基本不会有生命危险。

（2）切记不要重新启动发动机，重新启动发动机会造成发动机活塞、缸体等严重磨损，严重者甚至导致发动机报废，损失往往在万元以上。

（3）迅速打开车窗。要在车辆电路还没断电前打开车窗或天窗。如果已经断电并且车窗车门都无法打开，可尝试用安全锤、高跟鞋、座椅头枕、金属杆类似尖锐物品敲碎车窗。挡风玻璃很厚，基本敲不碎；侧窗的四角和边缘比较薄，尽量敲击玻璃边缘，注意不要被玻璃划伤。

（4）逃出车外后保持面部朝上。如果不会游泳，在离开车前尽量找一些漂浮物抱住，迅速游向水面。

（5）下车后尝试将车推到水浅的地方并联系救援。

🛡 学习小结

本任务主要学习了雷雨天气应急避险的相关知识，具体介绍了雷雨天气主要危险、雷雨天气安全注意事项、雷雨天气突发事故应急处置等内容。学生通过本节内容的学习，能够掌握雷雨天气安全防范知识，提高雷雨天气突发事故的应急处置能力。

🔍 思考拓展

1. 雷雨天气，容易导致的事故有哪些？

2. 雷雨天气行车安全有哪些注意事项？

🏃 励心笃行

没有从天而降的英雄，只有挺身而出的凡人

图片来源："学习强国"学习平台（风雨揪心 救援同心——新华社记者多路直击河南强降水）

2021年7月，河南省郑州市遭遇千年一遇的特大暴雨，相当于在3天之内郑州被倒灌进150个西湖的水。

我们从这场特大暴雨中看到许多普通人的挺身而出。一位身披雨衣的年轻人在过马路时被湍急的水流冲走，眼看就要消失不见，路旁的一位大哥快速赶到他身边一把将他拉住，然后互相搀扶着蹚过马路；在暴雨的持续冲袭下，很多路面出现坍塌，一位妈妈带着儿女掉入泥坑中，小朋友情况危机已经被淹没，路过的市民一起齐心协力把他们拉了出来，妈妈跪地感谢；一幢大楼里有多名被困者，外面的水已经没过腰线，十几位群众自发聚集起来，用一根麻绳连接上了楼内的被困者，营救的群众虽然狼狈地站在水中，却整齐地喊着"一二一二"的口号，一同使劲，一起拉绳，最终将楼内被困者救了出来；在小区居民即将要被大水冲走之际，社区工作人员用横幅将人救起；腿脚不方便的老人被困屋内，路过的人相互搀扶着走到屋里将老人背起，然后又一同将老人送往安全的地方……相互搀扶，相互鼓励，是这座被大雨肆虐的城市中最让人感动的一幕。无处不见温暖而有力的双手，无处不在扶危解难的力量，每一位都是匆匆忙忙，没有人知道他们叫什么，也没有人知道他们住在哪里，只留下一个个勇敢而无畏的背影。感谢每一位挺身而出的平凡英雄！

在有灾有难的时候，没有一个人会袖手旁观，他们的每一个动作每一个选择体现的无不是骨子里的善良、勇敢和坚毅。青年兴则国家兴，青年强则国家强，我们生在中国，长在中国，走在红旗下，沐在春风里，这就是中国力量！致敬挺身而出的平凡英雄！

技能强化

熟悉雷雨天气预警信号

1. 训练目标

（1）掌握雷雨天气常见预警信号。

（2）熟悉不同等级预警信号代表的含义及防御事项。

2. 训练准备

利用互联网或相关应急科普书籍，搜集最新雷雨天气预警信号。

3. 成果展示

暴雨预警信号标准及防御指南见表4-2。

表4-2　暴雨预警信号标准及防御指南

暴雨蓝色预警信号标准及防御指南	
含义	防御指南
12小时内降雨量将达50mm以上，或者已达50mm以上且降雨可能持续。	1. 政府及相关部门按照职责做好防暴雨准备工作。 2. 学校、幼儿园采取适当措施，保证学生和幼儿安全。 3. 驾驶人员应当注意道路积水和交通阻塞，确保安全。 4. 检查城市、农田、鱼塘排水系统，做好排涝准备。
暴雨黄色预警信号标准及防御指南	
含义	防御指南
6小时内降雨量将达50mm以上，或者已达50mm以上且降雨可能持续。	1. 政府及相关部门按照职责做好防暴雨工作。 2. 交通管理部门应当根据路况在强降雨路段采取交通管制措施，在积水路段实行交通引导。 3. 切断低洼地带有危险的室外电源，暂停在空旷地方的户外作业，转移危险地带人员和危房居民到安全场所避雨。 4. 检查城市、农田、鱼塘排水系统，采取必要的排涝措施。
暴雨橙色预警信号标准及防御指南	
含义	防御指南
3小时内降雨量将达50mm以上，或者已达50mm以上且降雨可能持续。	1. 政府及相关部门按照职责做好防暴雨应急工作。 2. 切断有危险的室外电源，暂停户外作业。 3. 处于危险地带的单位应当停课、停业，采取专门措施保护已到校学生、幼儿和其他上班人员的安全。 4. 做好城市、农田的排涝，注意防范可能引发的山洪、滑坡、泥石流等灾害。

175

续表

暴雨红色预警信号标准及防御指南	
含义	防御指南
 3 小时内降雨量将达 100mm 以上，或者已达 100mm 以上且降雨可能持续。	1. 政府及相关部门按照职责做好防暴雨应急和抢险工作。 2. 停止集会、停课、停业(除特殊行业外)。 3. 做好山洪、滑坡、泥石流等灾害的防御和抢险工作。

雷电预警信号标准及防御指南见表4-3。

表 4-3　雷电预警信号标准及防御指南

雷电黄色预警信号标准及防御指南	
含义	防御指南
 6 小时内可能发生雷电活动，可能会造成雷电灾害事故。	1. 政府及相关部门按照职责做好防雷工作。 2. 密切关注天气，尽量避免户外活动。
雷电橙色预警信号标准及防御指南	
含义	防御指南
 2 小时内发生雷电活动的可能性很大，或者已经受雷电活动影响，且可能持续，出现雷电灾害事故的可能性比较大。	1. 政府及相关部门按照职责落实防雷应急措施。 2. 人员应当留在室内，并关好门窗。 3. 户外人员应当躲入有防雷设施的建筑物或者汽车内。 4. 切断危险电源，不要在树下、电杆下、塔吊下避雨。 5. 在空旷场地不要打伞，不要把农具、羽毛球拍、高尔夫球杆等扛在肩上。

续表

雷电红色预警信号标准及防御指南	
含义	防御指南
 2小时内发生雷电活动的可能性非常大，或者已经有强烈的雷电活动发生，且可能持续，出现雷电灾害事故的可能性非常大。	1. 政府及相关部门按照职责做好防雷应急抢险工作。 2. 人员应当尽量躲入有防雷设施的建筑物或者汽车内，并关好门窗。 3. 切勿接触天线、水管、铁丝网、金属门窗、建筑物外墙，远离电线等带电设备和其他类似金属装置。 4. 尽量不要使用无防雷装置或者防雷装置不完备的电视、电话等电器。 5. 密切注意雷电预警信息的发布。

🏅 任务评价

技能要点	标准参考	分值/分	自我评价 （20%）	小组互评 （30%）	教师评价 （50%）
雷雨天气 应急避险	熟悉雷雨天气主要危险及预警信号含义	20			
	掌握雷雨天气不同人群的安全注意事项	50			
	掌握雷雨天气突发事故应急处置要求	30			
总得分		100			

任务四　泥石流灾害应急避险

🔍 任务导入

我国是一个自然灾害频发的国家，地球上的各种自然灾害在我国几乎都有发生。自然灾害给我国社会经济和人民生命财产带来巨大的损害。2010年8月8日凌晨，甘肃省甘南藏族自治州舟曲县，强降雨引发滑坡泥石流，堵塞嘉陵江上游支流白龙江形成堰塞湖，造成重大人员伤亡，1463人遇难，307人失踪，电力、交通、通信中断。数百个同胞生命瞬间逝去，震悚大地，警醒世人。

每逢汛期，连续性强降雨极易诱发泥石流等二次灾害，给人民群众和基本生活带来严重威胁。如何判断是否发生了泥石流？泥石流有哪些特点？遇到泥石流该如何应急避险？让我们一起来学习本节内容。

🎒 任务基础

一、泥石流简介

泥石流是指在山区或者其他沟谷深壑、地形险峻的地区，因为暴雨、暴雪或其他自然灾害引发的山体滑坡并携带有大量泥沙以及石块的特殊洪流。泥石流具有突然性以及流速快、流量大、物质容量大和破坏力强等特点。泥石流与一般洪水的区别是洪流中含有足够数量的泥沙石等固体碎屑物，其体积含量最少为15%，最高可达80%左右，因此比洪水更具有破坏力。泥石流常常会冲毁城镇、工厂、矿山、乡村，造成人畜伤亡，破坏房屋及其他工程设施，破坏农作物、林木及耕地。此外，泥石流有时也会淤塞河道，不但阻断航运，还可能引起水灾，造成巨大人员伤亡和财产损失。

世界上有50多个国家存在泥石流的潜在威胁。其中比较严重的有哥伦比亚、秘鲁、瑞士、中国和日本。泥石流一般发生在半干旱山区或高原冰川区。那里地形陡峭，泥沙、石块等堆积物较多，树木少，一旦暴雨来临或冰川解冻，大大小小的石块有了足够的水分便会顺着斜坡滑动起来，形成泥石流。据统计，我国有泥石流沟1万多条，大多数分布在西藏、四川、云南和甘肃。有1300多个乡镇，170多个县城，90%的水电工程，50%的交通干线受到泥石流灾害的威胁。从1999—2019年，中国因泥石流死亡的人数达到4742人，平均每年死亡人数达226人。其中，2010年8月8日甘肃舟曲发生特大泥石流灾害，共计导致1765人死亡（图4-4）。面对如此多的泥石流灾害，我们应该科学认识与应对。

图 4-4　舟曲泥石流（舟曲县被毁农田和道路）

二、泥石流的诱发因素

1. 自然原因

自然状态下岩石的风化，以及各种因素造成的自然界中土壤层的增厚和松动，是引发泥石流灾害的自然原因。

2. 不合理开挖

不合理开挖是泥石流灾害的诱因，修建公路、水渠、铁路以及其他建筑活动，破坏了山坡表面。

3. 滥伐乱垦

滥伐乱垦造成植被消失，山坡失去保护，土地疏松、冲沟发育等加重水土流失，山坡稳定性被破坏容易产生泥石流。

4. 次生灾害

地震会造成山体松动、岩石破碎，地震灾害过后，经过暴雨或山洪稀释山体后发生的洪流，也会诱发泥石流。

三、泥石流的征兆

（1）河（沟）床中正常流水突然断流或洪水突然增大，并夹有较多的柴草、树木时，说明河（沟）上游已形成泥石流。

（2）山体异常。山体出现很多白色水流，山坡变形、鼓包、裂缝，甚至坡上物体出现倾斜。

（3）深谷内传来似火车轰鸣或闷雷般的声音。

（4）如果在山上听到"沙沙"声音，可能是沙石松动、流动发出的声音，是泥石流即将发生的征兆。

（5）如果山沟或深谷发出轰鸣声音或有轻微的震动感，说明泥石流正在形成。

（6）沟谷深处突然变得昏暗，并有轻微震动感等。

（7）干旱很久的土地开始积水，道路出现龟裂，树木、篱笆等突然倾斜或溪水水位急速下降等。

四、泥石流的危害

（1）对居民点的危害。泥石流是最常见的危害之一，是冲进乡村、城镇，摧毁房屋、工厂及其他场所设施，淹没人畜、毁坏土地，甚至造成村毁人亡的灾难。

（2）对交通的危害。泥石流可直接淹没车站、铁路、公路，摧毁路基、桥涵等设施，致使交通中断，还可引起正在运行的火车、汽车颠覆，造成重大的人身伤亡事故。泥石流甚至可能汇入河道，引起河道大幅度变迁，间接毁坏公路、铁路及其他构筑物，迫使道路改线，造成巨大的经济损失。

（3）对河道的危害。有时泥石流汇入河道，引起河道大幅度变迁，间接毁坏公路、铁路及其他构筑物，甚至迫使道路改线。

（4）对水利、水电工程的危害。主要是冲毁水电站、引水渠道及过渠建筑物，淤埋水电站。

（5）对矿山的危害。泥石流摧毁矿山及其设施，淤埋矿山坑道，伤害矿山人员，造成停工停产，甚至导致矿山报废。

五、泥石流的发生规律

（一）季节性

泥石流暴发受连续降雨、暴雨，尤其是特大暴雨的激发。一般发生在多雨的夏秋季节，因集中降雨的时间差异而有所不同，具有明显的季节性。

（二）周期性

泥石流活动周期与暴雨、洪水、地震的活动周期大体一致，当暴雨、洪水两者的活动周期叠加时，常常形成泥石流活动高潮。

六、泥石流的防范措施

（1）居住在泥石流灾害高发区的居民，雨季应随时注意当地气象部门发布的暴雨灾害信息，高度警惕泥石流的发生，一旦察觉有发生泥石流灾害征兆，立即撤离并及时呼唤近邻人员撤离。

（2）时刻注意异常声音，如树木被冲倒、石头碰撞的声音等。离沟道较近的居民发现沟水突然断流或突然变得十分浑浊时，可能意味着泥石流将要发生，应立即撤离。

（3）如果政府有关部门已发出山洪泥石流的预警或上述异常情况越来越明显，村（居）民委员会应立即组织人员迅速离开危险区，到安全点避难。

（4）在山谷徒步时，一旦遭遇大雨，要迅速转移到安全的高地，不要在谷底做过多停留。

（5）暴雨时或久雨后在山谷活动，应密切关注周围环境。若听到远处山谷传来打雷般声响，可能是泥石流将至的征兆，应立即采取紧急避险措施。

七、泥石流事故的自救逃生

（1）发现山谷有异常声音或听到警报时，要迅速跑到开阔地带，防止被泥石流冲击、埋压。

（2）在野外遇到泥石流时，要立即丢弃除通信工具外的其他沉重物品，选择安全路径逃生。

（3）在山谷中一旦遇到泥石流，要保持沉着冷静，选择与泥石流垂直方向的两边逃生，绝不能朝泥石流下游方向撤离。

（4）在遇到泥石流时，不要往地势空旷、树木生长稀疏的地方逃生，应就近选择树木生长密集可减缓泥石流流速的地带逃生。

（5）遇到泥石流，不要停留在陡峻的山坡或者爬树躲避，应选择平整安全的高地躲避，以免泥石流压塌冲倒山坡和树木而受到伤害。

学习小结

本任务主要学习了泥石流的诱发因素、征兆、危害、发生规律、防范措施和自救逃生等内容。学生通过本节内容的学习，能够认识泥石流的特点和危害，掌握发生泥石流时自救和逃生方法。

思考拓展

1. 查阅资料，说明泥石流有哪些监测预警方法？选择一种和大家分享。

2. 如果发生了泥石流，应当如何自救？

励心笃行

抗震救灾精神

四川汶川特大地震是中华人民共和国成立以来破坏性最强、波及范围最广、救灾难度最大的一次地震。5·12汶川地震严重破坏地区约50万平方千米，其中，极重灾区共10个县（市），较重灾区共41个县（市），一般灾区共186个县（市）。截至2008年9月25日，5·12汶川地震共计造成69227人遇难、17923人失踪、374643人不同程度受伤、1993.03万人失去住所，受灾总人口达4625.6万人。

截至 2008 年 9 月，5·12 汶川地震造成直接经济损失 8451.4 亿元。

　　在党中央、国务院和中央军委领导下，我们开展了历史上救援速度最快、动员范围最广、投入力量最大的抗震救灾斗争，最大限度地挽救了受灾群众生命，最大限度地减低了灾害造成的损失，夺取了抗震救灾斗争的重大胜利，形成了万众一心、众志成城，不畏艰险、百折不挠，以人为本、尊重科学的伟大抗震救灾精神。

技能强化

制作泥石流防御避险海报

1. 训练目标

（1）学习泥石流防御与应急避险相关知识。

（2）提高泥石流防范意识和应对水平。

（3）提高科普宣传与图文设计能力。

2. 训练准备

（1）利用手机、电脑，从网络获取相关内容。

（2）从教材中整理相关知识。

（3）学习 PS、PPT 等相关软件图文设计方法。

3. 成果展示

技能成果展示如图 4-5 所示。

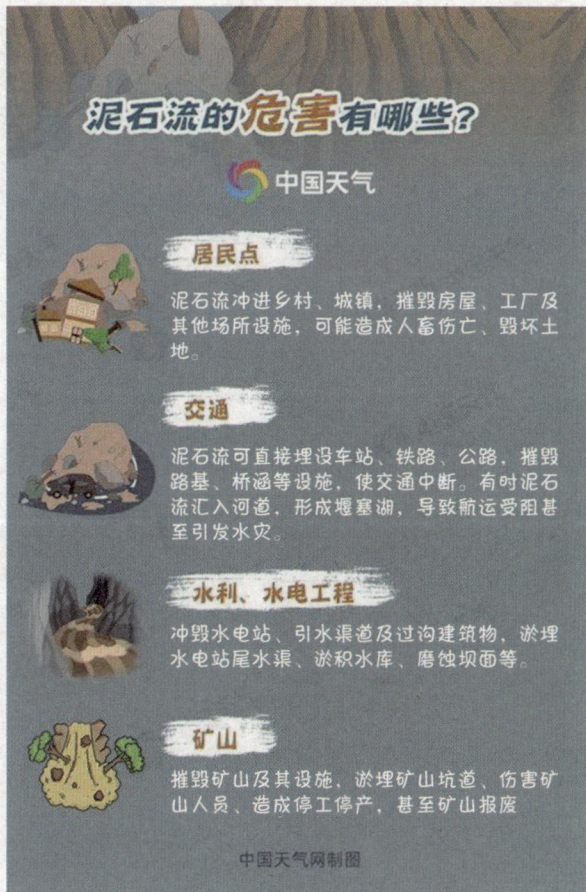

图 4-5　成果展示

🏅 任务评价

技能要点	标准参考	分值/分	自我评价（20%）	小组互评（30%）	教师评价（50%）
泥石流的基础知识	熟悉泥石流的概念和分布情况	10			
泥石流的诱发因素和征兆	了解泥石流的诱发因素	10			
	能够辨识泥石流征兆	20			
泥石流危害和预防措施	了解泥石流危害和发生规律，熟悉预防措施	30			
自救逃生	掌握泥石流应急避险自救逃生要点	30			
总得分		100			

项目五
公共卫生事件
预防与处置

学习导读

突发公共卫生事件，是指突然发生，造成或者可能造成社会公众健康严重损害的重大传染病疫情、群体性不明原因疾病、重大食物和职业中毒以及其他严重影响公众健康的事件。突发公共卫生事件往往会使人类的生命受到威胁，比如2003年的非典事件和2019年底的新型冠状病毒肺炎，传染性高，危害性大，影响了社会的安危。所以，提高公众公共卫生事件的预防与处置能力，能够让社会秩序步入正轨，给人类带来健康稳定的生活环境，促进社会的持续性发展。

普及公共卫生事件相关知识是提高公民科学素养的重要手段，而科学素养的提高则是公民在面临重大突发公共卫生事件中处变不惊、积极合理应对的基本保证。本项目主要包括典型传染病预防处置和食物中毒应急处置的相关内容，旨在增加学生对传染病和食物中毒相关知识的了解，培养学生对公共卫生事件的预防和处置能力。

学习目标

知识目标

1. 了解公共卫生事件的含义和相关法律要求。

2. 了解常见传染病的症状和预防措施。

3. 掌握食品中毒的症状和应急处置措施。

技能目标

1. 具备主动学习安全知识和技能的能力。

2. 具备根据症状判断并选择正确处置方法的能力。

3. 具备常见公共卫生事件的预防能力。

素养目标

1. 养成精益求精、勤学苦练的精神。

2. 具有良好的团队协作能力和沟通能力。

3. 具备耐心、专注、坚持的工作心态。

任务一　典型传染病的预防

任务导入

自新型冠状病毒感染的肺炎疫情发生以来，举国上下高度重视，全民全力防控。面对新冠肺炎疫情在我国多地蔓延，依法科学有序防控至关重要，"防控疫情，人人有责"成为每位公民的责任与共识。

传染病是一种能够在人与人之间或人与动物之间相互传播并广泛流行的疾病，通过各种途径传染给另一个人或物种的感染病。传染病常见方式有空气传播、水源传播、食物传播、接触传播、土壤传播、垂直传播（母婴传播）、体液传播、粪口传播等。

面对许多季节性传染病，你了解多少？面对传染病，该如何保护自己？为了加强传染病防治意识，提高防治知识水平，下面为大家介绍常见传染病的相关知识。

任务基础

一、新型冠状病毒肺炎

新型冠状病毒肺炎（corona virus disease 2019，COVID-19），简称"新冠肺炎"，世界卫生组织命名为"2019 冠状病毒病"，是指 2019 新型冠状病毒感染导致的肺炎。根据初期对新冠肺炎的病原学、流行病学、临床特征等特点的认识及对人群健康的危害程度，经国务院批准，2020 年 1 月 20 日，国家卫生健康委员会发布公告，将新冠肺炎纳入乙类传染病，采取甲类传染病的预防控制措施。随着病毒变异、疫情变化、疫苗接种普及和防控经验积累，自 2023 年 1 月 8 日起，国家卫生健康委员会解除对新型冠状病毒感染采取的《中华人民共和国传染病防治法》规定的甲类传染病预防、控制措施，将新型冠状病毒感染由"乙类甲管"调整为"乙类乙管"。

（一）病原体

新冠肺炎的病原体是新型冠状病毒。冠状病毒是一个大型病毒家族，已知可引起感冒及中东呼吸综合征（MERS）和严重急性呼吸综合征（SARS）等较严重疾病。新型冠状病毒是以前从未在人体中发现的冠状病毒新毒株。冠状病毒是一种单股正链 RNA 病毒，是自然界广泛存在的一大类病毒，因病毒包膜上有向四周伸出的突起，形如花冠而得名。冠状病毒与人和动物的多种疾病有关，可引起呼吸系统、消化系统、神经系统疾病。动物冠状病毒包括哺乳动物冠状病毒和禽冠状病毒，可感染蝙蝠等哺乳动物和鸡等禽鸟类，人类接触、加工、食用野生动物，有可能导致冠状病毒跨物种传播，引发人类疾病。但新型冠状病毒究竟通过何种动物媒介传染给人，仍有待进一步研究。冠状病毒对紫外线和热敏感，56℃持续 30min；或乙醚、75% 乙醇、含氯消毒剂、过氧乙酸和氯仿等脂溶剂，均可有效灭活病毒。

（二）常见症状

新冠肺炎以发热、乏力、干咳为主要表现，少数患者伴有鼻塞、流涕、腹泻等症状。重型患者多在一周后出现呼吸困难，严重者快速进展为急性呼吸窘迫综合征、脓毒症休克、难以纠正的代谢性酸中毒和凝血功能障碍。值得注意的是，重型、危重型患者病程中可为中低热，甚至无明显发热。部分患者仅表现为低热、轻微乏力等，无肺炎表现。多数患者预后良好，少数患者病情危重。死亡病例多见于老年人和有慢性基础疾病者。

（三）传播途径

（1）直接传播。指患者喷嚏、咳嗽、说话的飞沫，呼出的气体近距离直接吸入导致的感染。

（2）气溶胶传播。指飞沫混合在空气中形成气溶胶，吸入后导致感染。

（3）接触传播。指飞沫沉积在物品表面，接触污染手后，再接触口腔、鼻腔、眼睛等黏膜，导致感染。

（4）母婴传播。新冠病毒检测呈阳性的母亲，可能通过胎盘将病毒传染给婴儿。

（四）预防措施

（1）加强个人防护。正确佩戴口罩，避免前往人群密集的公共场所。勤洗手，不随地吐痰。加强锻炼，规律作息，保持室内空气流通。

（2）避免接触和食用野生禽畜。

（3）杜绝带病上学、上班或聚会，如有发烧、咳嗽等呼吸道感染的症状，居家休息，减少外出。

（4）及时就医。若有相关不适症状，首先要戴上口罩，与其他人员保持距离，立即上报，尽快到最近的定点医院发热门诊就诊。

二、流行性感冒

流行性感冒简称流感，是流感病毒引起的一种急性呼吸道疾病，属于丙类传染病。流感在中国以冬春季多见，临床表现以高热、乏力、头痛、咳嗽、全身肌肉酸痛等全身中毒症状为主，而呼吸道症状较轻。流感病毒容易发生变异，传染性强，人群普遍易感，发病率高，历史上在全世界引起多次暴发性流行，是全球关注的重要公共卫生问题。

（一）病原体

流感病毒属正黏病毒科，为单股、负链、分节段 RNA 病毒。根据核蛋白和基质蛋白不同，分为甲、乙、丙、丁四型。目前感染人的主要是甲型流感病毒中的 H1N1、H3N2 亚型及乙型流感病毒中的 Victoria 和 Yamagata 系。流感病毒对乙醇、碘伏、碘酊等常用消毒剂敏感，对紫外线和热敏感，56℃条件下 30min 可灭活。

（二）常见症状

一般表现为急性起病，前驱期有乏力症状，很快出现高热（可达 39 ~ 40℃）、畏寒、寒战、头痛、全身肌肉关节酸痛等全身中毒症状，可伴或不伴鼻塞、流鼻涕、咽喉痛、干咳、胸骨后不适、颜面潮红、眼结膜充血等局部症状。流感病程通常为 4 ~ 7 天，少数患者咳嗽可能持续数周之久。儿童发热程度通常高于成人，患乙型流感时恶心、呕吐、腹泻等消化道症状较成人多见。新生儿可表现为嗜睡、拒奶、呼吸暂停等。

1. 轻型流感

轻型流感起病较急，病情较轻，症状类似于普通感冒，可没有发热或仅出现低热。全身及呼吸道症状都较轻，一般 2 ~ 3 天内可自我恢复或痊愈。

2. 流感病毒性肺炎

肺炎型流感起病初与典型流感症状类似，但 1 ~ 3 天后病情迅速加重，出现高热、咳嗽、胸痛，严重者可出现呼吸衰竭及心、肝、肾等多器官衰竭，抗生素治疗无效。这类流感多发生于老年人、婴幼儿、慢性病患者及免疫力低下者，在病程 5 ~ 10 天内发生呼吸循环衰竭，危及生命，治疗难度极大，死亡率较高。

3. 重症或危重症流感

在流感的症状识别及诊断过程中，重症或危重症流感的诊治非常重要。出现以下情况之一者为重症病例：持续高热超过 3 天，伴有剧烈咳嗽、咳痰或胸痛；呼吸频率快，呼吸困难，口唇紫绀；神志改变：反应迟钝、嗜睡、躁动、惊厥等；严重呕吐、腹泻，出现脱水表现；合并肺炎；原有基础疾病明显加重。

出现以下情况之一者为危重病例：呼吸衰竭；急性坏死性脑病；脓毒性休克；多脏器功能不全；出现其他需进行监护治疗的严重临床情况。

（三）传播途径

流感主要以打喷嚏和咳嗽等飞沫传播为主，流感病毒在空气中大约存活 30 分钟，经口腔、鼻腔、眼睛等部位黏膜直接或间接接触可感染，接触被病毒污染的物品等途径也可感染。在人群密集且封闭、通风不良的场所，流感也可能以气溶胶形式传播。

（四）预防措施

（1）接种流感疫苗是目前预防流感最有效的手段，可以显著降低接种者罹患流感和发生严重并发症的风险。

（2）个人日常防护。保持室内通风；保持良好的个人卫生习惯；尽量避免去人群聚集场所；家庭成员出现流感患者时，尽量避免近距离接触等。

（3）在症状出现 48 小时内服用抗病毒药物，能有效缓解疾病症状、缩短症状持续时间。

（五）新冠病毒肺炎、流行性感冒和普通感冒的区别

新冠病毒肺炎、流行性感冒和普通感冒都属于呼吸道传染病。新型冠状病毒肺炎由新型冠状病毒引起，流行性感冒由流感病毒引起，而普通感冒则可能由多种不同的病毒引起，如鼻病毒、副流感病毒和人类普通冠状病毒等。

新型冠状病毒肺炎的主要症状为发热、持续的干咳和乏力。有些人也会有呼吸困难和失去味觉、嗅觉等症状，但流鼻涕和鼻塞这些上呼吸道症状却不常见。流行性感冒的主要症状为发热、乏力、干咳、肌肉酸痛和头痛等，有些人也会经历嗓子痛和流鼻涕。一些儿童有时也会出现腹泻的症状。普通感冒的症状一般比较轻，比如流鼻涕、打喷嚏和嗓子痛，发热比较少见。新型冠状病毒肺炎、流行性感冒和普通感冒三者症状有相似之处，我们很难完全通过症状区分到底是哪一种，另外还有无症状感染者（指感染病毒，有传染性，但自身无症状）。故如果出现发热、干咳等症状，应立即就医。

三、诺如病毒感染性腹泻

诺如病毒感染性腹泻是由诺如病毒属病毒引起的腹泻，具有发病急、传播速度快、涉及范围广等特点，是引起非细菌性腹泻暴发的主要病因。诺如病毒感染性强，以肠道传播为主，可通过污染的水源、食物、物品、空气等传播，常在社区、学校、餐馆、医院、托儿所、孤老院及军队等处引起集体暴发。诺如病毒抗体没有显著的保护作用，尤其是没有长期免疫保护作用，极易造成反复感染。

（一）病原体

诺如病毒又称诺瓦克病毒，是人类杯状病毒科诺如病毒属的一种病毒，是一组形态相似、抗原性略有不同的病毒颗粒。诺如病毒变异快、环境抵抗力强、感染剂量低，感染后潜伏期短、排毒时间长、免疫保护时间短，且传播途径多样、全人群普遍易感。因此，诺如病毒具有高度传染性和快速传播能力。诺如病毒变异速度快，每隔 2 ~ 3 年即可出现引起全球流行的新变异株。诺如病毒在 0 ~ 60℃ 的温度范围内可存活，且能耐受 pH 2.7 的环境室温下 3 小时、20% 乙醚 4℃ 18 小时、普通饮用水中 3.75 ~ 6.25 mg/L 的氯离子浓度（游离氯 0.5 ~ 1.0mg/L）。但使用 10mg/L 的高浓度氯离子（处理污水采用的氯离子浓度）可灭活诺如病毒，酒精和免冲洗洗手液没有灭活效果。

（二）常见症状

潜伏期多为 24 ~ 48 小时，最短 12 小时，最长 72 小时。感染者发病突然，主要症状为恶心、呕吐、发热、腹痛和腹泻。儿童患者呕吐普遍，成人患者腹泻为多，24 小时内腹泻 4 ~ 8 次，粪便为稀水便或水样便，无黏液脓血。原发感染患者的呕吐症状明显多于继发感染者，有些感染者仅表现出呕吐症状。此外，也可见头痛、寒战和肌肉痛等症状，严重者可出现脱水症状。

（三）传播途径

诺如病毒传播途径包括人传人、经食物和经水传播。人传人可通过粪口途径（包括摄入粪便或呕吐物产生的气溶胶）、或间接接触被排泄物污染的环境而传播。食源性传播是通过食用被诺如病毒污染的食物进行传播，污染环节可出现在感染诺如病毒的餐饮从业人员在备餐和供餐中污染食物，也可出现食物在生产、运输和分发过程中被含有诺如病毒的人类排泄物或其他物质（如水等）所污染。牡蛎等贝类海产品和生食的蔬果类是引起诺如病毒暴发的常见食品。经水传播可由桶装水、市政供水、井水等其他

饮用水源被污染所致。一起暴发可能存在多种传播途径。例如，食物暴露引起的点源暴发常会导致在一个机构或社区内出现继发的人与人之间传播。

（四）预防措施

目前，针对诺如病毒尚无特异的抗病毒药和疫苗，其预防控制主要采用非药物性预防措施。

（1）保持良好的手卫生是最重要和最有效的措施。

（2）患病家人应尽量不和其他健康的家人近距离接触。诺如病毒胃肠炎患者患病期间最好居家，主动隔离至症状完全消失后 2 天（因为症状完全消失后患者还有少量排毒），避免传染给其他人。

（3）认真清洗水果和蔬菜，正确烹饪食物，尤其是食用贝类海鲜等高风险感染诺如病毒的食品应保证彻底煮熟。

（4）发生诺如病毒胃肠炎聚集性或暴发疫情时，应做好全面消毒工作。

学习小结

本任务主要学习了常见传染病新冠肺炎、流行感冒和诺如病毒感染性腹泻的病原特征、常见症状、传播途径和预防措施。学生通过本节内容的学习，能够认识传染病的传播途径和病原特征，掌握常见传染病的预防控制方法。

思考拓展

1. 查阅资料，了解最新版新冠肺炎诊疗方案并分享。

2. 除了新冠肺炎、流行感冒和诺如病毒感染性腹泻，你还了解哪些常见的传染病？生活中如何预防？

励心笃行

"歌诗达赛琳娜号"事件

2020 年 1 月 20 日，"歌诗达赛琳娜号"邮轮满载 3706 名游客和 1100 名船员，从天津国际邮轮母港出发。1 月 23 日，邮轮停靠日本佐世保港。船上 15 人出现发热症状，包括 2 名儿童和 10 位外籍船员，即返回天津国际邮轮母港。1 月 24 日夜里，天津市新型冠状病毒感染的肺炎疫情防控工作指挥部接到"歌诗达赛琳娜号"的告急报告。1 月 25 日凌晨 1 点，天津指挥部发出指令：立即组织专家、医务工作者登船采样、开展流调，第一时间掌握现场情况，为进一步决策提供依据。明确由海关、卫健委等部门组成应急小组，起锚地实施登轮检疫，最终确认共有17人出现发热症状。工作人员采集了发热人员的样本后，为了节省时间，样本直接由直升机取走。由于邮轮上没有直升机停机坪，机组人员决定悬停在邮轮上空，通过悬吊的方式将待检样本装机，飞回陆地。直升机落地后，载有样本的车辆由警车开道，于12时送至天津市疾控中心检测。3个多小时后，检测结果出炉，17人均为阴性。随后，"歌诗达赛琳娜号"被允许靠港停泊。25日20时30分左右，乘客开始下船，2小时后下船完毕。据报道，乘客中约1500名乘坐滨海新区安排的大巴车前往轻轨站和火车站，约600人由旅行社安排乘大巴离开，约1600人由亲友接走。而35名因疫情暂时无法返乡的乘客由滨海新区政府安排了食宿，并为每个房间配备了体温计，每天早上8时和下午4时监测游客体温。

中国政府采取最全面、最严格、最彻底的防控措施，有效阻止了疫情在全球范围的蔓延，充分展现了"屹然砥柱立中流"的大国担当。中国速度、中国力度，体现了中国责任、中国担当，也照出了中国的大国担当和中国特色社会主义制度的优越性。

技能强化

《中华人民共和国传染病防治法》要点总结

1. 训练目标

（1）学习更多传染病防治相关知识。

（2）普及《中华人民共和国传染病防治法》，树立法治观念。

2. 训练准备

（1）利用手机、电脑，从网络获取传染病相关知识。

（2）学习《中华人民共和国传染病防治法》原文，了解法律要点内容。

（3）收集传染病防治宣传平台、标语等。

3. 成果展示

（1）《中华人民共和国传染病防治法》方针准则。

国家对传染病防治实行预防为主的方针，防治结合、分类管理、依靠科学、依靠群众。

（2）传染病的类别。

《中华人民共和国传染病防治法》规定的传染病分为甲类、乙类和丙类。甲类传染病是指鼠疫、霍乱。乙类传染病是指传染性非典型肺炎、艾滋病、病毒性肝炎、脊髓灰质炎、人感染高致病性禽流感、麻疹、流行性出血热、狂犬病、流行性乙型脑炎、登革热、炭疽、细菌性和阿米巴性痢疾、肺结核、伤寒和副伤寒、流行性脑脊髓膜炎、百日咳、白喉、新生儿破伤风、猩红热、布鲁菌病、淋病、梅毒、钩端螺旋体病、血吸虫病、疟疾。丙类传染病是指流行性感冒、流行性腮腺炎、风疹、急性出血性结膜炎、麻风病、流行性和地方性斑疹伤寒、黑热病、包虫病、丝虫病，除霍乱、细菌性和阿米巴性痢疾、伤寒和副伤寒以外的感染性腹泻病。

国务院卫生行政部门根据传染病暴发、流行情况和危害程度，可以决定增加、减少或者调整乙类、丙类传染病病种并予以公布。

（3）医疗机构处置措施。

《中华人民共和国传染病防治法》规定：医疗机构发现甲类传染病时，应当及时采取下列措施。对患者、病原携带者予以隔离治疗，隔离期限根据医学检查结果确定；对疑似患者，确诊前在指定场所单独隔离治疗；对医疗机构内的患者、病原携带者、疑似患者的密切接触者，在指定场所进行医学观察和采取其他必要的预防措施。

（4）公民在疫情防控中应当承担的责任和义务。

一切单位和个人，必须接受疾病预防控制机构、医疗机构有关传染病的调查、检验、采集样本、隔离治疗等预防、控制措施，如实提供有关情况。

传染病患者、病原携带者和疑似传染病患者，在治愈前或者在排除传染病嫌疑前，不得从事法律、行政法规和国务院卫生行政部门规定禁止从事的易使该传染病扩散的工作。

对被传染病病原体污染的污水、污物、场所和物品，有关单位和个人必须在疾病预防控制机构的指导下或者按照其提出的卫生要求，进行严格消毒处理；拒绝消毒处理的，由当地卫生行政部门或者疾病预防控制机构进行强制消毒处理。

任何单位和个人发现传染病患者或者疑似传染病患者时，应当及时向附近的疾病预防控制机构或者医疗机构报告。

任何个人违反相关规定，导致传染病传播、流行，给他人人身、财产造成损害的，应当依法承担民事责任。

任务评价

技能要点	标准参考	分值/分	自我评价（20%）	小组互评（30%）	教师评价（50%）
新冠肺炎	了解新冠肺炎病原体特征、常见症状	10			
	熟悉病毒传播途径，并能提出预防措施	20			
流行性感冒	了解流感病原体特征、常见症状	10			
	熟悉病毒传播途径，并能提出预防措施	20			
诺如病毒感染性腹泻	了解诺如病毒病原体特征、常见症状	10			
	熟悉病毒传播途径，并能提出预防措施	20			
传染病防治法	熟悉传染病防治法要点内容	10			
总得分		100			

任务二　食物中毒应急处置

任务导入

许多食物含有潜在的有害生物，但它们通常会在烹饪过程中被破坏。然而，如果人不遵守良好的卫生习惯和正确的食物储存方法，例如未洗手即将生肉放在冰箱底部，那么即使是熟食也会被污染并致人生病。食用含有毒素的食物会引起食物中毒。这些毒素可以天然存在于食物中，例如某些种类的蘑菇，或者由变质食物中的细菌产生。

由于可引起食物中毒的微生物种类繁多，其症状和严重程度各不相同；此外，从食物中毒到出现症状的时间可能从几小时到几天不等，这使识别有问题的食物变得非常困难。

任务基础

一、食物中毒概述

食物中毒是指摄入含有生物性、化学性有毒有害物质的食物或把有毒有害物质当作食物摄入后所出现的非传染性的急性、亚急性疾病。

（一）食物中毒特点

（1）发病呈暴发性。潜伏期短，来势凶猛，短时间内可有多数人发病。

（2）具有相似的临床症状。中毒患者一般都有相似的症状，多以胃肠道症状为主，病程较短。

（3）发病与食物有关。患者在近期内都食用过同样的食物，发病范畴局限在食用该类毒食物的人群。停止食用该食物后，发病很快停止。

（4）食物中毒不具有传染性，没有个人与个人之间的传染过程。发病曲线呈骤升骤降趋势，没有传染病流行时发病曲线的余波。

（5）有明显的季节性。夏秋季多发生细菌性和有毒动植物食物中毒；冬春季多发生肉毒中毒和亚硝酸盐中毒等。

（二）食物中毒临床症状

食物中毒的类型不同，临床症状表现亦有差异，主要有以下几种：

（1）胃肠型食物中毒症状以恶心、呕吐、腹痛、腹泻为主。

（2）神经型食物中毒症状以头痛、头晕、乏力、恶心呕吐、眼部肌肉瘫痪等为主。

（3）沙门菌中毒多由食肉或内脏引起，尤其是病死的家畜。潜伏期6～24小时，最长可达2～3天，有发热、头痛、恶心、呕吐、腹泻、全身乏力，可伴皮疹，大便有脓血。病程1～3周，可致人死亡。

（4）葡萄球菌中毒，通常由剩饭菜和污染的肉、奶、蛋类食后引起。潜伏期短，一般3小时，表现吐和泻，以吐为主，发热不明显。

（5）嗜盐菌中毒，由食海产品或用盐腌渍的食物引起，潜伏期8～12小时，有腹痛、腹泻伴呕吐，中度发热，大便呈洗肉水样或脓血便。

（6）肉毒杆菌中毒，肉毒杆菌为厌氧菌，多因食用过期罐头、腊肠或密闭贮存食物引起，潜伏期1天至数天，神经系统症状明显，有头痛、眩晕、瞳孔散大、软弱无力、眼睑下垂、复视、视力模糊，甚至失明、吞咽和呼吸困难、失音，可因呼吸麻痹死亡。

（7）大肠杆菌中毒，潜伏期短，一般4～12小时，症状轻，以腹泻为主，大便腥臭味，很少发热。

（8）真菌一般先有胃肠道症状，而后出现肝、肾损害或神经系统症状，如头痛、头晕、烦躁、惊厥、昏迷，有些真菌引起中性粒细胞减少或缺乏、血小板减少等。

（三）食物中毒发生的原因

（1）原料选择不严格，可能食品本身有毒，或受到大量活菌及其毒素污染，或食品已经腐败变质。

（2）食品在生产、加工、运输、贮存、销售等过程中不注意卫生、生熟不分造成食品污染，食用前未充分加热处理。

（3）食品保藏不当，致使马铃薯发芽、食品中亚硝酸盐含量增高、粮食霉变等都可造成食物中毒。

（4）加工烹调不当，如肉块太大，内部温度不够，细菌未被杀死。

（5）食品从业人员本身带菌，个人卫生不良造成对食品的污染。

（6）有毒化学物质混入食品中并达到中毒剂量。

（7）外形与食物相似，本身含有有毒成分的物质，被当作食物误食。

（四）食物中毒的分类

1. 细菌性食物中毒

（1）感染型食物中毒。包括沙门菌属、变形杆菌属、副溶血性弧菌、致病性大肠菌属、韦氏梭状芽孢杆菌等引起的食物中毒。

（2）毒素型食物中毒。包括肉毒梭菌毒素、葡萄球菌肠毒素等引起的食物中毒。

2. 有毒动植物食物中毒

（1）有毒动物中毒。如河鲀、有毒贝类、鱼类组胺、动物内脏（过冬的狼和狗肝脏）、腺体（甲状腺等）所引起的食物中毒。

（2）有毒植物中毒。如毒蕈、木薯、四季豆、发芽马铃薯、新鲜黄花菜、生豆浆等引起的食物中毒。

3. 化学性食物中毒

食物被某些金属、类金属及其化合物、亚硝酸盐、农药等污染，或因误食引起食物中毒。

4. 真菌毒素食物中毒

食入含有被大量霉菌毒素污染的食物引起的食物中毒，如赤霉病麦、霉变甘蔗等。

二、常见食物中毒及预防

1. 豆浆中毒

生大豆中含有一种有毒的胰蛋白酶抑制物，可抑制体内蛋白酶的正常活性，并对胃肠有刺激作用。

中毒表现：潜伏期数分钟到1小时，恶心、呕吐、腹痛、腹胀，有的腹泻、头痛可很快自愈。

预防措施：豆浆必须煮开后再喝。

2. 豆角中毒

大多数豆角，如扁豆、菜豆、刀豆等都不适合生吃。豆角的外皮含有皂素，豆子含有红细胞凝集素。

皂素又称皂苷，本身是一种毒蛋白；豆角两端、荚丝以及老扁豆含毒素最多。

中毒表现：潜伏期为数分钟至数小时，主要为胃肠炎症状，恶心、呕吐、腹痛、腹泻，以呕吐为主，并伴有头晕、头痛、出冷汗，有的四肢麻木，胃部有烧灼感，预后良好，病程一般为数小时或 1 ~ 2 天。

预防措施：烧熟煮透破坏其毒素。

3. 发芽土豆中毒

土豆中含有一种生物碱，为龙葵素。正常情况下 100g 土豆中龙葵素的含量为 2 ~ 10mg。土豆发芽后皮肉变绿，龙葵素含量增高，人一次食用 0.2 ~ 0.4g 即可发生中毒。

中毒表现：一般在进食 10min 至数小时后出现症状，胃部灼痛，舌、咽麻，恶心，呕吐，腹痛，腹泻。严重中毒者体温升高，头痛，昏迷，出汗，心悸。儿童中毒后常引起抽风、昏迷。

预防措施：土豆应贮存在低温、通风、无阳光直射的地方，防止生芽变绿。不得食用生芽过多或皮肉大部分变黑、变绿的土豆。食用发芽很少的土豆前应彻底挖去芽和芽眼周围的肉。因龙葵素溶于水，可将土豆放入水中浸泡半小时左右。

4. 木耳中毒

鲜木耳与市场上销售的干木耳不同，含有被称为"卟啉"的光感物质，如果被人体吸收，经阳光照射可引起皮肤瘙痒、水肿，严重可致皮肤坏死。若水肿出现在咽喉黏膜，还能导致呼吸困难。

干木耳本身无毒，但是木耳经长时间的浸泡后会变质，产生米酵酸菌。米酵酸菌是一种食物中毒剂，常见于腐败木耳和发酵玉米粉中。当这种微生物被人体吸收后，可以造成人肠道内米样或丝状细菌大量繁殖并产生毒素，从而引发中毒现象。米酵酸菌病主要表现为恶心、呕吐、腹泻及腹痛等临床症状。误食米酵酸菌 2 ~ 24 小时内，患者会出现上腹不适、皮肤发黄、血尿、黄尿、休克等明显症状，米酵酸菌感染的病死率可达 40%。

预防措施：食用木耳前用水浸泡使光感物质溶解，但不宜浸泡过久，浸泡的水要倒掉。

5. 鲜黄花菜中毒

鲜黄花菜含有毒成分"秋水仙碱"。这种物质本身无毒，但是进入肠胃道后，经过肠胃道吸收，在体内会氧化成具有较大毒性的"二秋水仙碱"。

主要症状：头痛头晕、恶心呕吐、腹胀腹泻，甚至体温改变、四肢麻木。

预防措施：鲜黄花菜应先经水焯、浸泡后方可食用。

6. 霉变甘蔗中毒

霉变的甘蔗外观缺少光泽，有霉斑，质软，切开后剖面呈浅黄色或浅褐色，有轻度霉味或酒糟味。切片在显微镜下检查，可见真菌菌丝侵染，并从变质甘蔗中分离出节菱孢霉菌。节菱孢霉菌为世界性分布的一种植物腐生菌，其产生的毒素为 3-硝基丙酸。3-硝基丙酸为一种神经毒素，是引起霉变甘蔗中毒的主要毒性物质。

中毒表现：短时间内引起广泛性中枢神经系统损害，干扰细胞内酶的代谢，增强毛细血管的通透性，从而引起脑水肿、脑疝等。严重者导致缺血坏死，出现各种有关的局灶症状，有些损害为不可逆性。

预防措施：食用甘蔗时应检查是否霉变，若已霉变，勿食用。

7. 亚硝酸盐中毒

中毒原因：亚硝酸盐可使正常的低铁血红蛋白被氧化成高铁血红蛋白，失去输送氧气的功能，从而导致青紫和组织缺氧现象。

中毒表现：潜伏期 30min 到 3 小时，口唇、指甲及全身皮肤青紫，呼吸困难，并有头晕、头痛、恶心、呕吐、心跳加快、呼吸急促，有的昏迷、抽搐，终因呼吸衰竭而死亡。

8. 沙门菌属食物中毒

沙门菌属是很大的一个菌属，其中最常引起食物中毒的沙门菌有鼠伤寒、猪霍乱、肠炎沙门菌、副伤寒甲、副伤寒乙等。这种细菌在外环境中的生存能力较强，在水、牛乳及肉类食品中能存活几个月。沙门菌繁殖的最适温度为 37℃。乳类与乳制品中的沙门菌经巴氏消毒或煮沸后会迅速死亡。

中毒食物和污染源：沙门菌食物中毒多由动物性食品，特别是肉类引起，如病死牲畜肉、熟肉制品，也可由家禽、蛋类、奶类食品引起。

临床表现：以急性胃肠炎为主，潜伏期一般为 12 ~ 24 小时，短的数小时，长则 2 ~ 3 天，前期症状有恶心、头痛、全身乏力和发冷等，主要症状有呕吐、腹泻、腹痛，粪便为黄绿色水样便，有时带脓血和黏液。一般发热为 38 ~ 40℃，重症病人出现寒战、惊厥、抽搐和昏迷。病程为 3 ~ 7 天，一般预后良好。但是，老人、儿童和体弱的中毒者如不及时进行急救可致死亡。

预防措施：防止食品被沙门菌污染。控制食品中沙门菌的繁殖。彻底杀死沙门菌。

9. 鱼类引起的组胺中毒

含组氨酸高的鱼类主要是青皮红肉的海产鱼类，如鲐鱼、青鱼、沙丁鱼、秋刀鱼等，中毒原因为这类鱼中含有较多的组氨酸，经某些细菌作用，在适宜的条件下鱼肉中的组氨酸经脱羧酶作用会产生组胺和类组胺物质——秋刀鱼素。

中毒表现：组胺中毒与人的过敏体质有关。中毒表现为局部或全身毛细血管扩张。潜伏期为数分钟至数小时，特点是发病快，症状轻，恢复快，少有死亡。主要症状为皮肤潮红、结膜充血、似醉酒样、头晕、剧烈头痛、心悸，有时出现荨麻疹。一般体温不高，多于 1 ~ 2 天内恢复。

预防措施：加强鱼类食品卫生管理。过敏体质的人不能食用。对容易产生大量组氨酸的鲐鱼去毒。

10. 河鲀毒素中毒

河鲀鱼有上百个品种，是一种味道鲜美但含剧毒素的鱼类。中毒多发生在日本、东南亚及我国沿海、长江下游一带。

毒性：有毒物质为河鲀毒素，是一种神经毒，对热稳定，需 220℃以上高温方可分解；盐腌或日晒不能破坏。鱼体中的含毒量在不同部位和季节有差异，卵巢和肝脏有剧毒，其次为肾脏、血液、眼睛、鳔和皮肤。鱼死后内脏毒素可渗入鱼肉，使本来无毒的鱼肉含毒。产卵期卵巢毒性最强。

中毒表现：河鲀毒素可引起中枢神经麻痹，阻断神经肌肉间传导，使随意肌出现进行性麻痹；直接阻断骨骼纤维，导致外周血管扩张及动脉压急剧降低。潜伏期 10 分钟至 3 小时。早期有手指、舌、唇刺痛感，然后出现恶心、呕吐、腹痛、腹泻等胃肠症状，四肢无力、发冷、口唇和肢端知觉麻痹。重症患者瞳孔与角膜反射消失，四肢肌肉麻痹，以致发展到全身麻痹、瘫痪。呼吸表浅而不规则，严重者呼吸困难、血压下降、昏迷，最后死于呼吸衰竭。目前尚无特效解毒剂，对患者应尽快排出其体内毒物，并给予对症处理。

预防：加强宣传教育，防止误食。对新鲜河鲀鱼应统一加工处理，经鉴定合格后方准出售。

11. 变形杆菌食物中毒

变形杆菌属包括普通变形杆菌、奇异变形杆菌、莫根变形杆菌、雷极变形杆菌4群，变形杆菌为腐物寄生菌，在自然界分布广泛，粪便、食品中等均可检出该菌，人和动物的带菌率高达10%左右，肠道病患者的带菌率比健康人更高，为13.3%～52%。

引起中毒的食品：主要与动物性食品有关，特别是熟肉制品和凉拌菜等，也有病死家畜肉等。

食品被污染和中毒发生的原因：在烹调制作食品过程中，处理生、熟食品的工具、容器未严格分开使用，使制成的熟食品受到重复污染；操作人员不讲究卫生，通过手污染熟食，受污染的熟食在较高的温度下存放时间较长，细菌大量繁殖，食用前未再回锅加热或加热不彻底，食后引起中毒。

中毒表现：潜伏期一般为12～16小时，短者1～3小时，长者60小时。主要表现为腹痛、腹泻、恶心、呕吐、发热、头晕、头痛、全身无力，重者有脱水、酸中毒、血压下降、惊厥、昏迷；腹痛剧烈，多为脐周围部位剧烈绞痛或刀割样疼痛；腹泻多为水样便，一日数次至10余次；体温一般为38～39℃。发病率的高低随着食品污染程度和进食者健康状况的不同而有所不同，一般为50%～80%。病程比较短，一般1～3天，多数24小时内恢复。

预防措施：防止食品被变形杆菌污染。控制食品中变形杆菌的繁殖。彻底杀死变形杆菌。

三、食物中毒应急处置

1. 催吐

对患者应尽早地进行催吐。立即停止食用可疑食品，喝大量洁净水以稀释毒素，并指导其用手指刺激咽喉进行催吐，若手指催吐无效，则可以采用消毒压舌板进行催吐，并及时就医。用塑料袋留好呕吐物或大便，带去医院检查，有助于诊断。

2. 保护舌头

出现抽搐、痉挛症状时，应马上将患者移至周围没有危险物品的地方，并取来筷子，用手帕缠好塞入患者口中，以防患者咬破舌头。

3. 送医

症状无缓解迹象，甚至出现失水明显，四肢寒冷，腹痛腹泻加重，面色苍白，大汗，意识模糊，说胡话或抽搐，甚至休克，应立即送医院救治。

4. 报告

了解与患者一同进餐的人有无异常，并告知医生和一同进餐者。及时向当地疾病预防控制机构或卫生监督机构报告。

5. 感染护理

及时将患者的排泄物与呕吐物进行处理，并对患者进行隔离，以便预防交叉感染；定期清洁、消毒患者病房环境与其使用过的各种医疗器械，降低病毒传播的概率。

6. 饮食护理

在患者食物中毒48小时内应禁食，待其好转后，叮嘱患者多食用含钙、钾蔬菜与低糖类食物，同时要注意饮食的搭配。

7. 温馨提示

（1）不吃不新鲜或有异味的食物。不要自行采摘蘑菇、鲜黄花菜或不认识的植物食用。扁豆一定要炒熟后再吃，不吃发芽的土豆。

（2）从正规渠道购买食用盐、水产品及肉类食品。

（3）生熟食物要分开存放，水产品以及肉类食品应煮熟后再吃。

（4）不要用饮料瓶盛装化学品，存放化学品的瓶子应该有明显标志，并存放在隐蔽处，以避免儿童辨别不清而饮用。

（5）发生食物中毒后应尽可能留取食物样本，或者保留呕吐物和排泄物，供化验使用。

（6）发现食物中毒患者，必须立即送往医院抢救，不要自行乱服药物。

学习小结

本次任务主要学习食物中毒的相关知识，具体介绍了食物中毒的特点、临床症状、中毒原因以及分类；常见食物中毒及预防；食物中毒应急处置等内容。学生通过学习，能够全面了解食物中毒的基本知识和预防食物中毒的辨别技能，具备常规食物中毒后的紧急处置能力。

思考拓展

1. 食物中毒通常有哪些特点？

2. 食用未煮熟的生豆浆致使食物中毒后，主要临床症状是什么？

励心笃行

国以民为本，民以食为天，食以安为先

图片来源："学习强国"学习平台

"民者，国之根也，诚宜重其食，爱其命。"关于食品安全问题的重要性，习近平同志用"两大问题"来定性。他认为，食品安全既是重大的民生问题，也是重大的政治问题。习近平指出："民以食为天，食品安全是重大的民生问题。"他强调："食品安全关系中华民族未来，能不能在食品安全上给老百姓一个满意的交代，是对我们执政能力的考验。老百姓能不能吃得安全，能不能吃得安心，已经直接关系到对执政党的信任问题，对国家的信任问题。""十三五"规划建议指出："实施食品安全战略，形成严密高效、社会共治的食品安全治理体系，让人民群众吃得放心"。

🔧 技能强化

常见有毒食物的毒性分类

1. 训练目标

（1）锻炼学生对常见有毒食品的分辨能力。

（2）绷紧食品安全这根弦，提高国民食品安全的意识。

2. 训练准备

（1）学习食品中毒的相关理论知识。

（2）通过互联网、手机查阅食品中毒的相关资料。

3. 训练展示

（1）制作食物分类清单，根据食物中毒的种类对食材进行分类统计。

（2）统计范围包括所含毒素、毒性破坏条件、中毒症状、预防措施等。

（3）家庭成员应互相讨论，充分细致。

🏅 任务评价

技能要点	标准参考	分值/分	自我评价（20%）	小组互评（30%）	教师评价（50%）
食物中毒概述	食物中毒的特点	10			
	食物中毒的原因	10			
常见食物中毒及预防	致病原理	10			
	中毒表现或症状	25			
	预防措施	25			
食物中毒应急处置	食物中毒后应急处置步骤	20			
总得分		100			

项目六
职业健康与安全防护

学习导读

　　截至 2021 年底，全国共有职业卫生技术服务机构 1022 家，放射卫生技术服务机构 605 家，化学品毒性鉴定中心 23 家，职业健康检查机构 5067 家，职业病诊断机构 588 家；中央转移地方资金建设 671 家尘肺病康复站，覆盖辖区内近 17 万名尘肺病患者。2021 年全国共报告各类职业病新病例 15407 例，其中职业性尘肺病及其他呼吸系统疾病 11877 例，占总职业病人数的 77%，其他类型职业病 3530 例，占总职业病人数的 23%。

　　目前，全国职业病危害日渐趋紧，尤其以粉尘、化学毒物、噪声和辐射等职业病危害为重点。本项目主要学习粉尘危害与防护、噪声危害与防护、工业毒物危害与防护、辐射危害与防护、办公室职业健康管理等内容，旨在提高学生职业健康与安全防护的技能。

⊕ 学习目标

知识目标

1. 掌握粉尘的危害及防护措施。
2. 掌握噪声的危害及防护措施。
3. 掌握工业毒物的危害及防护措施。
4. 掌握核辐射的危害及防护措施。
5. 掌握办公室职业健康管理方法。

技能目标

1. 具备采取合理措施避免尘肺病发生的技能。
2. 具备对噪声危害管理的技能。
3. 具备对工业毒物危害控制的能力。
4. 具备能够采取合理措施避免核辐射的能力。
5. 具备对办公室职业健康管理的能力。

素养目标

1. 养成积极有效的健康意识、安全意识。
2. 养成认真细致的工作作风、严谨务实的安全管理工作态度。

任务一 粉尘危害及防护

⊚ 任务导入

　　粉尘是指直径很小的固体颗粒物质，飘浮在空气中的粉尘是一种空气污染物，可以是自然环境中天然产生的，如火山爆发的尘埃，也可以是工业生产或日常生活中各种人类活动产生的，如工厂排放物等。

　　生产性粉尘就是在生产过程中形成，并能长期飘浮在空气中的固体颗粒。随着工业规模的不断扩大，生产性粉尘的种类和数量不断增多。同时，许多生产性粉尘形成后，表面往往还能吸附其他的气态或液态有害物质，成为其他有害物质的载体。生产性粉尘不仅会造成作业环境的污染，影响作业人员的身心健康，而且由于它们会扩散，污染厂区外大气环境，直接或间接影响周围环境居民的身心健康，引起一系列环境问题，关系到人类的健康、生存和发展。

　　生产性粉尘污染和健康危害是我国最关注的职业和环境污染核心问题之一。生产性粉尘的产生与技术水平、生产工艺和防护措施有关。可以通过适当的措施降低和防止其产生。

任务基础

一、粉尘的概念

粉尘是指悬浮在空气中的固体微粒。粉尘有许多习惯上的名称，如灰尘、尘埃、烟尘、矿尘、沙尘、粉末等，这些名词没有明显的界线。国际标准化组织规定，粒径小于 $75\,\mu m$ 的固体悬浮物定义为粉尘。大气中粉尘的存在是保持地球温度的主要原因之一，大气中过多或过少的粉尘都将对环境产生灾难性的影响。但在生活和工作中，生产性粉尘是人类健康的天敌，是诱发多种疾病的主要原因。

生产生活中的粉尘如图 6-1 所示。

图 6-1　生活生产中的粉尘

图片来源：新华网（美国西部山火烟尘引发纽约雾霾天气）；中国台湾中时新闻网（汉翔台州水泥厂粉尘爆炸）

并非所有的粉尘都是有害的，粉尘也有有益的一面。比如空气中的尘埃，有了它，我们才能够在地球上生存。原因如下：一是尘埃具有散射、反射光线和凝聚水汽等作用。光线只能直线传播，而数以亿计的尘埃将光线散射、反射到四面八方，使世界呈现一片光明。二是尘埃具有反光镜的作用，把投射在它上面的一部分太阳辐射反射到宇宙空间。夏季，当天空中的尘埃增多时，白天的气温不会太高，也是这个原因。尘埃还能阻挡一些有害射线进入地球。同时，城市上空的雾比郊区多，其原因就是城市空气中的尘埃多于郊区。三是尘埃是吸湿性的微粒，可作为凝结核，使周围水汽在它上面凝结。因此，地球上的水汽不断蒸发，尘埃在上空将水汽凝聚在一起。

大家所说的粉尘有害，主要指的是生产性粉尘。生产性粉尘是指在工业生产过程中产生的粉尘，能长时间浮游在空气中的固体微粒。

二、生产性粉尘的来源及分类

（一）生产性粉尘的来源

生产性粉尘的来源十分广泛，一般由工业生产上的破碎、碾磨、运转作业产生，生产性粉尘有以下主要来源。

（1）传统行业，如矿山开采过程中的凿岩、爆破、装载、隧道开凿、运输以及煤矿采煤工作面的割煤、运输、支护等各工序，矿石加工生产过程中的粉碎、选矿、筛分等工序。

（2）开山筑路、开凿隧道、修筑涵洞过程中的打眼、爆破、建筑等。

（3）金属冶炼加工、筛分、研磨、选矿、配料，水泥、石棉、玻璃、陶瓷等生产过程中的原料粉碎，皮毛的加工。

（4）皮毛、纺织工业的原料处理。

（5）化学工业原料的加工处理、包装等过程。

（6）煤的燃烧，烟草、骨粉的制造，以及粮食生产中的脱粒、磨粉等。

（二）生产性粉尘的分类

1. 根据性质分类

按粉尘的性质分为三大类：

（1）无机性粉尘。包括矿物性粉尘，如硅石、石棉、煤等；金属性粉尘，如铁、锡、铝等及其化合物；人工无机粉尘，如水泥、金刚砂等。

（2）有机性粉尘。人工合成的有机材料产生的粉尘，如有机染料、塑料、合成橡胶、合成纤维等。

（3）混合性粉尘。是各类粉尘混合存在，这类粉尘是生产环境中最为常见的。

2. 根据粉尘颗粒在空气中停留时间状况分类

（1）降尘。指直径大于 $10\,\mu m$ 的颗粒能够依其自身重力作用降落到地面，称为降尘。降尘多产生于大块固体的破碎、燃烧残余物的结块及研磨粉碎物质。沙尘暴也是降尘来源之一。

（2）飘尘。直径小于 $10\,\mu m$、在大气中长时间飘浮而不易沉降的颗粒物，如烟、雾等颗粒物。因飘尘可长期飘浮在空气中，很容易被人体吸收，危害极大。

3. 根据粉尘在呼吸道的沉积部位分类

（1）非吸入性粉尘。又称不可吸入性粉尘。当粒子空气动力学直径大于 $15\,\mu m$ 时，粒子被吸入呼吸道的机会非常少，因此称为非吸入性粉尘。

（2）可吸入性粉尘。当粒子空气动力学直径小于 $15\,\mu m$ 时，可以通过呼吸道进入胸腔周围，故又称为可吸入性粉尘或胸腔粉尘。其中，空气动力学直径为 $10 \sim 15\,\mu m$ 的粒子主要沉积在上呼吸道，主要沉积部位为鼻、咽、喉头、气管、支气管等。在《环境空气质量标准》（GB 3095—2012）中，将空气动力学直径小于或等于 $10\,\mu m$ 的颗粒物定义为可吸入颗粒物（即 PM10）。

（3）呼吸性粉尘。指可到达呼吸道深部和肺泡区，进入气体交换区域的颗粒物。医学上的呼吸性粉尘是指能够到达并且沉积在呼吸性细支气管和肺泡的那一部分粉尘，不包括可呼出的那一部分。

4. 按粉尘的大小及光学特性分类

①可见粉尘。指粒径大于 $10\,\mu m$，肉眼可见的粉尘。

②显微镜粉尘。指粒径为 $0.25 \sim 10\,\mu m$，用光学显微镜可观测的粉尘。

③超微显微镜粉尘。指粒径在 $0.25\,\mu m$ 以下，用电子显微镜可观测的粉尘。

三、生产性粉尘的危害

不论飘尘或降尘，对大气环境、气温、气候、日照、能见度、人体健康以及动植物都有影响。哮喘病、支气管炎发病率不断地快速升高，就是粉尘污染加剧的一个典型表现。粉尘污染对老人、小孩的影响最大，粉尘的化学成分可直接决定粉尘对人体的危害程度。粉尘中 $0.5 \sim 5\,\mu m$ 的飘尘对人的危害最大，因为这类飘尘中含有多种有毒金属或致癌物，极易随呼吸进入人体，约有一半可附着在肺壁上，构成或加重人体的呼吸道疾病。

当气溶胶粒子通过呼吸道进入人体时，有部分粒子可以附着在呼吸道上，尘粒在人体肺部的滞留率随粒径减小而增加，影响人的呼吸，危害人体健康。可被吸入的飘尘因粒径不同而滞留在呼吸道的不同部位：大于 $5\,\mu m$ 的飘尘多滞留在上呼吸道；大于 $10\,\mu m$ 的粒子基本上被阻滞于人的鼻腔和咽喉；粒径在 $2 \sim 10\,\mu m$ 的，90% 被吸入并沉积于肺部；粒径小于 $2\,\mu m$ 的可 100% 被吸入肺，其中 $0.22\,\mu m$ 的全部沉积到肺中。

空气颗粒物对人体健康的危害因其化学组成不同而异。

粉尘对人体的危害，不仅取决于粉尘的性质，还取决于粉尘在空气中的含量（即浓度）。空气中粉尘的浓度是评价环境污染状况的主要指标之一。

（一）全身作用

人体对进入呼吸道的粉尘具有防御机能，能通过各种途径将大部分尘粒清除。尘粒进入呼吸道时，首先因上呼吸道的生理解剖结构、气流方向的改变和黏液分泌，使大于 $10\,\mu m$ 的尘粒在鼻腔和上呼吸道沉积下来而被清除掉。据研究，鼻腔滤尘效能为吸气中粉尘总量的 30% ~ 50%。由于粉尘对上呼吸道黏膜的作用，使鼻腔黏膜机能亢进，毛细血管扩张，大量分泌黏液，借以直接阻留更多的粉尘。此后黏膜细胞由于营养供应不足而萎缩，逐渐形成萎缩性鼻炎，则滤尘机能显著下降。类似的变化还可引起咽炎、喉炎、气管炎及支气管炎等。

在下呼吸道，由于支气管的逐级分支、气流速度减慢和方向改变，可使尘粒沉积黏着在支气管及其分支管壁上。这部分尘粒直径为 $2 \sim 10\,\mu m$。其中大多数尘粒通过黏膜上皮的纤毛运动伴随黏液往外移动而被传送出去，并通过咳嗽反射排出体外。

进入肺泡内的粉尘一部分随呼气排出；另一部分被吞噬细胞吞噬后，通过肺泡上皮表面的一层液体的张力，被移送到具有纤毛上皮的呼吸性细支气管黏膜表面，并由此传送出去；还有一部分粉尘被吞噬细胞吞噬后，通过肺泡间隙进入淋巴管，流入肺门。直径小于 $3\,\mu m$ 的尘粒，大多数通过吞噬作用而被清除。

由此可见，虽然人体有良好的防御机能，进入和残留在肺门淋巴结内的粉尘只是吸入粉尘的一小部分。在一定条件下，如果防尘措施不好，长期吸入浓度较高的粉尘，仍可产生不良影响，严重的会引发尘肺疾病。

尘肺是指由于长期吸入一定浓度的能引起肺组织纤维性变的粉尘所致的疾病，是职业病中影响最广、危害最严重的一类疾病。我国关于尘肺的记载已有悠久的历史，早在北宋时代（公元 10 世纪）孔平仲即已指出，采石人所患的职业性肺部疾病是"石末伤肺"所致。欧洲直至 16 世纪时对尘肺的本质尚不了解。以后虽有人提出"尘肺"一词，但在一段相当长的时期内，对尘肺的概念仍不明确。到 20 世纪中叶，通过临床观察、X 射线检查、病理解剖以及实验研究，认为除游离二氧化硅外，还有一些其他粉尘也可引起尘肺。中国有超过 2 亿的人受到职业病的威胁和危害。在各类职业病中，尘肺病占 80% 甚至更高，其中矽肺病是最常见的一种尘肺病。尘肺按其病因可分为以下五类。

①矽肺（图6-2）。由于吸入含有游离二氧化硅的粉尘而引起的尘肺。矽是硅的旧称，二氧化矽粉尘即二氧化硅粉尘，故而得名"矽肺"，也有不少人称之为"硅肺"，医学标准名词称为"硅沉着病"。接触矽尘作业种类很多，如各种矿的开采和选矿、风钻、凿岩和爆破等作业；工厂方面如石英粉厂、玻璃厂、耐火材料厂等均可接触矽尘。煤矿矽肺也称煤工尘肺，煤工尘肺又分为矽肺、煤矽肺、煤肺三种。

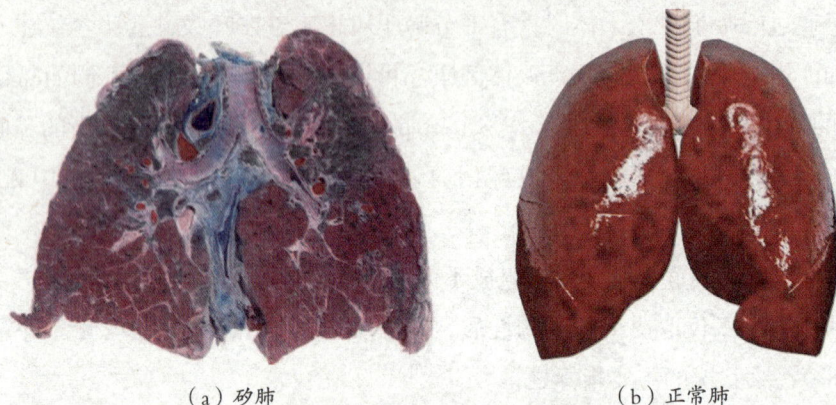

（a）矽肺　　　　　　　　　　　　　（b）正常肺

图6-2　矽肺和正常肺对比

②硅酸盐肺。由于吸入含有结合状态二氧化硅（硅酸盐），如石棉、滑石、云母等粉尘而引起的尘肺。

③混合性尘肺。由于吸入含有游离二氧化硅和其他某些物质的混合性粉尘而引起的尘肺，如煤矽肺、铁矽肺等。

④炭尘肺。由于长期吸入石墨、活性炭等粉尘引起的尘肺。

⑤金属粉尘。由于长期吸入某些致纤维化的金属粉尘引起的尘肺，如铝尘等。

另外，尘肺按其病理形态又可分为三种类型，即间质型（弥漫硬化型）、结节型及肿瘤样型。但这种分型也不是绝对的，如煤矽肺可表现为间质型与结节型两者同时存在。

长期吸入尘肺中，以矽肺、石棉肺、煤矽肺较常见，危害性最大的是矽肺。矽尘对肺组织的损害很复杂，主要是二氧化硅的毒性作用能破坏人体的巨噬细胞，产生一系列复杂的病理变化，最后因肺装满砂粒而变得沉重，肺组织变硬；若并发肺结核，肺组织还可能坏死，形成大小不等的空洞。矽肺发病一般较长，多有5～10年甚至更长的接触史。但也有接触1～2年发病的，称为"速发性矽肺"。有些接触硅尘时未见发病，但在脱离硅尘作业若干年后却发生矽肺，称为"晚发性矽肺"。

目前，列入职业病目录的尘肺病包括矽肺、煤工尘肺、石墨尘肺、炭黑尘肺、石棉肺、滑石尘肺、水泥尘肺、云母尘肺、陶工尘肺、铝尘肺、电焊工尘肺、铸工尘肺以及根据《尘肺病诊断标准》和《尘肺病理诊断标准》可以诊断的其他尘肺病。

（二）局部作用

此外，长期接触生产性粉尘还可能引起其他一些疾病。经常接触生产性粉尘，还可引起皮肤、耳及眼的疾患。例如，粉尘堵塞皮脂腺可使皮肤干燥，易受机械性刺激和继发感染而发生粉刺、毛囊炎、脓皮病等。混于耳道内皮脂及耳垢中的粉尘，可促使形成耳垢栓塞。粉尘作用于呼吸道黏膜，早期可引起功能亢进，黏膜下毛细血管扩张、充血，黏液腺分泌增加，以阻留更多的粉尘，长期则形成肥大性病变。

（三）引起致癌、感染等现象

1. 肺粉尘沉着症

有些生产性粉尘，如锡、铁、锑、钡及其化合物等粉尘，吸入后可沉积于肺组织中，仅呈现一般的异物反应，但不引起肺组织的纤维性变，对人体健康危害较小或无明显影响，这类疾病称为肺粉尘沉着症。脱离粉尘作业后，病变可不再继续发展，甚至肺阴影逐渐消退。

2. 有机性粉尘引起的肺部病变

有些有机性粉尘，如棉、亚麻、茶、甘蔗渣、谷类等粉尘，可引起一种慢性呼吸系统疾病，常有胸闷、气拓、咳嗽、咳痰等症状，棉尘病已被列为法定职业病，可引起支气管哮喘、哮喘性支气管炎、湿疹及偏头痛等变态反应性疾病。一般认为，单纯有机性粉尘不致引起肺组织纤维性变。破烂布屑及某些农作物粉尘可能成为病原微生物的携带者，如带有丝菌属、放射菌属的粉尘进入肺内，可引起肺霉菌病。

3. 呼吸系统肿瘤

某些粉尘本身是或者含有致癌物质，如石棉、游离 SiO_2、Ni、Cr、As 等，吸入这些物质，有可能引发呼吸和其他系统的肿瘤，如间皮瘤等。胸膜间皮瘤为原发性胸膜肿瘤，可分为局限型（良性或恶性，又可分为纤维型及上皮型两种）和弥漫型（恶性）。接触石棉的工人或石棉肺的患者发病率高。另外，放射性粉尘也可能引起呼吸系统肿瘤。

4. 其他呼吸系统疾病

由于粉尘诱发的纤维化、肺沉积和炎症作用，还常引起肺通气功能改变，表现为阻塞性肺病。慢性阻塞肺病也是粉尘接触人员常见疾病，还并发有肺气肿、肺心病等。

四、生产性粉尘的防治

综合防尘措施可概括为"革、水、密、风、护、管、教、查"八字方针。"革"即工艺改革和技术革新；"水"即湿式作业；"密"是密闭尘源；"风"是通风除尘；"护"即个人防护；"管"是卫生管理；"教"指宣传教育；"查"是指定期健康检查，定期检查评比、总结。

（一）工程技术控制措施

采用工程技术措施消除和降低粉尘危害是治本的对策，也是防止尘肺发生的根本措施。

1. 改革工艺过程、革新生产设备

通过改革工艺流程、革新生产设备使生产过程机械化、密闭化、自动化，从而消除和降低粉尘危害。"革"是消除粉尘危害的主要途径，如遥控操纵、计算机控制、隔室监控等应避免接触粉尘；采用风力运输、负压吸砂等减少粉尘外溢；用含石英低的石灰石代替石英砂作为铸型材料，减轻粉尘危害等。

2. 湿式作业

湿式作业，即"水"是一种既经济又简便实用的防尘措施，如采用湿式碾磨石英、耐火原料，矿山湿式凿岩、井下运输喷雾洒水、煤层高压注水等，可在很大程度上防止粉尘飞扬，降低环境粉尘浓度。湿式作业防尘的特点是防尘效果可靠，易于管理，投资较低。该方法已为厂矿广泛应用，如石粉厂的水磨石英和陶瓷厂、玻璃厂的原料水碾、湿法拌料、水力清砂、水爆清砂等。

3. 密闭—抽风—除尘

不能采取湿式作业的场所应采用该方法，如采用密闭尘源与局部抽风相结合，防止粉尘外溢。抽出

的含尘空气再经除尘装置处理后排入大气。干法生产（粉碎、拌料等）容易造成粉尘飞扬，可采取密闭—抽风—除尘的办法，但其基础是首先必须对生产过程进行改革，理顺生产流程，实现机械化生产。在手工生产、流程紊乱的情况下，该方法是无法奏效的。密闭—抽风—除尘系统可分为密闭设备、吸尘罩、通风管、除尘器等几个部分。

（二）个人防护措施

当防尘、降尘措施难以使粉尘浓度控制在职业健康标准限值以内时，那就应佩戴防尘护具。应用卫生保健措施预防粉尘对人体健康的危害，首先是消灭或减少发生源，这是最根本的措施。其次是降低空气中粉尘的浓度。最后是减少粉尘进入人体的机会，以及减轻粉尘的危害。卫生保健措施属于预防中的最后一个环节，虽然属于辅助措施，但仍占有重要地位。

工人的防尘防护用品有防尘口罩、防尘安全帽、防尘服、防尘鞋等。

1. 防尘口罩

防尘口罩主要用于粉尘（如煤尘、石灰、水泥或其他粉尘等）作业的工人，能有效防止尘肺对人体的危害。

（1）自吸式过滤防尘口罩（图6-3）。这种口罩是靠佩戴者的呼吸力克服部件的阻力，用于防尘的一种净气过滤式呼吸防护器，包括自吸过滤式简易防尘口罩和自吸式过滤式复式防尘口罩。

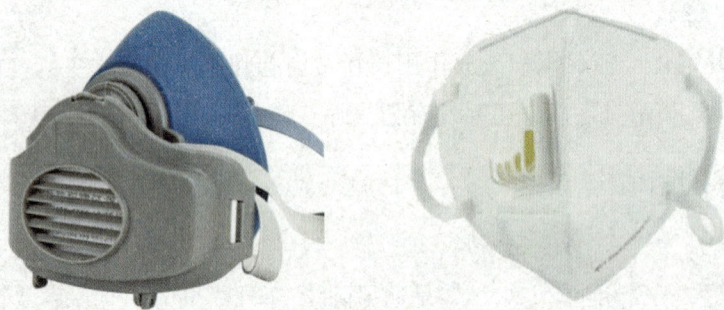

图6-3 自吸式过滤防尘口罩

（2）电动式送风过滤式防尘口罩。由面罩（或头罩）、导气管、电动风机、过滤器、电池等部件组成。污染的空气经电动风机抽吸，经过滤器清除有害微粒，清洁空气通过导气管送入面罩或头罩内供佩戴者使用，主要类型如下所述。

①密合型。将头部或口鼻遮盖住，经过滤器清洁后空气通过导气管进入罩内供呼吸，而呼出的气体和多余的气体需经呼气阀排出罩外。

②开放型。佩戴者的呼气和剩余气体从面罩与面部间孔隙排出罩外。

③头罩型。结构与开放型相似，但头罩可将整个头部覆盖直到颈肩部，佩戴者呼出的气体从人体与头罩之间的缝隙或排气阀排出，而污染的空气不能进入内部。

动力送风过滤式防尘口罩具有呼吸阻力小、阻尘率高、低泄漏、不憋气、质量轻、携带方便、寿命长、成本及维护费用低等特点，尤其适用于高产尘作业环境。

（3）防尘口罩选择遵循以下三个原则。

①口罩的阻尘效率高。一个口罩的阻尘效率高低是以其对微细粉尘，尤其是对 $5\,\mu m$ 以下的呼吸性粉尘的阻尘效率为标准的。一般的纱布口罩，其阻尘原理是机械式过滤，也就是当粉尘冲撞到纱布时，经

过一层层的阻隔，将一些大颗粒粉尘阻隔在纱布中。但是，微细粉尘尤其是小于 $5\,\mu m$ 的粉尘，就会从纱布的网眼中穿过去，进入呼吸系统。现在市场上有一些防尘口罩出售，其滤料由充上永久静电的纤维组成，那些小于 $5\,\mu m$ 的呼吸性粉尘在穿过这种滤料的过程中，就会被静电吸引而吸附在滤料上，真正起到阻尘作用。

②口罩与脸型的密合程度好。当口罩与人脸不密合时，空气中的粉尘就会从口罩四周的缝隙处进入呼吸道。所以，人们应选用适合自己脸型的防尘口罩并正确佩戴防尘口罩。

③佩戴舒适。包括呼吸阻力要小，质量要轻，佩戴卫生，保养方便，如佩戴拱形防尘口罩。

2. 隔绝式呼吸器

隔绝式呼吸器具有防尘、防毒的双重功能（图6-4）。由主机、配气管路和弹性正压口罩三大部分组成。将新鲜空气经导管送入呼吸口罩内，供佩戴者呼吸用，隔绝尘、毒的效率可达100%。隔绝式呼吸器具有多功能、高效率、持久保护的特点。佩戴者呼吸舒畅，不憋气，气流的温度和湿度也较适宜。不足之处就是使用地点必须有压风供给，并且每个佩戴者都要"拖"一根供气的软管，不能交叉作业和远距离行走，行动范围受限。

3. 防尘服

目前，市场上主要有透气防尘服和透气性无尘服两种防尘服（图6-5）。

图 6-4 隔绝式呼吸器　　　　　　　　图 6-5 防尘服

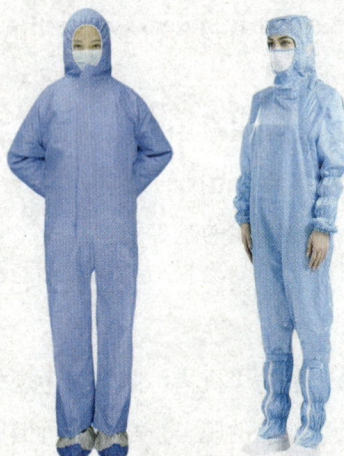

（1）透气防尘服。防尘效率 >95%，适于粉尘作业环境工作人员穿用。石棉防尘防护服是一种特别轻柔的透气防护服，可以保护因干燥颗粒引起的危害。由于它具有良好的对干燥颗粒的防护性能和透气性，特别适合防护干燥颗粒。透气性意味着没有"风箱效果"，所以颗粒不会通过针孔、衣领、拉链、手腕和脚踝透进去。由于它有效的防水性，也适合许多轻微液体喷淋的用途，特别适合温暖的环境，这样其优越的透气性就能得到充分发挥。

（2）透气性无尘服。防细尘效率 >90%，适于超净室内工作人员穿用。防尘防静电服装，采用涤纶长丝与高性能永久性导电纤维特殊工艺制造而成，广泛用于医药、电子、生物工程、光学、航空、航天科技等行业。

4. 护肤用品

为了防止作业过程粉尘等化学品对作业人员的皮肤造成危害，除了选用相应的防护用品外，还可以配套选用护肤用品。根据其性能分为五类：防水型、防油型、皮膜型、遮光型、其他用途型。

各类产品应符合《劳动护肤剂通用技术条件》（GB/T 13641—2006）标准的规定。常用的有护肤霜和皮肤清洗液。护肤霜主要用于预防和治疗皮肤干燥、粗糙、皱裂及职业性皮肤干燥。特别适用于接触吸水性碱性粉尘，以及适用于能溶解皮脂的有机溶剂和肥皂等碱性溶液；也适用于露天作业。皮肤清洗液对油污和尘垢有较好的除污作用，适用于机械维修、矿山采挖等作业。

此外还有防尘眼镜、防尘鞋等用品。防护用品只是一道阻止有害物质进入人体的屏障，防护用品失效意味着保护屏障消失，不能被视为控制危害的主要手段，只能作为一种辅助性措施。

总之，选用防尘劳动保护用品要以正确使用、安全可靠为原则。防尘劳动防护用品必须到国家批准认可的定点劳保用品经销单位购买，选购的产品必须取得产品生产许可证、质量合格证和安全鉴定证。

（三）组织管理措施

目前，粉尘对人造成的危害，特别是尘肺病尚无特异性治疗，因此预防粉尘危害、加强对粉尘作业的劳动防护管理十分重要。粉尘作业的劳动防护管理应采取三级防护原则。

一级预防措施如下所述。

（1）综合防尘。改革生产工艺、生产设备，尽量将手工操作变为机械化、自动化和密闭化、遥控化操作；尽可能采用不含或含游离二氧化硅低的材料代替含游离二氧化硅高的材料；在工艺要求许可的条件下，尽可能采用湿法作业；使用个人防尘用品，做好个人防护。

（2）定期检测。对作业环境的粉尘浓度实施定期检测，使作业环境的粉尘浓度在国家标准规定的允许范围之内。

（3）健康体检。根据国家有关规定，对工人进行就业前的健康体检，对患有职业禁忌证、未成年人、女职工，不得安排其从事禁忌范围的工作。

（4）宣传教育。普及防尘的基本知识。

（5）加强维护。对除尘系统必须加强维护和管理，使除尘系统处于完好、有效状态。

二级预防措施如下所述。

（1）建立专人负责的防尘机构，制订防尘规划和各项规章制度。

（2）对新从事粉尘作业的职工，必须进行健康检查。

（3）对在职的从事粉尘作业的职工，必须定期进行健康检查，发现不宜从事接尘工作的职工，要及时调离。

三级预防主要措施有：对已确诊为尘肺病的职工，应及时调离原工作岗位，安排合理的治疗或疗养，患者的社会保险待遇应按国家有关规定办理。

学习小结

本任务主要学习了什么是粉尘、生产性粉尘来源及分类，以及生产性粉尘对人体的危害、防治生产性粉尘的方法等内容。学生通过本节内容的学习后，一是要清楚哪些行业和哪些工种容易接触粉尘，二是掌握预防尘肺病采取的个人防护措施，三是能为生产企业在防尘领域提供一些合理的建议。

思考拓展

1. 粉尘危害可产生哪些职业病？

2. 防尘口罩选用的原则是什么？

励心笃行

一尘不染的郑板桥

"一尘不染"出自清朝张耒的《腊月小雪后圃梅开》:"一尘不染香到骨,姑射仙人风露身"。原指佛教徒修行时,排除物欲,保持心地洁净。现泛指丝毫不受坏习惯、坏风气的影响。也用来形容非常清洁、干净。

雍正十年(1732年),郑板桥在朋友们的帮助下应乡试,结果中了举人;乾隆元年(1736年)又中进士,五年之后被任命为山东范县县令。

范县地处黄河北岸,有十万人口,而县城却只有四五十户人家,还不如一个村子大。上任第一天,郑板桥就出了个怪招:让人把县衙的墙壁打许多洞,说这是出出前任官的恶习和俗气。

图片来源:"学习强国"学习平台(郑板桥:以书画慰天下之劳人 文章作者:赵建国)

几年之后,郑板桥调任山东潍县县令。为了接近百姓,他每次出巡都不打"回避"和"肃静"牌子,不许鸣锣开道,有时还穿着布衣草鞋,微服访贫问苦。有一次夜里出去,听到有间茅草屋里传出阵阵读书声,原来是一个叫韩梦周的贫困青年在苦读。郑板桥拿出自己的银子资助他,让他能去参加科举考试,最后韩梦周中了进士。

遇到灾荒时,郑板桥具实呈报,力请救济百姓。他责令富户轮流舍粥以供饥民糊口。他还带头捐出自己的俸禄。他刻了一方图章以明志"恨不得填满普天饥债"。灾情严重时,他依然决定开官仓借粮给百姓应急。下属们都劝他慎重从事,因为如果没有上报批准,擅自打开官仓要受惩处。郑板桥说:"等批下来百姓早就饿死了,这责任由我一人来承担"。

乾隆十七年(1752年)潍县发生大灾害,郑板桥因为申请救济而触怒上司,结果被罢官。临行前,百姓都来送行,郑板桥雇了三头毛驴,一头自己骑,一头让人骑着前边领路,一头驮行李。做县令长达十二年之久,郑板桥却清廉如此,送行的人见了都很感动,依依不舍。郑板桥向潍县的百姓赠画留念,画上题诗一首:"乌纱掷去不为官,囊橐萧萧两袖寒。写取一枝清瘦竹,秋风江上作渔竿"。从此,郑板桥回乡以画竹为生,度过了他贫寒而很有气节的一生。

技能强化

尘肺病人的分级

1. 训练目标

(1)学习尘肺病的有关知识。

(2)学习尘肺病诊断标准。

2. 训练准备

(·1)利用手机、电脑,发挥互联网优势,从网络获取相关内容。

(2)结合网上报道的案例,为尘肺患者提出合理化建议。

3. 成果展示

从事粉尘作业,在健康检查中发现 X 射线胸片有不能确定的尘肺样影像学改变,其性质和程度需在一定期限内进行动态观察的人员。

（1）尘肺一期。有下列表现者之一：

①有总体密集度1级的小阴影，分布范围至少达到2个肺区。

②接触石棉粉尘，有总体密集度1级的小阴影，分布范围只有2个肺区，同时出现胸膜斑。

③接触石棉粉尘，小阴影总体密集度为0，但至少有2个肺区小阴影密集度为0/1，同时出现胸膜斑。

（2）尘肺二期。有下列表现之一者：

①有总体密集度2级的小阴影，分布范围超过4个肺区。

②有总体密集度3级的小阴影，分布范围达到4个肺区。

③接触石棉粉尘，有总体密集度1级的小阴影，分布范围超过4个肺区，同时出现胸膜斑并已累及部分心缘或膈面。

④接触石棉粉尘，有总体密集度2级的小阴影，分布范围达到4个肺区，同时出现胸膜斑并已累及部分心缘或膈面。

（3）尘肺三期。有下列表现之一者：

①有大阴影出现，其长径不小于20mm，短径不小于10mm。

②有总体密集度3级的小阴影，分布范围超过4个肺区并有小阴影聚集。

③有总体密集度3级的小阴影，分布范围超过4个肺区并有大阴影。

④接触石棉粉尘，有总体密集度3级的小阴影，分布范围超过4个肺区，同时单个或两侧多个胸膜斑长度之和超过单侧胸壁长度的1/2或累及心缘部分显示蓬乱。

任务评价

技能要点	标准参考	分值/分	自我评价 （20%）	小组互评 （30%）	教师评价 （50%）
粉尘的定义	知道什么是粉尘	10			
生产性粉尘 的来源及分类	生产性粉尘的来源	10			
	生产性粉尘的分类	10			
生产性粉尘 的危害	对呼吸系统的影响	10			
	对人体的局部作用	10			
	引发癌变、感染等影响	10			
生产性粉尘 的防治	有哪些工程技术控制措施	15			
	个人如何采取防护措施	15			
	采取哪些方面的组织管理措施	10			
总得分		100			

任务二 噪声危害及防护

🔸 任务导入

世界上各个角落时时刻刻都充满着声音，这些声音千差万别，各式各样。有悦耳动听使人心情愉快的乐音，如音乐厅的演奏、歌唱家的歌唱；也有嘈杂刺耳令人厌烦的噪声，如刹车时的摩擦声、打磨工件的声音、电钻的声音。

好听的声音不但可以使人精神放松，治愈心灵，也能很好地缓解人的疲劳。不好听的声音会干扰语言交流，影响工作效率，既可以引起听觉系统的变化，也可以对非听觉系统产生影响。这些影响的早期主要是生理性改变，长期接触这些声音，可以引起病理性改变，这样的声音通常称为"噪声"。

噪声是一种主观评价标准，即一切影响他人的声音均为噪声，无论是音乐还是机械声。噪声污染属于感觉公害，它与人们的主观意愿有关，与人们的生活状态有关，因而它具有与其他公害不同的特点。

📷 任务基础

一、噪声的概念

从物理学的角度分析，噪声是发声体做无规则振动时发出的声音。

从生理学的角度分析，凡是妨碍人们正常休息、学习和工作的声音，以及对人们要听的声音产生干扰的声音，都称为噪声。从这个意义上来说，噪声的来源很多，如街道上的汽车声（图6-6）、安静图书馆里的说话声、建筑工地的机器声，以及邻居电视机过大的声音，都是噪声。

图6-6 生活中的噪声

噪声的计量单位是分贝（dB），分贝值越高，代表声音的音量越大。

二、噪声的分类

（一）生产性噪声

生产性噪声是指在生产过程中，由于机器转动、气体排放、工件撞击与摩擦等所产生的噪声，称为生产性噪声或工业噪声。根据《声环境质量标准》（GB 3096—2008）的规定，企业工作噪声不应超过85dB，工业企业的生产车间和作业场所的工作地点的噪声标准为85dB。

转动机械：许多机械设备的本身或某一部分零件是旋转式的，常因组装的损耗或轴承的缺陷而产生异常振动，进而产生噪声。

冲击：当物体发生冲击时，大量的动能在短时间内要转化成振动或噪声的能量，而且频率分布的范围非常广，例如冲床、压床、锻造设备等，都会产生此类噪声。

共振：每个系统都有其自然频率，如果激振的频率范围与自然频率有所重叠，将会产生大振幅的振动噪声，例如引擎、马达等。

摩擦：此类噪声由于接触面与附着面间的滑移现象而产生声响，常见的设备有切削、研磨等。

气动噪声：流动所产生的气动噪声有乱流、喷射流、气蚀、气切、涡流等现象。当空气以高速流经导管或金属表面时，在导管中流动碰到阻碍产生乱流或大而急速的压力改变均会有噪声的产生。

燃烧噪声：在燃烧过程中可能发生爆炸、排气以及燃烧时上升气流影响周围空气的扰动，这些现象均会伴随噪声的产生。例如引擎、锅炉、熔炼炉、涡轮机等这一类燃烧设备均会产生这一类噪声。

按噪声的时间分布，可分为连续声和间断声。

按照噪声的波动特性，可分为稳态噪声、非稳态噪声、脉冲噪声三种。

（1）稳态噪声。在观察时间内，采用声级计"慢挡"动态特性测量时，声级波动 <3dB（A）的噪声。

（2）非稳态噪声。在观察时间内，采用声级计"慢挡"动态特性测量时，声级波动 ≥ 3dB（A）的噪声。

（3）脉冲噪声。噪声突然爆发又很快消失，持续时间 ≤ 0.5s，间隔时间 >1s，声压有效值变化 ≥ 40dB（A）的噪声。

（二）环境噪声

一般环境噪声大多来自随机的噪声源，例如疾驰而过的车辆、汽车的鸣笛、人们的喧闹以及周围各式各样的噪声来源。

《声环境质量标准》（GB 3096—2008）按区域的使用功能特点和环境质量要求，将声环境功能区分为以下五种类型。

0 类声环境功能区：指康复疗养区等特别需要安静的区域。

1 类声环境功能区：指以居民住宅、医疗卫生、文化体育、科研设计、行政办公为主要功能，需要保持安静的区域。

2 类声环境功能区：指以商业金融、集市贸易为主要功能，或者居住、商业、工业混杂，需要维护住宅安静的区域。

3 类声环境功能区：指以工业生产、仓储物流为主要功能，需要防止工业噪声对周围环境产生严重影响的区域。

4 类声环境功能区：指交通干线两侧一定区域之内，需要防止交通噪声对周围环境产生严重影响的区域，包括4a 类和4b 类两种类型。4 类为高速公路、一级公路、二级公路、城市快速路、城市主干路、城市次干路、城市轨道交通（地面段）、内河航道两侧区域；4b 类为铁路干线两侧区域。

各类声环境功能区的环境噪声等效声级限值见表6-1。

表 6-1 环境噪声限制

单位：dB（A）

声环境功能区类别	时段	
	昼间	夜间
0 类	50	40

续表

声环境功能区类别		时段	
		昼间	夜间
1 类		55	45
2 类		60	50
3 类		65	55
4 类	4a 类	70	55
	4b 类	70	60

（三）其他噪声

在日常生活中，诸如室内各项家庭用具均会发生声音，如冷气机、音响、抽油烟机、电视、空调设备，均为噪声源。另外，学校、商场、公园、体育场等公共场所亦可视为噪声产生场所。

三、噪声的危害

具体说来，噪声有以下危害。

1. 噪声对人听力的损伤

人们长期在强声环境下工作，会使内耳听觉组织受到损伤，发生器质性病变，造成职业性耳聋及引起耳部不适，如耳鸣、耳痛、听力损伤。

大量统计资料表明，噪声级在 80dB 以下，方能保证人们长期工作不致耳聋。若在 80dB 以上噪声环境中生活，造成耳聋者可达 50%；超过 115dB 的噪声会造成耳聋；医学专家研究认为，家庭噪声是造成儿童聋哑的病因之一。

上面所述属于慢性噪声性耳聋。此外，还有一种急性噪声性耳聋，称为爆震性耳聋。突然暴露在极其强烈的噪声环境中，例如 150dB 以上的爆炸声，会使人的听觉器官发生急性外伤，出现鼓膜破裂、内耳出血等症状。爆震性耳聋的听觉损害可使中频或全频程听力大幅度下降，甚至发生全聋。

2. 噪声对睡眠的干扰

睡眠对人体极其重要，能消除体力和脑力疲劳。但噪声使人不得安宁，难以休息和入睡。连续噪声可以加快熟睡到半睡的回转，使人多梦、熟睡的时间缩短。突发的噪声使人惊醒。当人辗转不能入睡时，便会心情紧张、呼吸急促、脉搏跳动加剧、大脑兴奋不止，第二天就会感到疲倦或四肢无力，从而影响工作和学习，久而久之，就会神经衰弱，通常表现为失眠、耳鸣、疲劳。

3. 噪声对人体的生理影响

噪声会引发人体生理功能紊乱，诱发各种慢性疾病。如诱发神经衰弱症、血压波动、心律不齐，严重者导致冠心病和动脉硬化，诱发胃病、胃溃疡。

（1）损害心血管。噪声是心血管疾病的危险因子，噪声加速心脏衰老，增加心肌梗死发病率。医学专家经人体和动物实验证明，长期接触噪声可使体内肾上腺素分泌增加，从而使血压上升，在平均 70dB 的噪声中长期生活的人，其心肌梗死发病率增加 30% 左右，特别是夜间噪声会使发病率更高。调查发现，生活在高速公路旁的居民，心肌梗死率增加 30% 左右。在调查 1101 名纺织女工后，得出结论为高血压发病率为 7.2%，其中接触强度达 100dB 噪声者，高血压发病率达 15.2%。

（2）噪声还可以引起神经系统功能紊乱、精神障碍、内分泌紊乱甚至事故率升高。高噪声的工作环境，可使人出现头晕、头痛、失眠、多梦、全身无力、记忆力减退以及恐惧、易怒、自卑甚至精神错乱。在日本，曾有过因为受不了火车噪声刺激而精神错乱，最后自杀的例子。

（3）对女性生理功能的损害。女性受到噪声的影响，可能会出现月经不调、流产及早产等问题，如导致女性性功能紊乱、月经不调、流产率增加等。

（4）噪声对儿童身心健康危害更大。因儿童发育尚未成熟，各组织器官十分脆弱，不论是体内的胎儿还是刚出生的婴儿，噪声均可损伤其听觉器官，使听力减退或丧失。据统计，当今世界上有7000多万耳聋者，其中相当部分是由噪声所致。

4. 噪声对语言交谈的干扰和工作效率的影响

环境噪声会掩蔽语言声，使语言清晰度降低，干扰人们的正常交流。在噪声环境下，发话人会不自觉地提高发话声级或缩短谈话者之间的距离，这使发话人极易疲劳甚至声嘶力竭。由于噪声容易使人疲劳，因此会使人注意力分散，工作易出差错，从而使工作效率降低，对脑力劳动和精密加工人员尤为明显。研究发现，噪声超过85dB，会使人感到心烦意乱，人们会感觉到吵闹，因而无法专心工作，导致工作效率降低。

5. 特强噪声对仪器设备和建筑结构的危害

在特强噪声作用下，仪器仪表失灵，从而使自控与遥控设备失灵。由于声频交变负荷的反复作用，会使机械结构或固体材料因产生声疲劳现象而出现裂痕或断裂。在冲击波的影响下，建筑物会出现门窗变形、墙面开裂等。

6. 噪声对视力的损害

人们只知道噪声影响听力，其实噪声还影响视力。实验表明：当噪声强度达到95dB时，有40%的人会瞳孔放大，视力模糊；而噪声达到115dB时，多数人的眼球对光亮度的适应都有不同程度的减弱。所以长时间处于噪声环境中的人很容易发生眼疲劳、眼痛、眼花和视物流泪等眼损伤现象。同时，噪声还会使色觉、视野发生异常。调查发现，噪声对红、蓝、白三色视野缩小80%。所以，驾驶员应避免立体场音响的噪声干扰，不然易造成行车事故。

四、噪声的防护方法

（一）管理措施

为了防止噪声，我国著名声学家马大猷教授曾总结和研究了国内外现有各类噪声的危害和标准，提出了三条建议：

（1）为了保护人们的听力和身体健康，噪声的允许值为75～90dB。

（2）保障交谈和通信联络，环境噪声的允许值为25～50dB。

（3）睡眠时间，环境噪声的允许值建议为35～50dB。

我国心理学界认为，控制噪声环境，除了考虑人的因素之外，还须兼顾经济和技术上的可行性。充分的噪声控制，必须考虑噪声源、传声途径、接收者所组成的整个系统（图6-7）。控制噪声的措施可以针对上述三个部分或其中任何一个部分。

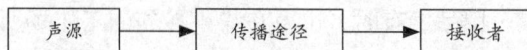

图 6-7　控制噪声的途径

（二）技术措施

一般来说，控制职业噪声危害的技术途径主要有三条：一是控制噪声源；二是在传播途径上降低噪声；三是采取个人防护措施，如佩戴护耳器。

我国噪声控制方面的研究工作约从20世纪50年代后期开始。传统的噪声控制工程方法，如吸声、隔声、消声、隔振、阻尼降噪等方法已被相当多的人所熟悉，并应用于实际工作中，解决了不少实际噪声问题。同时气流噪声和机械撞击性噪声的控制技术也已达到相当高的水平。各类噪声问题的控制手段现已大体具备，就总体水平来说，我国噪声控制技术同国外并无多大差别。在护耳器研制方面，我国目前也已有此类产品问世，其主要性能已接近国际水平。

1. 声源控制

工业生产企业通过选择和研制低噪声设备，改进生产工艺和操作方法，提高机械设备的加工精度和安装技术，使发声体变为不发声体，或者大大降低发声体的声功率等，控制噪声的根本途径。由于噪声源的多样性及其与生产条件的密切性，应根据具体情况采取各种不同的方式解决。如鼓风机、电动机可采取隔离或移出室外等措施；织机、风动工具可采用改进工艺等技术措施解决，以无梭织机代替有梭织机、以焊接代替铆接、以压铸代替锻造；此外，加强维修，降低由不必要的或松动的附件撞击的噪声；用弹性材料代替钢件等。

2. 传播途径控制

传播途径一般是指通过空气或固体传播声音，在传播途径上控制噪声主要是阻断和屏蔽声波的传播或使声波传播的能量随距离增大而衰减。

（1）厂区合理布局规划。将高噪声工作场所与一般噪声较低的工作场所、生活区分开设置，以免相互干扰；对于特别强烈的声源，可设置在厂区较偏僻地区，使噪声最大限度地衰减。此外，把各工作场所同类型的噪声源集中在一起，防止声源过于分散，减少污染面，便于采取声学技术措施集中控制。

（2）利用屏障阻止噪声传播。在室外，可利用天然地形，如山冈、土坡、树木、花草和建筑屏障等阻断或屏蔽一部分噪声的传播。产生强烈噪声的工厂和居民区以及噪声车间和非噪声车间之间应有一定的距离（防护带），防护带内种植树木或设置隔声墙壁。

在室内，可设置一定角度和宽度的隔声屏，以阻挡噪声向人的传播。产生噪声的车间，内部墙壁、屋顶应用吸声材料以降低车间内部的噪声强度；门、窗、地板采用隔声结构以防止车间内的噪声向外传播。产生噪声的机器常常伴有较强的振动，应在机座下、地基上装设减振装置。

（3）利用声源的指向降噪。锅炉、压力容器排气放空，会产生强大的高频噪声。如果把它的出口朝向上空或野外，就比朝向生活区减少噪声10dB。有些工作场所内的小口径高速排气管道，如果把出口引出室外，向上排空，一般可改善室内的噪声环境。

（4）其他方法。控制噪声可进一步采取包括消声、隔声、吸声隔振等局部声学措施解决。

3. 接收者（个体防护）

在声源、传播途径上控制噪声均未达到预期效果时，应对人进行个体防护。如采用降声棉耳塞、防声耳塞或佩戴耳罩、头盔等防噪声用品。有时，也可在噪声强烈的工作场所内建立一个局部安静环境——隔声间，让工作人员休息或控制仪表。此外，可采取轮换作业，缩短工作人员进入高噪声环境的工作时间。

在控制职业噪声危害方面，个人防护，即佩戴护耳器仍应被视为一种重要的手段。由于经济技术等客观原因，即使采取了吸声、隔声和消声措施，噪声仍未降到噪声容许标准以下，或由于暂未能采取有效的声学措施，可工作人员又必须在噪声环境下工作，这时采取个人防护措施就能减轻对人听觉器官的损伤。常用的个人防护用品是护耳器。护耳器目前在世界范围内仍然发挥着重要作用，使用面广。即使在业余活动的场合，只要有强噪声存在，护耳器也可大派用场。使用护耳器是一种既简便又经济的办法。目前在国外较为流行使用的是一种慢回弹泡沫塑料耳塞。这种耳塞具有隔声值高、佩戴舒适简便等优点。护耳器的使用在我国远未受到应有的重视。许多地方早就应当使用护耳器，但至今仍没有采用。因此，应提高对使用护耳器意义的认识。

护耳器分内用和外用两类：外用的是将耳部全部覆盖的耳罩和帽盔；内用的是插入内耳道中的耳塞。

护耳器主要有耳塞和耳罩两种。好的护耳器应具有高的隔声值，并且佩戴舒适，如图6-8所示。

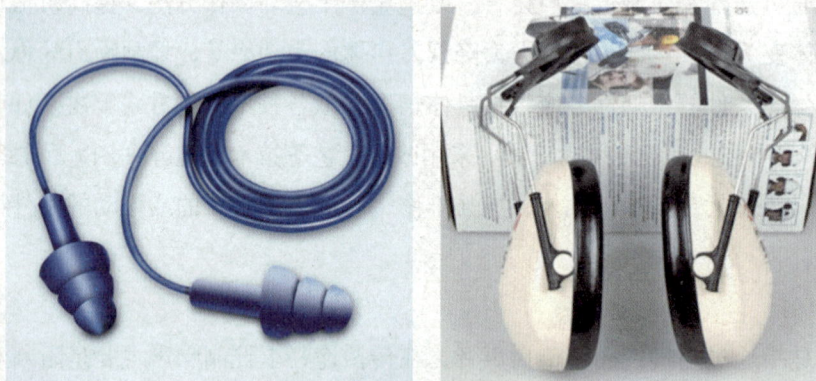

图6-8 护耳器

（1）防声耳塞。防声耳塞是插入外耳道的护耳器，是用软橡胶（氯丁橡胶）或软塑料（聚氯乙烯树脂）制成的。其优点是隔声量较大，体积小，便于携带，价格便宜；缺点是佩戴不适易引起耳道疼痛。适用于球磨机、铆接、织布等工作场所。

（2）防声棉耳塞。防声棉耳塞是由直径为 $1\sim3\,\mu m$ 的超细玻璃棉经化学软化处理制成的，使用时只需撕一小块卷成团塞进耳道入口处即可。其优点是柔软，耳道无痛感，隔声能力强，特别是对高频声效果极好；缺点是耐用性差，易破碎。适用于织布、铆钉等工作场所。

（3）防护耳罩。防护耳罩由耳罩外壳、密封垫圈、内衬吸声材料和弓架四部分组成。其优点是适于佩戴，无须选择尺寸；缺点是对高频噪声隔声量比耳塞小。

（4）防声帽盔。防声帽盔的优点是隔声量大，可以减轻噪声对内耳的损害，对头部还有防震和保护作用；缺点是笨重，佩戴不便，透气性差，价格昂贵。一般只在高强噪声条件下才将帽盔与耳塞连用。

近年来，不断有新型的护耳产品出现，如有源减噪装置、有源护耳器产品，不仅能消除或抗噪声干扰，同时还能传输语言信号。

当然，佩戴个人防护用品一定要坚持不间断，否则效果不好。

4.卫生保健措施

定期对接触噪声的工人进行健康检查，特别是听力检查，发现听力损伤应及时采取有效防护措施。

进行就业前体检，取得听力的基础资料，并对患有明显听觉器官、心血管及神经系统器质性疾病者，禁止参加强噪声工作。

合理安排工间休息并尽可能暂离噪声车间。经常检测作业场所噪声情况，监督检查预防措施执行情况及效果。

学习小结

本任务主要学习了噪声的定义、噪声的分类、噪声的危害以及防护方法。学生通过本节内容的学习，一是要增强对噪声危害的认识，二是能采取正确的措施减少生活和生产中的噪声。

思考拓展

1. 什么是噪声污染？

2. 查找相关资料，回答什么是白色噪声，什么是粉红噪声？

励心笃行

图片来源："学习强国"学习平台（"群星"舞动：第十九届"群星奖"广场舞决赛现场）

夏季来临，人们的健身热情高涨，广场舞爱好者的身影时常出现在人们的视野中，广场舞伴奏音量过高产生的噪声也成为人们关注的话题。

安徽省宁国市开出关于广场舞扰民的罚单，在多次劝告无效的情况下，对高音喇叭播放广场舞音乐、影响附近居民生活的行为做出处罚。

在重庆市江北区观音桥步行街，却是另外一番景象。500多名广场舞爱好者每天都在这里跳舞健身，却没有产生噪声。原来每个人都戴着耳机，伴随着音乐起舞。为了不影响别人，他们特意想了这样一个两全其美的办法，互不干扰，和谐共处，减少了麻烦。

同样是跳广场舞健身，结果却大不相同，有的被处罚，有的获点赞，这也带给人们思考。广场舞作为一项大众体育活动，简单易学，对场地要求不高，健身效果也不错。人们随着音乐节拍挥挥手，动动脚，走几步，转几圈，也是一道特别的风景。但在广场舞流行的背后，也暴露出一些问题，从噪声扰民到场地纠纷，现状尴尬，不容忽视。国家体育总局在 2017 年印发了关于进一步规范广场舞健身活动的通知，要求不得因广场舞健身活动产生噪声影响周边学生上课和居民正常生活，不得因参加广场舞健身活动破坏自然生态、环境卫生和公共场地设施，扰乱社会治安、公共交通等公共秩序，一些地方甚至还出台了"广场舞公约"，目的就是规范广场舞健身活动，促进社会和谐。

有人热衷跳舞，有人不堪其扰，该如何化解矛盾？定规矩固然重要，但更重要的还是各方应该多些换位思考，互让互谅，让人们的健身和休息权益都能得到尊重。广场舞并没有什么问题，问题出在爱好者对锻炼时间和配乐音量的把握上。广场舞爱好者不妨多想些办法，比如降低音乐音量、戴上耳机、调整健身时间等，减少或消除对他人的干扰。

多从别人的角度看问题，一些小问题就不再是问题。广场足够大，容得下健身者的舞步，不要让自己的爱好成为别人的负担，不要让噪声这个小问题扰乱了广场舞的节奏。

⚙ 技能强化

听觉知识大揭秘

1. 训练目标

（1）学习音量的类比知识。

（2）学习听觉及耳聋的知识。

2. 训练准备

（1）利用手机、电脑，发挥互联网优势，从网络获取相关内容。

（2）结合自身的经历，回忆不同分贝噪声给我们的感觉。

3. 成果展示

听觉作为五官之一，是五官中最敏感的器官。听力损失以纯音测听 500、1000、2000Hz 的气导平均听力计算，正常人的听力范围为 20 ~ 20000Hz。

音量类比表见表 6-2。

表 6-2　音量类比表

音量值大小 /dB	音量类比
190	导致人死亡
140	欧盟界定的导致听力完全损害的最高临界点
139	世界杯球迷的呐喊声
130	火箭发射的声音
125	喷气式飞机起飞的声音
120	在这种环境下待超过 1min 即会产生暂时耳聋
110	螺旋桨飞机起飞声音、摇滚音乐会的声音
105	永久损害听觉
100	气压钻机声音、压缩铁锤捶打重物的声音
90	嘈杂酒吧环境声音、电动锯锯木头的声音

续表

音量值大小 /dB	音量类比
85	该音量值及以下，不会破坏耳蜗内的毛细胞
80	嘈杂的办公室、高速公路上的声音
75	人体耳朵舒适度上限
70	街道环境声音
50	正常交谈声音
20	窃窃私语

听力损失分级表见表 6-3。

表 6-3　听力损失分级表

听力损失值 /dB	听力损失分级
26 ～ 40	轻度聋
41 ～ 55	中度聋
56 ～ 70	中重度聋
71 ～ 90	重度聋

任务评价

技能要点	标准参考	分值 / 分	自我评价（20%）	小组互评（30%）	教师评价（50%）
噪声的定义	准确掌握噪声的定义	10			
噪声的分类	能区分生产性噪声	15			
	能区分环境噪声	15			
	能区分其他噪声	15			
噪声的危害	理解噪声的危害	15			
噪声的防护方法	掌握防护噪声的管理措施	15			
	掌握防护噪声的技术措施	15			
总分		100			

任务三　工业毒物危害与防护

任务导入

近年来，我国经济发展取得了有目共睹的巨大成就。与此同时，职业病发病率呈上升趋势，出现了许多新的职业卫生问题，已成为制约我国国民经济和社会文明进一步发展的因素之一。很多企业在生产过程中需要在部分或全部生产环节中接触到一种或多种毒物，给工作人员的健康带来了危害。因此，如何防护在生产过程中使用的毒物，并采取一系列措施来减轻其对接触人员带来的损害，已经成为国家和企业都很重视的问题之一。

📷 任务基础

一、工业毒物相关概念

有些物质进入机体并累积到一定量后，就会与机体组织和体液发生生物化学作用或生物物理学变化，扰乱或破坏机体的正常生理功能，引起暂时性或持久性的病理状态，甚至危及生命安全，这些物质称为毒物，危险有毒物质警示标志如图6-9所示。

由毒物侵入人的机体而导致的病理状态称为中毒。工业生产中接触到的毒物主要是化学物质，称为工业毒物。

图 6-9　危险有毒物质警示标志

在生产过程中由于接触化学毒物而引起的中毒称为职业中毒。

所谓职业性接触毒物是指劳动者在职业活动中接触的以原料、成品、半成品、中间体、反应副产物和杂质等形式存在，并可经呼吸道、经皮肤或经口进入人体而对劳动者健康产生危害的物质。

在职业活动中由职业性接触毒物引起的中毒称为职业中毒。因此，在生产中或其他职业活动中必须预防职业中毒。

二、工业毒物的分类

1. 按存在的物理状态分类

按工业毒物存在的物理状态分类，可分为粉尘、烟尘、雾、蒸气、气体等。

（1）粉尘。为有机或无机物质在加工、粉碎、研磨、撞击、爆破和爆裂时所产生的固体颗粒，直径大于 $0.1\,\mu m$。如制造铅丹颜料的铅尘、制造氢氧化钙的电石尘等。

（2）烟尘。为悬浮在空气中的烟状固体颗粒，直径小于 $0.1\,\mu m$。多为某些金属熔化时产生的蒸气在空气中凝聚而成，常伴有氧化反应的发生。如熔锌时放出的锌蒸气所产生的氧化锌烟尘、熔铬时产生的铬烟尘等。

（3）雾。为悬浮于空气中的微小液滴。多为蒸汽冷凝或通过雾化、溅落、鼓泡等使液体分散而产生。如铬电镀时铬酸雾、喷漆中的含苯漆雾等。

（4）蒸气。为液体蒸发或固体物料升华而成。如苯蒸气、熔磷时的磷蒸气等。

（5）气体。在生产场所的温度、压力条件下散发于空气中的气态物质。如常温常压下的氯、二氧化硫、一氧化碳等。

2. 按化学性质、用途和生物作用分类

目前最常用的分类方法是按化学性质、用途和生物作用相结合的分类法。一般分为：

（1）金属、非金属及其化合物，这是最多的一类，如汞、铅、铬、锌。

（2）卤族及其无机化合物，如氟、氯、溴、碘等。

（3）强酸和碱性物质，如硫酸、硝酸、盐酸、氢氧化钠、氢氧化钾、氢氧化铵等。

（4）氧、氮、碳的无机化合物，如臭氧、氮氧化物、一氧化碳、光气等。

（5）窒息性惰性气体，如氦、氖、氩、氮等。

（6）有机毒物，按化学结构又分为脂肪烃类、芳香烃类、卤代烃类、氨基及硝基烃类、醇类、醛类、酚类、醚类、酮类、酰类、酸类、腈类、杂环类、羰基化合物等。

（7）农药类，包括有机磷、有机氯、有机汞、有机硫等。

（8）染料及中间体、合成树脂、橡胶、纤维等。

常见的工业毒物如图6-10所示。

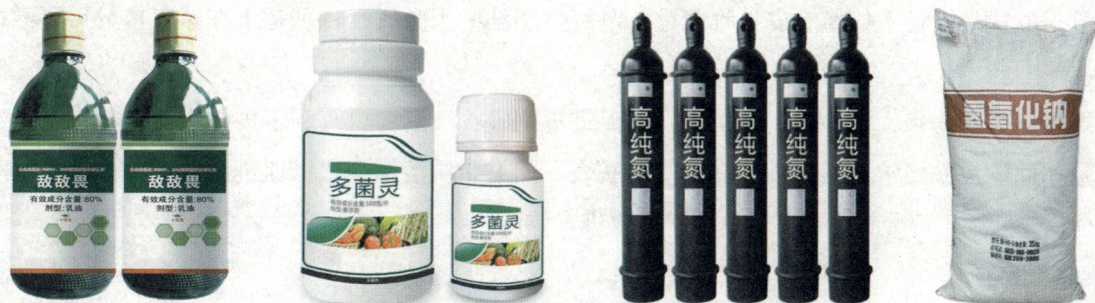

图6-10　常见的工业毒物

3. 按毒物的作用性质分类

按毒物的作用性质分类，工业毒物可分为刺激性、腐蚀性、窒息性、麻醉性、溶血性、致敏性、致癌性、致突变性、致畸胎性等。一种毒物可能对人体产生一种或几种不同性质的毒性作用。

4. 按损害的器官或系统分类

按损害的器官或系统分类，工业毒物可分为神经毒性、血液毒性、肝脏毒性、肾脏毒性、全身毒性等毒物。一种毒物可作用于人体不同的器官或系统。

三、毒物进入人体的途径与毒理作用

（一）毒物侵入人体的途径

工业毒物侵入人体的途径有呼吸道、皮肤和消化道。生产条件下的工业毒物，主要通过呼吸道和皮肤侵入人体，从消化道进入的较少，若生产中发生意外事故，毒物才有可能冲入口腔。而生活中毒则以消化道进入为主。

1. 经呼吸道侵入

人体肺泡表面积为 $90 \sim 160m^2$，每天吸入空气 $12m^3$，约 15kg。空气在肺泡内流速慢，接触时间长，同时肺泡壁薄、血液丰富，这些都有利于吸收。所以呼吸道是生产性毒物侵入人体的最重要途径。在生产环境中，即使空气中毒物含量较低，每天也会有一定量的毒物经呼吸道侵入人体。

从鼻腔至肺泡的整个呼吸道各部分结构不同，对毒物的吸收情况也不相同。越是进入深部，表面积越大，停留时间越长，吸收量越大。固体毒物吸收量的大小与颗粒和溶解度的大小有关。气体毒物吸收量的大小与肺泡组织壁两侧分压大小、呼吸深度、速度以及循环速度有关。劳动强度、环境温度、环境湿度以及接触毒物的条件，对吸收量都有一定的影响。肺泡内的二氧化碳可能会增加某些毒物的溶解度，促进毒物的吸收。

2. 经皮肤侵入

有些毒物可通过无损皮肤或经毛囊的皮脂腺被吸收。经表皮进入人体内的毒物需要越过三道屏障。第一道屏障是皮肤的角质层，一般相对分子质量大于300的物质不易透过无损皮肤。第二道屏障是位于表皮角质层下面的连接角质层，其表皮细胞富于固醇磷脂，它能阻止水溶性物质的通过，但不能阻止脂溶性物质通过。第三道屏障是表皮与真皮连接处的基膜。脂溶性毒物经表皮吸收后，还要有水溶性，才能进一步扩散和吸收。所以水、脂均溶的毒物（如苯胺）易被皮肤吸收。只是脂溶而水溶极微的苯，经皮肤吸收的量较少。

毒物经皮肤进入毛囊后，可以绕过表皮的屏障直接透过皮脂腺细胞和毛囊壁进入真皮，再从下面向表皮扩散。但这个途径不如经表皮吸收严重。电解质和某些重金属，特别是汞在紧密接触后可经过此途径被吸收。

如果表皮受到伤害，如外伤、灼伤等，可促进毒物吸收。潮湿也有利于皮肤吸收，特别是对于气态物质更是如此。皮肤经常沾染有机溶剂，使皮肤表面的类脂质溶解，也可促进毒物吸收。黏膜吸收毒物的能力远比皮肤强，部分粉尘也可通过黏膜吸收进入体内。

3. 经消化道侵入

许多毒物可通过口腔进入消化道而被吸收。胃肠道的酸碱度是影响毒物吸收的重要因素。胃液呈酸性，对于弱碱性物质可增加其电离，从而减少其吸收；对于弱酸性物质则有阻止其电离的作用，故而增加其吸收。脂溶性的非电解物质能渗透胃的上皮细胞。胃内的食物、蛋白质和黏液蛋白等，可以减少毒物的吸收。

肠道吸收最重要的影响因素是肠内的碱性环境和较大的吸收面积。弱碱性物质在胃内不易被吸收，到达小肠后即转化为非电离物质被吸收。小肠内分布着酶系统，可使已与毒物结合的蛋白质或脂肪分解，从而释放出游离毒物促进吸收。小肠内毒性物质可经过细胞壁直接渗入细胞，特别是对大分子的吸收更是如此。

（二）毒物的毒理作用

毒性物质进入机体后，通过各种屏障运转到一定的系统、器官或细胞中，经代谢转化或无代谢转化，在靶器官与一定的受体或细胞成分结合，产生毒理作用。

（1）对酶系统的破坏。生化过程构成了整个生命的基础，而酶在这一过程中起着极其重要的作用。毒物可作用于酶系统的各个环节，使酶失活，从而破坏维持生命必需的正常代谢过程，导致中毒症状。

（2）对DNA和RNA合成的干扰。脱氧核糖核酸（DNA）是细胞核的主要成分，染色体是由双螺旋结构的DNA分子构成的。长链DNA储存了遗传信息。DNA的信息通过核糖核酸（RNA）被转录，最后翻译到蛋白质中。毒物作用于DNA和RNA的合成过程，产生致突变、致畸变、致癌作用。

（3）对组织或细胞的损害。组织毒性表现为细胞变性，并伴有大量空泡形成、脂肪蓄积和组织坏死。组织毒性往往并不首先引起细胞功能如糖原含量或某些酶浓度的改变，而是直接损伤细胞结构。在肝、肾组织中，毒物的浓度总是较高，因此这些组织容易产生组织毒性反应。如溴苯在肝脏内经代谢转化为溴苯环氧化物，与肝内大分子共价结合，导致肝脏组织毒性。

机体对化学物质的过敏反应是一种涉及免疫机制的变态反应。初始接触的化学物质作为抗原，诱发机体免疫系统生成细胞或体液的新蛋白质，即所谓抗体，而后再接触同种抗原形成抗原 - 抗体反应。第一次接触抗原性物质，往往不产生细胞损害，但产生致敏作用，诱发机体产生抗体。再次接触抗原性物质则产生变态性过敏反应，造成细胞损害。过敏反应部位在皮肤则起过敏性皮炎，若在呼吸道则引起过敏性哮喘等。

（4）对氧吸收、输运的阻断作用。当单纯窒息性气体如氢、氮、氩、甲烷等含量很大时，氧分压相对降低，机体呼吸时因吸收不到充足的氧而窒息。刺激性气体造成肺水肿而使肺泡气体交换受阻。一氧化碳对血红蛋白有特殊的亲和力，一旦血红蛋白与一氧化碳结合生成碳氧血红蛋白，则失去了正常的携氧能力，造成氧输运受阻，导致组织缺氧。硝基苯、苯胺等毒物与血红蛋白作用生成高铁血红蛋白，硫化氢与血红蛋白作用生成硫化血红蛋白，砷化氢与红细胞作用造成溶血，使血红蛋白释放。这些作用都使红细胞失去输氧功能。

四、职业中毒的种类及对人体的损害

（一）职业中毒的种类

1. 急性中毒

急性中毒是由于在短时间内有大量毒物进入人体后突然发生的病变，具有发病急、变化快和病情重的特点。急性中毒可能在当班或下班后几小时、最多 1 ~ 2 天内发生，多数是因生产事故或工人违反安全操作规程所引起的，如一氧化碳中毒。

2. 慢性中毒

慢性中毒是指长时间内有低浓度毒物不断进入人体，逐渐引起的病变。慢性中毒绝大部分是蓄积性毒物所引起的，往往在从事该毒物作业数月、数年或更长时间才出现症状，如慢性铅、汞、锰等中毒。

3. 亚急性中毒

亚急性中毒介于急性与慢性中毒之间，病变较急性时间长，发病症状较急性缓和，如二硫化碳中毒、汞中毒等。

（二）职业中毒对人体的损害

职业中毒可对人体多个系统或器官造成损害，主要包括神经系统、血液和造血系统、呼吸系统、消化系统、肾脏及皮肤等。

1. 神经系统

（1）神经衰弱综合征。绝大多数慢性中毒的早期症状是神经衰弱综合征及植物性神经紊乱。患者出现全身无力、易疲劳、记忆力减退、睡眠障碍、情绪激动、思想不集中等症状。

（2）神经症状。如二硫化碳、汞或四乙基铅中毒，可出现狂躁、忧郁、消沉、健谈或寡言等症状。

（3）多发性神经炎。主要损害周围神经，早期症状为手脚发麻疼痛，以后发展到动作不灵活。如二硫化碳、砷或铅中毒，目前已少见。

2. 血液和造血系统

（1）血细胞减少。早期可引起血液中白细胞、红细胞及血小板数量减少，严重时导致全血降低，形成再生障碍性贫血。经常出现头昏、无力、牙龈出血、鼻出血等症状，如慢性苯中毒、放射病等。

（2）血红蛋白变性。如苯胺、一氧化碳中毒等可使血红蛋白变性，造成血液运氧功能障碍，出现胸闷、气急、紫绀等症状。

（3）溶血性贫血。主要见于急性砷化氢中毒。

3. 呼吸系统

（1）窒息。如一氧化碳、氰化氢或硫化氢等物质导致的中毒。轻者可出现咳嗽、胸闷、气急等症状，重者可出现喉头痉挛、声门水肿等症状，甚至可出现窒息死亡。有的能导致呼吸功能瘫痪窒息，如有机磷中毒。

（2）中毒性水肿。吸入刺激性气体后，改变了肺泡壁毛细血管的通透性而发生肺水肿，如氮氧化物、光气等物质导致的中毒。

（3）中毒性支气管炎、肺炎。某些气体如汽油等可作用于气管、肺泡引起炎症。

（4）支气管哮喘。多为过敏性反应，如苯二胺、乙二胺等导致的中毒。

（5）肺纤维化。某些微粒滞留在肺部可导致肺纤维化，如铍中毒。

4. 消化系统

经消化系统进入人体的毒物可直接刺激、腐蚀胃黏膜产生绞痛、恶心、呕吐、食欲不振等症状。非经消化系统中毒者有时也会出现一些消化道症状，如四氯化碳、硝基苯、砷或磷等物质导致的中毒。

5. 肾脏

由于多种物质是经肾脏排出，对肾脏往往产生不同程度的损害，出现蛋白尿、血尿、浮肿等症状，如砷化氢、四氯化碳等引起的中毒性肾病。

6. 皮肤

皮肤接触毒物后，由于刺激和变态反应可出现瘙痒、刺痛、潮红、斑丘疹等各种皮炎和湿疹症状，如沥青、石油、铬酸雾、合成树脂等对皮肤的作用。

五、常见的工业毒物

（一）刺激性气体

刺激性气体是指对人的眼睛、皮肤特别是对呼吸道具有刺激作用的一类气体的总称。常见的刺激性气体主要有氯气、氨气、氮氧化物、光气、二氧化硫、甲醛、臭氧等。刺激性气体对人体健康的危害与接触浓度的大小和接触时间的长短有关。急性中毒轻者出现眼、上呼吸道刺激症状，重者可致喉头水肿、喉痉挛、中毒性肺炎、肺水肿，并发或伴发心、肾等实质性脏器病变，甚至危及人的生命。长期接触低浓度刺激性气体，可导致慢性支气管炎、结膜炎、咽炎、鼻炎等，同时伴有神经衰弱综合征和消化道症状。个别有支气管哮喘发作，如接触二异氰酸甲苯酯及氯气等。呼吸道反复继发感染，可逐渐导致肺水肿，甚至影响肺功能。

大部分刺激性气体对呼吸道有明显刺激作用并有特殊臭味，人们闻到后就要避开，因此一般情况下急性中毒很少见，出现事故导致刺激性气体泄漏时易引起急性中毒。

1. 氯气

氯气（Cl_2）通常情况下为黄绿色气体，密度为空气的 2.45 倍，沸点为 -34.6℃。易溶于水、碱性溶液、二硫化碳和四氯化碳等。高压下液氯为深绿色，相对密度为 1.56。化学性质活泼，与一氧化碳作用可生成毒性更大的光气。

氯溶于水生成盐酸和次氯酸，产生局部刺激。主要损害上呼吸道和支气管的黏膜，引起支气管痉挛、支气管炎和支气管周围炎，严重时引起肺水肿。吸入高浓度氯后，引起迷走神经反射性心跳停止，呈"电击型"死亡。

2. 光气

光气（$COCl_2$）无色、有霉草气味的气体，密度为空气的 3.4 倍，沸点 8.3℃。加压液化，相对密度为 1.392。易溶于醋酸、氯仿、苯和甲苯等。遇水可水解成盐酸和二氧化碳。

毒性比氯气大 10 倍，对上呼吸道仅有轻度刺激，但吸入后其分子中羰基与肺组织内的蛋白质酶结合，从而干扰细胞的正常代谢，损害细胞膜，肺泡上皮和肺毛细血管受损透过性增加，引起化学性肺炎和肺水肿。

3. 氮氧化物

氮氧化物（NO_x）为由 NO_2、NO、N_2O、N_2O_3 等组成的混合气体。其中 NO_2 比较稳定，占比最高。氮氧化物较难溶于水，因而对眼和上呼吸道黏膜刺激不大。主要是进入呼吸道深部的细支气管和肺泡后，在肺泡内可阻留 80%，与水反应生成硝酸和亚硝酸，对肺组织产生强烈刺激和腐蚀作用，引起肺水肿。硝酸和亚硝酸被吸收进入血液，生成硝酸盐和亚硝酸盐，可扩张血管，引起血压下降，并与血红蛋白作用生成高铁血红蛋白，引起组织缺氧。

4. 二氧化硫

二氧化硫（SO_2）为无色气体，密度为空气的 2.3 倍。加压可液化，液体相对密度 1.434，沸点 -10℃。溶于水、乙醇和乙醚。

吸入呼吸道后，在黏膜湿润表面上生成亚硫酸和硫酸，产生强烈的刺激作用。大量吸入可引起喉水肿、肺水肿、声带痉挛而窒息。

5. 氨

氨（NH_3）为无色气体，有强烈的刺激性气味，密度为空气的 0.5971 倍。易液化，沸点 -33.5℃。溶于水、乙醇和乙醚。遇水生成氢氧化铵，呈碱性。

氨对上呼吸道有刺激和腐蚀作用，高浓度时可引起接触部位的碱性化学灼伤，组织呈溶解性坏死，并可引起呼吸道深部及肺泡损伤，发生支气管炎、肺炎和肺水肿。氨被吸收进入血液，可引起糖代谢紊乱。脑氨增高，可产生神经毒性作用，开始兴奋，随后惊厥，继而嗜睡、昏迷。还可通过神经反射引起心跳和呼吸骤停。

（二）窒息性气体

窒息性气体是指吸入该气体后直接妨碍氧的供给、摄取、运输和利用，从而造成机体缺氧的物质，即以气态形式侵入机体而直接引起窒息作用的物质。那些通过在机体的其他损伤或致毒作用继发性引起机体缺氧的物质则不应归入窒息性气体毒物。如乙醚或其他有机溶剂可抑制呼吸中枢的功能而造成机体缺氧窒息；光气、氯气、氮氧化物、二氧化硫等刺激性气体可明显损伤呼吸道黏膜，引起肺水肿，从而造成机体明显缺氧，但它们均不属于窒息性气体。

根据窒息性气体对机体毒性作用不同，可分为三类：

1. 单纯窒息性气体

单纯窒息性气体如甲烷、氮气、二氧化碳、氩、氖、水蒸气等。这类气体本身毒性很低或无毒，但当它们在空气中的含量增加时，就会相应降低空气中氧的含量，血液从吸入的空气中得不到足够的氧供应，结果动脉血氧分压下降，组织细胞的供氧量明显减少而导致机体缺氧窒息。在 1 个大气压（101325Pa）下，空气中氧含量约为 21%，氧含量低于 16% 时，即可造成呼吸困难；氧含量低于 10% 时，则可引起人昏迷甚至死亡。

2. 血液窒息性气体

血液窒息性气体如一氧化碳、一氧化氮以及氨基或硝基化合物蒸气等。这类气体可明显阻碍血红蛋白对氧气的化学结合能力，或妨碍血红蛋白向组织细胞释放携带的氧气，造成组织缺氧障碍而发生窒息。

一氧化碳是工业生产中最常见的有毒气体之一。在化工、炼钢、炼铁、炼焦、采矿、铸造、锻造、炉窑、煤气发生炉等作业过程中均可接触一氧化碳。一氧化碳主要经呼吸道进入人体，与血液中血红蛋白的结合能力极强，为氧气与血红蛋白结合能力的 200 ~ 300 倍。

3. 细胞窒息性气体

细胞窒息性气体如硫化氢、氰化氢。这类毒物主要作用于细胞内的呼吸酶使之失活，从而直接阻碍细胞对氧的利用，使生物氧化过程不能进行，造成组织细胞缺氧。

（1）氰化氢（HCN）。在氰化氢的生产制备、制药、化纤、合成橡胶、有机玻璃、塑料、电镀、冶金、炼焦等工业中均有接触氰化氢的生产过程。

氰化氢为无色液体或气体，沸点 26℃，液体易蒸发为带有杏仁气味的蒸气，其蒸气与空气的相对密度为 0.94，可与乙醇、苯、甲苯、乙醚、甘油、氯仿、二氯乙烷等物质互溶；其水溶液呈弱酸性，称为氢氰酸；氰化氢气体与空气混合可燃烧，爆炸极限范围为 6% ~ 40%。

生产条件下氰化氢气体或其盐类粉尘主要经呼吸道进入人体，浓度高时也可经皮肤吸收。氰化氢气体进入人体后，可迅速作用于全身各组织细胞，抑制细胞内呼吸酶的功能、使细胞不能利用氧气而造成全身缺氧窒息，并称为"细胞窒息"。

氰化氢毒性剧烈，很低浓度吸入时就可引起全身不适，严重者可死亡。在短时间内吸入高浓度的氰化氢气体可使人立即停止呼吸而死亡，并称为"电击型"死亡。生产条件下此种情况少见。

（2）硫化氢（H₂S）。硫化氢用于生产噻吩、硫醇等物质。在工业上很少直接应用，通常为生产过程中的废气。在石油开采和炼制、有机磷农药的生产、橡胶、人造丝、制革、精制盐酸或硫酸等工业中均会产生硫化氢。含硫有机物腐败发酵也可产生硫化氢，如制糖及造纸业的原料浸渍、腌浸咸菜、处理腐败鱼肉及蛋类食品等过程中都可能产生硫化氢，因此在进入与上述有关的池、窑、沟或地下室等处时要注意对硫化氢的防护。

硫化氢为具有腐蛋臭味的可燃气体，易溶于水产生氢硫酸，易溶于醇类物质、甘油、石油溶剂和原油中，能和大部分金属发生化学反应而具有腐蚀性。

硫化氢是毒性比较剧烈的窒息性毒物，工业生产中主要经呼吸道进入人体。

（三）有机化合物

有机化合物主要包括芳烃类、卤代烃类、脂肪烃类、有机农药等，工业常见的有机化合物有苯、二甲苯、四氯化碳等物质。

苯在工农业生产中使用广泛，如化工中的香料、合成纤维、合成橡胶、合成洗涤剂、合成染料、酚、氯苯、硝基苯的生产，以及使用洗浴剂和稀释剂，如喷漆、制鞋、绝缘材料等行业中均有接触苯的生产过程。

苯是一种有特殊香味、无色透明的液体；沸点 80.1℃，闪点 -15 ~ 10℃；爆炸极限范围为 1.3% ~ 9.5%；易蒸发，不溶于水，易溶于乙醚、乙醇、丙酮等有机溶剂。

生产过程中的苯主要经过呼吸道进入人体，经皮肤仅能进入少量。苯中毒主要损害神经系统和造血系统，症状为精神衰弱综合征，有头晕、头痛、头晕、记忆力减退、失眠等症状，在造血系统引起的典型症状为白血病和再生障碍性贫血。苯为确定的人类致癌物。

（四）金属、类金属及其化合物

常见的金属、类金属毒物有铅、汞、镉、镍、砷等及其化合物。

金属的毒性作用与金属的溶解性、氧化价态及在有机体内的氧化还原转换率等因素有关。一般来说，可溶的、氧化价态高和氧化-还原转换率低的金属毒性较大；反之，则较小。

1. 汞

汞（Hg）在工业中应用广泛，如食盐电解，塑料、染料、毛皮加工等工业中均有接触汞的生产过程。汞为银白色液态金属，熔点-38.9℃，沸点356.9℃，在常温下即可蒸发，温度升高，蒸发加快。汞液洒落在桌面或地面上会分散成许多小汞珠，增加了蒸发面积。汞蒸气可吸附于墙壁、地面及衣物等形成二次毒源。汞溶于稀硝酸及类脂质，不溶于水及有机溶剂。生产过程中金属汞主要以蒸气状态经呼吸道进入人体，可引起急性和慢性中毒。急性中毒多由于意外事故造成大量汞蒸气散逸引起，发病急，有头晕、乏力、发热、口腔炎症及腹痛、腹泻、食欲不振等症状。慢性中毒较为常见，最早出现神经衰弱综合征，表现为易兴奋、激动、情绪不稳定。

2. 铅

铅（Pb）在工业生产中应用广泛，其化合物种类很多，在工业生产中接触铅的人数多，因此铅中毒是主要的职业病之一。

铅为带有浅蓝色的银白色金属，熔点327℃，沸点1525℃，加热至400~500℃时可产生大量铅蒸气，在空气中迅速氧化成氧化亚铅和氧化铅，并凝结成烟尘。

铅及其化合物主要从呼吸道进入人体，其次为消化道。工业生产中以慢性中毒为主。初期感觉乏力，肌肉、关节酸痛，继而可出现腹隐痛、神经衰弱等症状。严重者可出现腹绞痛、贫血、肌无力和末梢神经炎。铅属于蓄积性毒物，中毒后对人体造成长期影响。

3. 锰

锰（Mn）及其化合物在工业中应用广泛。在电焊作业、干电池、塑料、油漆、染料、合成橡胶、鞣皮等工业中均有接触锰的生产过程。

锰及其化合物的毒性各不相同，化合物中锰的原子价越低毒性越大。生产中主要以锰烟和锰尘的形式经呼吸道进入人体而引起中毒。工业生产中以慢性中毒为主，多因吸入高浓度锰烟和锰尘所致。在锰粉、锰化合物及干电池生产过程中发病率较高。发病工龄短者半年，长者10~20年。轻度及中度中毒者表现为失眠、头痛、记忆力减退、四肢麻木、轻度震颤、易跌倒、举止缓慢、情感淡漠或冲动。重度中毒者出现四肢僵直、动作缓慢笨拙、语言不清、写字不清、智能下降等症状。

4. 铬

铬（Cr）为钢灰色、硬而脆的金属，熔点1900℃，沸点2480℃。铬化合物中六价铬毒性最大。化肥工业催化剂主要原料三氧化铬是强氧化剂，易溶于水，常以气溶胶状态存在于厂房空气中。

六、中毒后的现场救护

在生产和检修过程中，有时由于设备突发性损坏或泄漏致使大量毒物外溢（逸）造成作业人员急性中毒。急性中毒往往病情严重，且发展变化快。因此必须全力以赴，争分夺秒地进行抢救。及时、正确地抢救化工生产或检修现场中的急性中毒患者，对于挽救重危中毒者、减轻中毒程度、防止合并症的产生具有十分重要的意义。

急性中毒的现场急救应遵循下列原则。

1. 救护者的个人防护

急性中毒发生时毒物多由呼吸系统和皮肤进入人体。因此，救护者在进入危险区抢救前，首先要做好呼吸系统和皮肤的个人防护，佩戴好供氧式防毒面具或氧气呼吸器，穿好防护服。进入设备内抢救时要系上安全带，然后再进行抢救。否则，不但救不了中毒者，救护者也会中毒，致使中毒事故扩大。

2. 切断毒物来源

救护人员进入现场后，除对中毒者进行抢救外，同时应侦测毒物来源，并采取果断措施切断其来源，如关闭泄漏管道的阀门、堵加盲板、停止加送物料、堵塞泄漏设备等，以防止毒物继续外溢（逸）。对于已经扩散出来的有毒气体或蒸气应立即启动通风排毒设施或开启门、窗，以降低有毒物质在空气中的含量，为抢救工作创造有利条件。

3. 采取有效措施防止毒物继续侵入人体

（1）救护人员进入现场后，应迅速将中毒者转移至新鲜空气处，并解开中毒者的颈、胸部纽扣及腰带，以保持呼吸通畅。同时对中毒者注意保暖和保持安静，严密注意中毒者神志、呼吸状态和循环系统的功能。在抢救搬运过程中，要注意人身安全，不能强硬拖拉以防造成外伤，致使病情加重。

（2）清除毒物，防止其沾染皮肤和黏膜。当皮肤受到腐蚀性毒物灼伤时，不论其吸收与否，均应立即采取下列措施进行清除，防止伤害加重。

①迅速脱去被污染的衣服、鞋袜、手套等。

②立即彻底清洗被污染的皮肤，清除皮肤表面的化学刺激性毒物，冲洗时间为 15～30 分钟。

③如毒物系水溶性，现场无中和剂，可用大量水冲洗。用中和剂冲洗时，酸性物质用弱碱性溶液冲洗，碱性物质用弱酸性溶液冲洗。非水溶性刺激物的冲洗剂，须用无毒或低毒物质。对于遇水能反应的物质，应先用干布或者其他能吸收液体的东西抹去污染物，再用水冲洗。

④对于黏稠的物质如有机磷农药，可用大量肥皂水冲洗（敌百虫不能用碱性溶液冲洗），要注意皮肤褶皱、毛发和指甲内的污染物。

⑤较大面积的冲洗要注意防止着凉、感冒，必要时可将冲洗液保持适当温度，但以不影响冲洗剂的作用和及时冲洗为原则。

⑥毒物进入眼睛时，应尽快用大量流水缓慢冲洗眼睛 15 分钟以上，冲洗时把眼睑撑开，让伤员的眼睛向各个方向缓慢移动。

4. 促进生命器官功能恢复

中毒者若停止呼吸，应立即进行心肺复苏。

5. 及时解毒和促进毒物排出

发生急性中毒后应及时采取各种解毒及排毒措施，降低或消除毒物对机体的作用。如采用各种金属配位剂与毒物的金属离子配合成稳定的有机配合物，随尿液排出体外。

毒物经口引起的急性中毒。若毒物无腐蚀性，应立即用催吐或洗胃等方法清除毒物。对于某些毒物也可使其变为不溶的物质以防止其吸收，如氯化钡、碳酸锂中毒，可口服硫酸钠，使胃肠道尚未吸收的钡盐成为硫酸钡沉淀而防止吸收。氨、铬酸盐、铜盐、汞盐、羧酸类、醛类、脂类中毒时，可给中毒者喝牛奶、生鸡蛋等缓解剂。烷烃、苯、石油醚中毒时，可给中毒者喝一汤匙液体石蜡和一杯含硫酸镁或硫酸钠的水。一氧化碳中毒应立即吸入氧气，以缓解机体缺氧并促进毒物排出。

学习小结

本任务主要学习了工业毒物的相关概念、毒物进入人体的途径、毒物的毒理作用、职业中毒的种类，以及毒物对人体的损害，还列举了几种常见毒物，分别介绍了每种毒物的物理化学性质，最后学习了中毒后的现场救护操作过程。学生通过本节内容的学习，能够掌握工业毒物的相关基础知识，具备处理工业毒物中毒后的现场救护能力。

思考拓展

1.武侠小说中常提到两种毒药"砒霜""鹤顶红"，查找资料试说明这些毒药的主要成分，根据本节课的内容，这些毒物应划分到哪一类？

2.通过消化道进入人体的毒物，人们首先使用催吐的方法将其从胃内尽快排出，催吐时可以选择哪些方法？

励心笃行

古代帝王钟爱的"长生不老丹药"究竟是什么

"长生不老"是无数人梦寐以求的梦想，也是无数帝王争先送命的毒药。那么长生不老药真的存在吗？丹药究竟是什么东西？下面就为大家揭晓。

1.由中药秘制的丹药，具有养生的效果

第一种丹药就是最普遍的、由几十味珍贵药材制成的养生丹，这类丹药对人体益处很大，具有滋润养颜、通畅经脉的效果，是一味珍稀的养生药。养生丹是中国历史中出现比较多的"长生不老药"，也算是比较正常的丹药。从周朝开始，历经多个朝代，几乎每个帝王都或多或少地吃过长生不老仙丹。所谓的长生不老仙丹根本不存在。吃这些东西，一是暗示自己按照医生的建议调养和养生，可以多活几十岁；二是单纯觉得越是难得的药材越是珍贵，对人体也越好。那么，这个养生丹真的一点问题都没有吗？

养生丹最早根据药书上的制药方式，剂量和要求都中规中矩。但是，随着一些庸医的出现，他们认为人参、枸杞、黄芪、鹿茸等药材对人体百利而无一害，可以大剂量使用，这就让很多正道的医生开始抗议了，不过由一些医生秘制的大补养生丹，确实可以让人感受到身体开始力气十足，仿佛变年轻了，但是这些都是鹿茸和虎鞭产生的效果，很多药都会用这两种药材，皇帝就对长生不老丹开始迷恋，也因此一发不可收拾。皇帝用药的剂量开始从科学规定渐渐变成两天一次，一天一次，一天多次。是药三分毒，慢慢地皇帝们体内的药毒越积越多，最后没长生反而短寿。这就是最早的长生不老丹。

2.用罂粟制成的长生不老丹药

皇帝们认为养生丹类型的丹药就是提升自己男性功能的药，也没多大的用处，已不能让人满足。

因此，一些术士发现了罂粟壳，野生罂粟壳具有让人精神十足、头脑亢奋、心情愉悦的效果。罂粟制成的长生不老药开始风靡在皇帝行宫之中。开始，术士们本着职业道德，还会提醒皇帝这类药不可多吃，几天吃一次就可以了，但是罂粟这玩意一旦染上就会上瘾。皇帝们纷纷沦陷，唐朝的几任皇帝都迷恋这类丹药。

3. 炼金术制成的化学丹药

明朝时期的皇帝对丹药情有独钟，炼金术制成的化学丹药也在这个时期鼎盛发展。道教和江湖上一些懂化学的能人异士开始从几味化学成分中琢磨出一个有利于身体和精神的丹药，这类丹药被帝王广泛食用。但是，由于古代的中国许多炼金术师对现代的化学药品区分度并不大，没办法准确地区分何为有毒、何为无毒的化学物质。一些稍微懂得的老炼金术师又不肯把自己压箱底的东西教给徒弟，这就导致明朝时代的炼金术看起来蓬勃发展，事实上不断倒退，这直接导致几个帝王死于丹药之下。丹药的成分之一是汞元素，原本在一定剂量下的汞元素制成的丹药不会有太大的副作用，但是一些学艺不精的炼金术师直接突破这个限制，导致明朝时期的丹药化学成分超标，而帝王因食用这东西导致的疾病几乎无人能治好。

⚙ 技能强化

防毒面具的使用及注意事项

1. 训练目标

（1）学习防毒面具的使用方法。

（2）学习防毒面具使用过程中的注意事项。

2. 训练准备

（1）利用手机、电脑，发挥互联网优势，从网络获取相关内容。

（2）学习宾馆防烟面具的使用方法，举一反三，思考其他防毒面具的使用方法。

3. 成果展示

（1）防毒面具使用前检查。

①使用前需检查面具是否有裂痕、破口，确保面具与脸部贴合密封性。

②检查呼气阀片有无变形、破裂及裂缝。

③检查头带是否有弹性。

④检查滤毒盒座密封圈是否完好。

⑤检查滤毒盒是否在使用期内。

（2）防毒面具佩戴方法。将面具盖住口鼻，然后将头带框套拉至头顶；用双手将下面的头带拉向颈后，然后扣住。

（3）防毒面具使用注意事项。

①佩戴时如闻到毒气微弱气味，应立即离开有毒区域。

②有毒区域的氧气占体积的 18% 以下、有毒气体占总体积 2% 以上的地方，各型滤毒罐都不能起到防护作用。

③每次使用后应将滤毒罐上部的螺帽盖拧上，并塞上橡皮塞后储存，以免内部受潮。

④滤毒罐应储存于干燥、清洁、空气流通的库房环境，严防潮湿、过热，有效期一般不超过 5 年，

超过 5 年应重新鉴定。

（4）对防毒面具认识的几个误区。

误区一：同一款防毒面具可以在任何环境下使用。不同的防毒面具防护效果不同，如氨气防毒面具、一氧化碳防毒面具等，要根据实际作业环境来选择相应的防毒面具。

误区二：有些人以为防毒面具在工作中可戴可不戴。防毒面具能够有效地消除或减轻职业病损害要素，可有效地维护劳动者的身体健康的影响，减少职业病的发生。

误区三：咱们所在的工作环境中没有异味，就可以不佩戴防毒面具。在自然界中存在很多无色、无臭、无味的有害物质，即便有异味，人体的感觉器官关于外界的感知存在局限性和个体差异。所以并不是工作环境中没有异味就可以不佩戴防毒面具。

误区四：过滤式防毒面具在任何环境中都会有效地进行防护。过滤式防毒面具并不是在任何环境中都能够运用，它有必定的局限性。防毒面具仅适用空气含氧量 ≥ 19.5%、温度为 –30 ~ 45℃的非密闭环境。

任务评价

技能要点	标准参考	分值 / 分	自我评价（20%）	小组互评（30%）	教师评价（50%）
相关概念	了解毒物、工业毒物、中毒等概念	5			
工业毒物的分类	清楚不同标准下，工业毒物如何分类	5			
毒物进入人体的途径与毒理作用	知道毒物进入人体的三种途径	5			
	清楚工业毒物的毒理作用	5			
职业中毒	了解职业中毒的三种类型	5			
	清楚职业中毒对人体的损害	5			
常见的工业毒物	掌握常见刺激性气体的理化性质	15			
	掌握常见窒息性气体的理化性质	15			
	掌握常见有机化合物的理化性质	10			
	掌握常见的金属、类金属及其化合物的理化性质	10			
中毒后的现场救护	掌握工业毒物中毒后的现场救护流程	20			
总得分		100			

任务四　辐射危害与防护

任务导入

日常生活中，辐射无处不在。实际上，辐射本身就是我们环境的一个组成部分。自然界每年以平均 2.4mSv 的剂量照射到每个人身上，没有人能够完全逃避辐射的作用。很多人对辐射一知半解，分不清电磁辐射和电离辐射的区别，往往一概而论，致使人们谈"辐"色变。

掌握辐射的相关知识，有助于人们在日常生活中正确区分有害辐射和无害辐射，理性对待辐射现象。

任务基础

一、辐射概述

辐射是指能量以波或次原子粒子移动的形态传送。辐射能量从辐射源向外所有方向直线放射。通常以电磁波和粒子的形式向外放散。在自然界中，只要温度在绝对温度零度（约 −273.15℃）以上，都以电磁波和粒子的形式时刻不停地向外传送热量，人体、太阳甚至身边的所有物体都会不断地向周围辐射能量，即辐射无处不在。

（一）辐射的分类

辐射描述的是一种常见的物理现象。辐射有很多"成员"，如核辐射、热辐射、太阳辐射、电磁辐射、电离辐射等。人们常说的"辐射"，通常狭义地指电磁辐射。

辐射通常以波的形式表现出来，根据波的频率不同，辐射可表现为无线电、微波、红外线、可见光、紫外线、X 射线、γ 射线等不同形式；不同形式的辐射携带的能量有高低之分，携带能量低的辐射会被物体吸收，比如热辐射，Wi-Fi 信号等，携带能量高的辐射足以使物质原子或分子中的电子脱离其束缚，成为自由态，即电离现象。根据辐射能量的高低及电离物质的能力分类为电离辐射或非电离辐射。通常认为非电离辐射是无害的，而电离辐射则需要引起重视。

1. 非电离辐射

非电离辐射又称电磁辐射，最常见的非电离辐射就是不会产生电离作用的电磁辐射，也就是电磁辐射中频率"比较"低的那一部分。具体按照频率从高到低有可见光、红外线、微波、无线电波、低频电磁波等，超声波也属于非电离辐射范畴。

非电离辐射在电磁波谱中处于相对长的波长和低的频率一端，它们的光子没有能力破坏化学键，所以对人体并无危害，并广泛应用于现代社会的日常生活中。电脑屏幕、手机、Wi-Fi、红外测温枪、微波炉等设备在使用过程中都会产生的辐射，不用过于担心。

非电离辐射标志如图 6-11 所示。

2. 电离辐射

电离辐射是指携带足以使物质原子或分子中的电子成为自由态，从而使这些原子或分子发生电离现象的辐射，波长小于 100nm，包括宇宙射线、X 射线和来自放射性物质的辐射。

电离辐射的特点是波长短、频率高、能量高。电离辐射可以从原子、分子或其他束缚状态中放出一个或几个电子。电离辐射是一切能引起物质电离的辐射总称，其种类很多，高速带电粒子有 α 粒子、β 粒子、质子，不带电粒子有中子以及 X 射线、γ 射线。γ 射线、X 射线和核辐射是典型的电离辐射。

紫外线的频谱介于电离辐射和非电离辐射之间，其中的高能部分属于电离辐射，紫外线中低能部分以及所有紫外线以下的所有频谱，包括可见光（包括几乎所有类型的激光）、红外线、微波、无线电波则属于非电离辐射。

电离辐射标志如图 6-12 所示。

图 6-11 非电离辐射标志

图 6-12 电离辐射标志

（二）电离辐射的辐射源

电离辐射源可分为天然辐射源和人工辐射源。

1. 天然辐射源

人类环境中存在天然放射性物质，如地壳中的铀、钍系和钾的放射性同位素 —— 40 钾等，它们不断照射人体。这些物质也可通过食物或呼吸进入人体，使人受到内照射。此外，还有宇宙射线产生的外照射。这些天然辐射源所产生的总辐射水平称为天然放射性本底。人类一直生活在这个环境中，已能适应。

2. 人工辐射源

人工辐射源可分为污染环境的人工辐射源和不污染环境的人工辐射源两种。

（1）污染环境的人工辐射源，主要是生产和使用放射性物质的企业排出的放射性废物以及核武器试验产生的放射性物质。其污染程度与排出放射性废物的数量、组成、排放方式和净化处理程度等有关。随着原子能工业的发展，放射性物质污染环境的可能性也在不断增大。

（2）不污染环境的人工辐射源，包括医用、工业用、科学部门用的 X 射线源以及封闭性放射性物质（镭、钴等），也包括发光涂料、电视机显像管等。

二、电离辐射的危害

电离辐射对人体的危害与剂量有关。理解辐射对人的效应，必须先弄清楚表示辐射水平高低的单位。物理上来说，辐射对任何物质产生的作用都是由于能量的沉积造成的，因此电离辐射授予单位质量物质的能量也就最能代表辐射场的强度，这个量称为吸收剂量，单位为戈瑞（焦耳每千克），符号表示为 Gy。不是所有的辐射在相同吸收剂量时会产生同样的效应，效应还与辐射场的种类、人体被照射的组织或器官有关，这样就有了两个加权的吸收剂量：对辐射场特性加权的称为当量剂量，对辐射场以及人体不同组织和器官进行加权的称为有效剂量，两者的单位都是希沃特（焦耳每千克），符号表示为Sv。

电离辐射对人体造成危害的辐射剂量阈值是100mSv，单次接触辐射剂量低于100mSv的电离辐射对人体的伤害微乎其微，可忽略。医院就诊时单次照射X线检查辐射剂量约为1.2mSv，单次胸部CT扫描的辐射剂量为6.9mSv，对人体影响十分有限，不用过于担心，具体如图6-13所示。

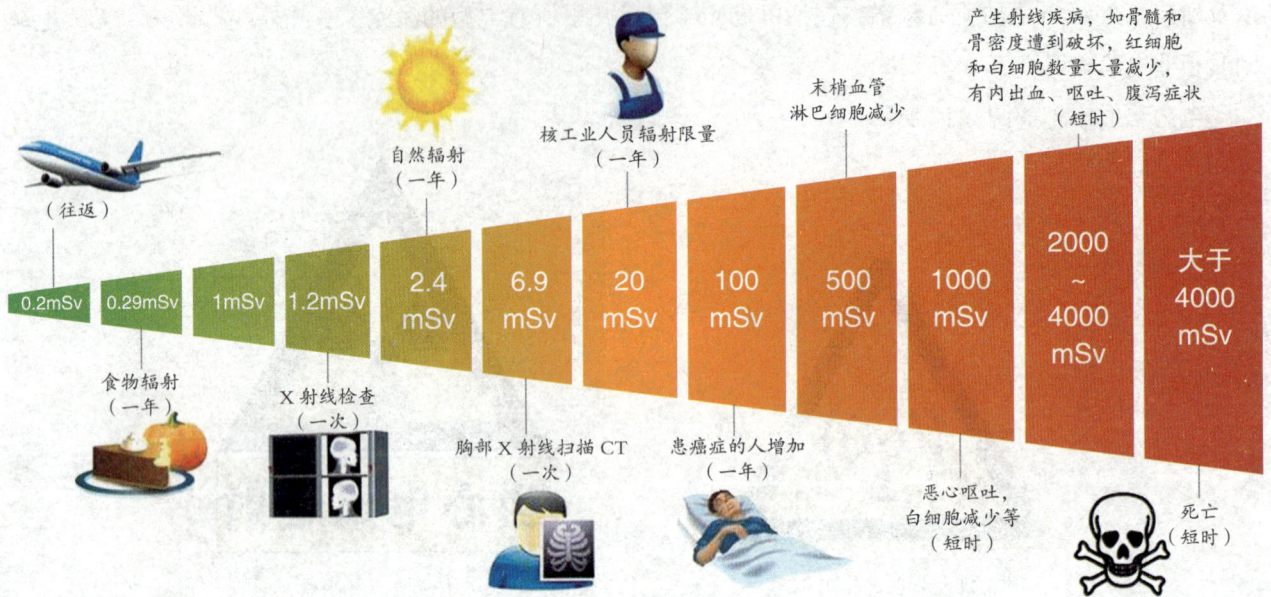

图6-13 电离辐射剂量对人体的影响

在接触电离辐射的工作中，如防护措施不当，违反操作规程，人体受照射的剂量超过一定限度，则能发生有害作用。在电辐射作用下，机体的反应程度取决于电离辐射的种类、剂量、照射条件及机体的敏感性。电离辐射可引起放射病，它是机体的全身性反应，几乎所有器官、系统均发生病理改变，但其中以神经系统、造血器官和消化系统的改变最为明显。电离辐射对机体的损伤可分为急性放射损伤和慢性放射性损伤。短时间内接受一定剂量的照射，可引起机体的急性损伤，平时见于核事故和放射治疗的患者。较长时间内分散接受一定剂量的照射，可引起慢性放射性损伤，如皮肤损伤、造血障碍、白细胞减少、生育力受损等。另外，过量的辐射还可以致癌和引起胎儿死亡和畸形。

三、电离辐射的预防

对电离辐射的最大担忧来源于它可能会使受到照射的人员患上致命的疾病，以及会在后代中出现遗传缺陷。出现此类效应的可能性取决于人员受到的辐射照射量，不管这种照射是来自天然辐射源还是人工辐射源。随着近几十年来人们对电离辐射效应的了解越来越多，人们已经开发出了保护人类免受各种辐射源照射的成套辐射防护办法。

（1）时间防护。不论何种照射，人体受照累计剂量的大小与受照时间成正比。接触射线时间越长，放射危害越严重。可以尽量缩短从事放射性工作时间，以达到减少受照剂量的目的。

（2）距离防护。某处的辐射剂量率与距放射源距离的平方成反比，与放射源的距离越大，该处的剂量率越小。所以，在工作中要尽量远离放射源来达到防护目的。

（3）屏蔽防护。就是在人与放射源之间设置一道防护屏障。因为射线穿过原子序数大的物质会被吸收很多，这样到达人身体部分的辐射剂量就减弱了。常用的屏蔽材料有铅、钢筋水泥、铅玻璃等。

学习小结

　　本次任务主要学习辐射的相关知识，具体介绍了辐射的分类，非电离辐射、电离辐射对人体的影响，电离辐射的危害和预防等内容。学生通过学习，能够掌握辐射的相关知识，有助于人们在日常生活中正确区分有害辐射和无害辐射，理性对待辐射现象。

思考拓展

　　1. 网络上流传仙人掌可以防辐射，你觉得可信吗？

　　2. 长时间用电脑办公或玩手机，从辐射的角度讨论对身体的影响。

　　3. 电磁辐射和电离辐射的区别是什么？

励心笃行

"两弹元勋" 邓稼先

　　邓稼先（1924年6月25日—1986年7月29日），中共党员，九三学社社员，中国科学院院士，著名核物理学家，中国核武器研制工作的开拓者和奠基者，为中国核武器、原子武器的研发做出了重要贡献，被称为"两弹元勋"。

　　邓稼先1924年6月25日出生于安徽怀宁县一个书香门第家庭。1935年考入志成中学，读书求学期间深受爱国救亡运动影响。1937年北平沦陷后，他曾秘密参加抗日聚会，后在父亲邓以蛰的安排下，随大姐去往昆明，并于1941年考入西南联合大学物理系。1948至1950年，他在美国普渡大学留学，获得物理学博士学位，毕业当年毅然回国。1951年加入九三学社。1956年加入中国共产党。

图片来源："学习强国"学习平台（邓稼先：如果有来生，我还选择中国）

　　1958年，邓稼先满怀兴奋，毅然接受原子弹秘密研发任务，从此隐姓埋名于黄沙戈壁。1964年10月，中国成功爆炸的第一颗原子弹就是由他最后签字确定设计方案。他还率领研究人员在试验后迅速进入爆炸现场采样以证实效果。他又同于敏等人投入对氢弹的研究。按照"邓-于方案"，最后终于制成了氢弹，并于原子弹爆炸后的两年零八个月试验成功。

　　1979年的一次新型核试验中，到了预计时间，核弹却没有爆炸，正当在场的工作人员面面相觑时，邓稼先不顾众人阻拦，冲进辐射核心区。他捡起摔碎的弹片，也就是从那一刻起，他的生命进入了最后的倒计时。在生命的最后时刻，他坚定地说："我对自己的选择终身无悔，假如生命终结之后能够再生，我仍选择中国，选择核事业。"

　　正是因为先辈们发扬艰苦奋斗、舍生忘死的革命精神，不计名利，甘当无名英雄，无私奉献、不辞劳苦地为国铸剑，方让而今的我们挺起胸膛，昂首于世界民族之林。他们是真正的民族脊梁。

技能强化

生活中的辐射认识纠错

1. 训练目标

（1）正确认识辐射的特点和危害，提高辐射防护能力。

（2）培养正确的人生观，不信谣，不传谣。

2. 训练准备

（1）利用手机、电脑，发挥互联网优势，从网络获取相关内容。

（2）学习辐射相关知识，整理相关内容。

（3）通过网络收集与辐射有关的传言，并辨别真伪。

3. 成果展示

（1）传言 1：仙人掌能防辐射。

仙人掌不能防辐射。自然界中所有的辐射都呈直线传播，或者被反射了以后再直线传播，没有任何植物可以使辐射转弯、汇集。

（2）传言 2：手机、电脑、Wi-Fi 等电子设备有辐射，对人体有害。

手机、电脑、Wi-Fi 等电子设备的确有辐射，但电子设备的辐射通常为波长较长的电磁波，辐射能量低，低于可见光，对人体并无危害，可以放心使用。

（3）传言 3：微波炉辐射很强，可致癌。

微波炉工作时产生的是微波，微波只有加热功能，并不会致癌。微波的辐射能量不足以激发分子中的电子，所以不会产生电离现象，即不会破坏人体组织的化学键，自然也就不会致癌。

辐射致癌的原理是高频率的辐射波被人体吸收，由于辐射波频率越高，辐射能量就越高，辐射能量达到一定程度会激发分子中的电子，使电子转为自由态，即电离现象，电离现象会破坏人体组织的化学键，从而发生癌变。能导致分子电离的辐射波也称为电离辐射，常见于 X 射线、γ 射线，部分紫外线也能使分子电离。当然，致癌的概率跟辐射剂量、照射时长都有关系，生活中接触的电离辐射都是安全的，比如医疗检查时拍 X 片和胸部 CT 等活动，其辐射的剂量和照射时长都远远低于致害的阈值。

任务评价

技能要点	标准参考	分值 / 分	自我评价（20%）	小组互评（30%）	教师评价（50%）
辐射分类	了解辐射的原理，分清电磁辐射和电离辐射的区别	20			
	非电离辐射包含的辐射类别	20			
电离辐射及危害	电离辐射原理及特点	10			
	熟悉电离辐射的辐射源	10			
	熟悉电离辐射的危害	20			
电离辐射预防	掌握预防电离辐射的方法	20			
总得分		100			

任务五 办公室职业健康管理

🔖 任务导入

随着经济的发展，人们的生产生活形式发生了全新的变革。高楼林立的都市生活给人们带来富足的同时也像囚笼一样束缚着人们，使人们每天的生活轨迹固定化。早晨七点出门，乘坐公交、骑电动车或开车上班；九点前进入办公室，打卡入座，准备开展全新一天的工作；九点十五分进入会议室开会，随后回到工位进行今天的工作内容；十二点就餐，就餐完毕后回到工位进行短暂的午休；下午两点开始下午的工作内容，直至下午六点下班。

日复一日的室内办公，特别是长时间使用电脑，极易出现情绪不稳定、易躁、易怒、头晕、头痛、失眠和健忘等神经衰弱症状。其常见的症状表现为早晨起来时神清气爽，下班时腰酸背痛；上午工作一切正常，一到下午就感觉头晕发热，但试表测量正常；甚至有的人一提到上班就头痛恶心。长此以往，就为办公室职业病打开了"方便之门"。

每个人都无法避免进入职场，进行办公生活，采取怎样的方法有效避免办公室职业病的入侵呢？通过对本节任务的学习，可使大家了解办公室常见职业病类型，掌握预防和减轻办公室常见职业病的应对措施。

💼 任务基础

一、办公室常见职业病类型

1. 电脑眼病

电脑是现代办公不可缺少的一个工具，长时间盯着电脑屏幕会对人的眼睛造成损伤。近距离用眼容易造成视物模糊、复视、文字跳跃走动现象；同时还会致使眼困倦，甚至眼睑沉重、对光敏感及眼球和眼眶周围酸痛或疼痛、眼干、异物感、流泪等。

2. 鼠标手

人在使用鼠标时，腕关节背屈45°～55°，这会牵拉腕管内的肌腱使其处于高张力状态，加上手掌根部支撑在桌面会压迫腕管。手指的反复运动容易使肌腱、神经来回摩擦，容易引起大拇指、食指、中指出现疼痛、麻木、肿胀感，还会出现腕关节肿胀、手部精细动作不灵活、无力等。反复机械地集中活动一两个手指，会拉伤手腕的韧带，导致周围神经损伤或受压迫。

3. 骨骼损伤

长期保持一个坐势，肌肉骨骼得不到伸缩，长此以往会导致骨骼损伤。不正确的坐姿是引起腰椎骨骼损伤的主要原因。即使保持正确坐姿，久坐同样成疾。办公室的工作台面与座椅虽符合人机工程学设计，但不一定适合所有办公人员的体型和身体条件。久坐、错误坐姿、工作台面人机不匹配往往容易导致办公人员骨骼损伤，引发腰椎间盘突出、颈椎病、手腕疼痛等并发症。

4. 抑郁失眠

工作压力大等因素使办公室人员容易陷入焦虑，最终导致抑郁症发生。轻度者心境不佳，对工作生活缺乏兴趣，疏远亲友，回避社交；重度者悲观绝望，焦虑不安，精神恍惚，反应迟钝，过早衰老。这不仅严重影响工作效率，而且危及身体健康。

5. 胃肠道疾病

办公室人员最易患三种胃肠道疾病：消化不良、肠应激综合征和消化性溃疡，这与长期不当的饮食习惯有关。

因繁忙或图省事，时常坐在办公区叫外卖快餐。长久坐卧，肠胃功能没完全打开；一些人员更是边吃饭边工作，很大程度上影响肠胃消化；再者快餐限于烹饪时间及成本控制，不可能过多考虑营养均衡。长时间吃快餐不利营养吸收。因此，就餐时尽可能到餐厅吃饭。实在迫于工作因素，叫快餐也应叫有营养、易消化的食品，吃前先走动走动，吃饭时最好别干其他事。

6. 电磁辐射

长期受到显示器、手机、微波炉等散发出的辐射影响，可出现疲乏无力、头痛、胸闷、脑胀、记忆力下降、食欲不振等亚健康的各种表现。

二、办公室常见职业病预防措施

1. 电脑眼病预防措施

工作时，灯光从侧面照射，光强要适当；每隔1小时左右需休息10min，看看窗外的绿色；每天坚持做两次眼保健操。

2. 鼠标手预防措施

每工作1小时就做一些握拳、捏指等放松手的动作。电脑桌上的键盘和鼠标的高度，最好低于坐着时的肘部高度，使用鼠标时，手臂不要悬空。要尽量靠臂力移动鼠标，不要过于用力敲打键盘及鼠标的按键。

3. 骨骼损伤预防措施

（1）姿势上保持自然端坐位，臀部和背部充分接触椅面，双肩后展，两肩连线与桌缘平行，脊柱正直，两足着地。将桌椅高度调到与自己身高比例合适的最佳状态，使目光平视电脑屏幕，如图6-14所示。

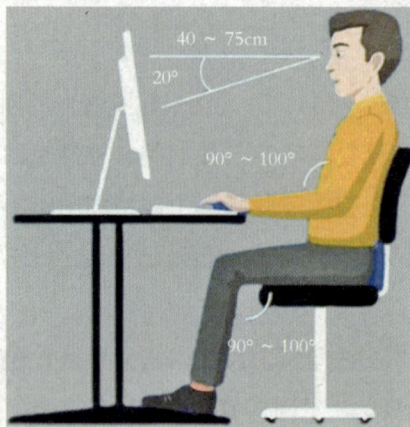

图 6-14　正确坐姿

（2）每工作1~2小时，休息10~15min，做颈部、腰部运动。

（3）避免高枕睡觉的不良习惯。

（4）注意颈肩部保暖，不要着凉。

（5）游泳、打羽毛球，头部做"米"字运动能有效治疗和预防颈椎病。

（6）及时治疗肩周炎、颈椎病等颈、肩、背部的软组织损伤。

4. 抑郁失眠预防措施

（1）学会调控情绪，遇事冷静、不急、不躁、不怒，时刻保持好心情，笑口常开，童心常在。

（2）保持良好的人际关系，多交朋友，助人为乐，与人为善，心胸宽广。

（3）适度转移和释放压力，亲近大自然。当情绪无法宣泄时，可进行户外跑步、远足、登山等。

（4）运动能使人心情舒畅，有利于消除悲伤、愤怒、压抑等不良情绪。

（5）生活规律，劳逸结合，每天保证 8 ~ 9 小时睡眠。

（6）若症状明显，应尽早接受治疗，治疗越早效果越好。

（7）按摩治疗是行之有效的方法。抹额：以两手指屈成弓状，第二指节的内侧面紧贴印堂，由眉间向前额两侧抹，约 40 次。按揉脑后：以两手拇指螺纹面，紧按风池穴，用力旋转按揉，随后按揉脑后，约 30 次，以感到酸胀为宜。

5. 胃肠道疾病预防

（1）坚持吃早餐。一个人一天的能量三成来自早餐。早餐推荐高纤维食品，有利于早晨人体的吸收与消化。早餐不宜吃油炸食品；并非所有人都适合喝牛奶，酸奶与豆奶更适合中国人体质。

（2）避免过度烟酒与工作压力。吸烟有害健康，无须多言。醉酒、长期大量饮酒会引起人体肠胃功能混乱，对人体伤害极大。长期大量饮酒，人的脾胃、肝脏、心脑血管、神经系统都会有所衰竭，引起痛风、脂肪肝、高血压等诸多疾病。

（3）常备胃药，还可以用小米粥、醪糟鸡蛋、茴香粳米粥等食疗方法来缓解胃病症状。

三、办公职员日常强身健体方式

（1）走路。尽量每周散步四五次，每次 30 ~ 40 分钟，这对身体非常有益，无须花费"巨资"进行俱乐部健身，只要买一双舒适的鞋就行了。

（2）骑自行车。中速骑自行车对心肺功能的提高很有帮助，对减肥也有特效。

（3）跑步。对心脏和血液循环系统都有很大的好处，每天保持一定时间的锻炼（30 分钟以上）有利于减肥，最好的方式是跑走结合。

（4）爬楼梯。上下班期间最好少乘电梯，多走楼梯。爬楼梯是一种非常好的锻炼形式，对心血管有益，还可以改善腿部肌肉。此外，腹部肌肉也会得到锻炼。

（5）跳绳。跳绳能增强人体心血管、呼吸和神经系统的功能。从运动量来说，持续跳绳 10 分钟与慢跑 30 分钟或跳健身操 20 分钟相差无几，是一种耗时少、耗能大的需氧运动。

（6）太极拳。和谐高效的身心整体运动，集拳法、功法、养生法于一身，具有科学、全面的保健功能。

（7）瑜伽。不仅可以塑造体形、治疗疾病、改良身体的不良习惯，还可以在练习中放松神经、缓解压力，达到心灵和外表的和谐美，非常适合现代人的需要。

（8）广播体操。广播体操是一种徒手操，有轻松柔和、动作规范、连贯均匀、体态圆活、扭转自然、手脚协调、快慢恰当等特点，并有练意、练脑、练气、练身的优点。利用休息时间做广播体操可以使大脑在得到充分休息的同时，让肌肉得以放松，从而降低疲惫的程度；提高心肺功能，促进血液循环，使氧气能充足地供应身体各部分，从而增强各器官的功能；使身体发热，有利于提高排泄功能，减少乳酸积累，使人不易憔悴；有助于缓解工作时出现的暂时性大脑疲劳。所需空间场地较少，可在办公空余区域、家中跟随视频练习。

🛡 学习小结

本节任务主要学习了办公室职业病的常见类型、预防措施及办公职员日常强身健体的方式。通过本节任务的学习，可以帮助学生养成健康的行为习惯，掌握预防办公室常见职业病的措施，增强办公舒适度，提高工作效率。

🔍 思考拓展

1.结合日常的生活，探讨写字楼办公人员可能出现的职业病类型。

2.分小组讨论写字楼办公人员职业病预防措施及日常锻炼形式。

🏃 励心笃行

太极拳

图片来源："学习强国"学习平台（太极拳 5 项标准获得投票通过）

太极拳，非物质文化遗产，是以中国传统儒、道哲学中的太极、阴阳辩证理念为核心思想，集颐养性情、强身健体、技击对抗等多种功能为一体，结合易学的阴阳五行之变化、中医经络学、古代的导引术和吐纳术形成的一种内外兼修柔和、缓慢、轻灵、刚柔相济的中国传统拳术。

1949 年后，太极拳被国家体委统一改编作为强身健体之体操运动、表演、体育比赛用途。中国改革开放后，部分还原本来面貌，从而再分为比武用的太极拳、体操运动用的太极操和太极推手。

2020 年 12 月，联合国教科文组织保护非物质文化遗产政府间委员会第 15 届常会将"太极拳"项目列入联合国教科文组织人类非物质文化遗产代表作名录。

医理特点：太极拳吸收了传统医学的经络、俞穴、气血、导引、藏象等理论，符合医理，具有健身性。

哲理特点：太极拳受传统哲学渗透影响，具有哲理性，充满辩证思想。从哲学角度来看，太极拳被誉为"哲拳"，这不仅是由于太极拳的称谓带有浓厚的哲学意味，其动作要领蕴含深刻的哲学意味，而是由于传统哲学思想对太极拳的全面渗透，形成了独特的运动思想、特别的技术要求、突出的价值功能。

民族特点：太极拳具有含蓄内敛、连绵不断、以柔克刚、急缓相间、行云流水的特点，是中华民族儒、道思想的结晶。

技能强化

骨骼损伤预防措施

1. 训练目标

（1）掌握导致办公室职员出现骨骼损伤的原因及病理特征。

（2）掌握骨骼损伤的日常预防抑制措施。

2. 训练准备

（1）通过网络查询和对周围朋友进行问卷调查，了解办公室骨骼损伤的类型。

（2）广泛收集资料，了解患有不同类型骨骼损伤人员的日常生活规律和每周参与锻炼的时间。

（3）根据办公职员工作特点，制订预防骨骼损伤的措施。

3. 成果展示

（1）骨骼损伤预防抑制。

骨骼损伤预防抑制见表6-4。

表6-4 骨骼损伤预防抑制

项目	内容
病理特征	患有骨骼损伤的办公职员，经常会出现腰酸背痛、脖子僵硬、手臂酸胀、浑身乏力等症状，进一步导致腰椎间盘突出、颈椎病、关节炎等并发症
生活规律	办公职员久坐于办公桌前进行电脑操作，期间很少进行身体活动，导致身体关节处出现僵硬、疲劳；上班导致身心疲惫、下班后不进行户外活动、饮食不规律、营养不均衡
预防措施	（1）选择与自己体态相匹配的桌椅，避免使用轮滑转椅，因为坐在转椅上伏案工作，腰部要付出一定的力量来维持椅子的稳定，更易引起疲劳；最好选择带靠背且靠背下面有突起的座椅，使腰椎保持前屈体位；椅子离桌子距离要近，脚下可以放一张垫脚的矮凳，用以缓解久坐的疲劳；以直腰含胸的正确姿态坐立，避免躬腰伏在桌面。 （2）注意工作节奏，伏案工作1小时左右就应起身活动，做扩胸运动，转动头部，让肌肉收缩舒张，同时眺望远方，舒缓心情。 （3）利用空调控制环境温度，不要过度降低办公场所温度，低温易使腰部、颈部、膝盖等身体部位受凉，进而导致肌肉僵硬，产生肌肉疼痛。 （4）避免睡软床垫，睡硬板床最好。每周固定参与户外活动，锻炼身体，强健体魄；上下班可通过步行、短跑或骑自行车等方式进行身体锻炼。 （5）生活规律，合理膳食。养成良好的生活及工作习惯，起居饮食要规律，减少通宵熬夜，多摄取高蛋白及高维生素食物，多吃水果及蔬菜等

（2）骨骼损伤疾病类型。

常见骨骼损伤疾病类型如图6-15所示。

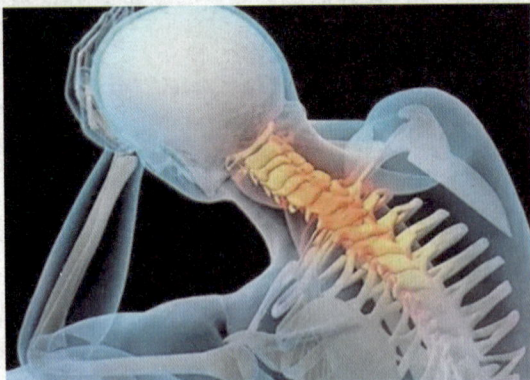

（a）颈椎病

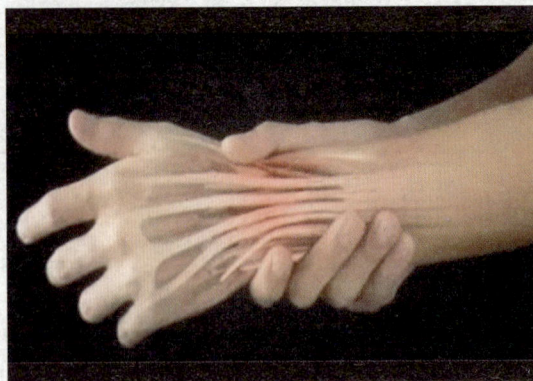

（b）手腕腱鞘炎

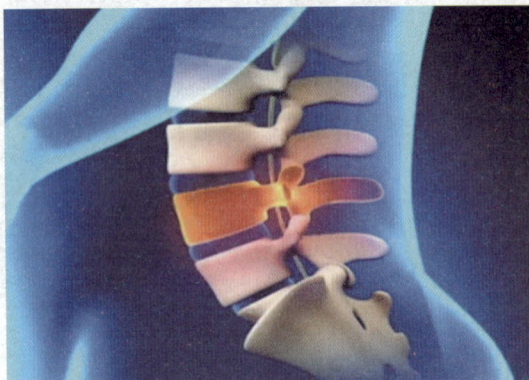

（c）腰椎间盘突出

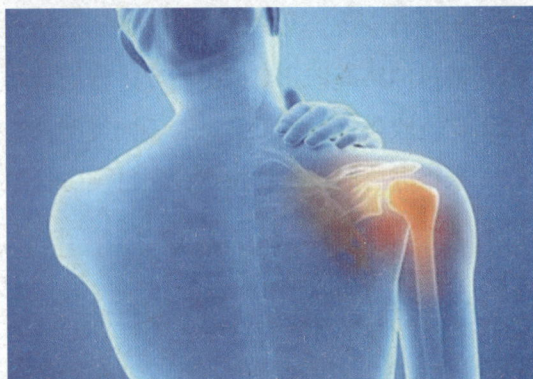

（d）肩周炎

图 6-15　常见骨骼损伤疾病类型

（3）日常锻炼方式。

日常锻炼方式如图 6-16 所示。

（a）自行车

（b）羽毛球

（c）篮球

（d）乒乓球

（e）跑步

（f）团体操

图 6-16　日常锻炼方式

任务评价

技能要点	标准参考	分值／分	自我评价（20%）	小组互评（30%）	教师评价（50%）
办公室常见职业病类型	熟悉办公室常见职业病类型，了解每种职业病的病理特征	30			
办公室常见职业病预防措施	掌握预防不同办公室职业病类型的预防抑制措施	40			
办公室人员日常锻炼方式	熟悉办公人员在日常生活中可以采取哪些锻炼方式增强体质，预防办公室职业病	30			
总得分		100			

参考文献

CANKAOWENXIAN

［1］张骥，朱锴. 安全科技概论［M］. 2 版. 徐州：中国矿业大学出版社，2018.

［2］吴超，王秉. 大学生安全文化［M］. 2 版. 北京：机械工业出版社，2017.

［3］中共中央党史和文献研究院. 习近平关于总体国家安全观论述摘编［M］. 北京：中央文献出版社，2018.

［4］陈颙，史培军. 自然灾害［M］. 4 版. 北京：北京师范大学出版社，2014.

［5］肖炜，连广宇. 燃气行业应急管理实务［M］. 北京：中国建筑工业出版社，2022.

［6］贾大成. 院前急救手册［M］. 北京：人民卫生出版社，2021.

［7］杨莘. 医疗护理员［M］. 北京：人民卫生出版社，2022.

［8］唐云. 消防技能训练［M］. 北京：化学工业出版社，2018.

［9］陈仁辉. 现场急救［M］. 厦门：厦门大学出版社，2022.

［10］黄辉，甘黎嘉，徐阳. 事故应急与救护［M］. 重庆：重庆大学出版社，2021.